ENGLISH G

HIGHLIGHT

Handreichungen für den Unterricht

mit Kopiervorlagen und
methodisch-didaktischem Glossar

5

Cornelsen

English G · Highlight · Band 5

Handreichungen für den Unterricht

Erarbeitet von:
Christina Hasselmann, Berlin
Lara Jano, Rottweil
Ellen Wiegard-Kaiser, Bielefeld

Redaktion:
Susanne Döpper (Projektleitung);
Jenny Dames, Sandhya Gupta, Kathrin Spiegelberg
(verantwortliche Redakteurinnen)
sowie Nicola Regner; Kirsten Bleck
freie Mitarbeit: Katrin Gütermann (Glossar); Jennifer O'Hagan

Titelbild:
Shutterstock/Ralph Loesche (und S. 7)

Illustrationen:
Katharina Wieker, Berlin (S. 53, 56, 57, 87)

Bildquellen:
Bildnachweise der jeweils verwendeten Fotos und
Illustrationen auf der entsprechenden Kopiervorlage

Umschlaggestaltung:
Cornelsen Verlag Design unter Verwendung
der Entwürfe von Klein & Halm Grafikdesign, Berlin,
und kleiner & bold, Berlin

Layoutkonzept und technische Umsetzung:
Klein & Halm Grafikdesign, Berlin

www.cornelsen.de

1. Auflage, 1. Druck 2016

© 2016 Cornelsen Verlag GmbH, Berlin

Druck: AZ Druck und Datentechnik GmbH, Kempten

ISBN 978-3-06-033339-4

PEFC zertifiziert
Dieses Produkt stammt aus nachhaltig
bewirtschafteten Wäldern und kontrollierten
Quellen.

PEFC
PEFC/04-31-2260

www.pefc.de

Inhalt

Vorwort

1 Einleitung

In den vergangenen Jahren ist die traditionelle Hauptschule in manchen Bundesländern abgeschafft worden, in anderen Bundesländern in neue Schulformen wie die Oberschule oder Realschule Plus integriert und in Baden-Württemberg in eine anders strukturierte Werkrealschule überführt worden. Gründe dafür sind zum einen veränderte schulpolitische Zielvorstellungen, zum anderen sich veränderndes Wahlverhalten vieler Eltern sowie demografische Veränderungen. Ob als „Werkrealschule" oder als andere Schulform firmierend, vielen dieser Schulen ist gemeinsam, dass sie eine überwiegend lernschwächere Schülerklientel haben, deren Bedürfnisse eher denen der früheren „Hauptschüler" ähneln als denen lernstärkerer „Realschüler". Ein Teil dieser Lernenden wird am Ende ihrer Schullaufbahn den – je nach Bundesland unterschiedlich bezeichneten – Hauptschulabschluss machen, ein anderer Teil wird am Ende von Klasse 10 den Mittleren Schulabschluss erwerben wollen. Für S an Haupt- und Werkrealschulen und für S in Grundkursen oder Hauptschulzügen an äußerlich differenzierenden Schulformen wurde das Lehrwerk English G HIGHLIGHT entwickelt.

Das Lehrwerk English G HIGHLIGHT ist das Nachfolgelehrwerk von *New Highlight*, das sich seit seiner Einführung im Jahr 2005 im Unterricht bewährt hat. Bekannte Elemente und vertraute Verfahrensweisen des Vorgängers wurden beibehalten und mit einer neuen Unit-Struktur und vollständig neuen Inhalten verbunden.

English G HIGHLIGHT ist Teil des Lehrwerkverbundes:
English G HIGHLIGHT – English G LIGHTHOUSE – English G HEADLIGHT.

Alle drei Lehrwerke sind inhaltlich-thematisch parallel aufgebaut und bieten jeweils ein breit angelegtes Differenzierungsangebot innerhalb der Schülerbücher und in den zugehörigen Begleitmedien. Während English G HIGHLIGHT sich an lernschwächeren S orientiert und deren spezifische Bedürfnisse aufgreift, richtet sich English G HEADLIGHT an lernstarke S, die von Anfang an den Mittleren Schulabschluss, z. B. an Realschulen, anstreben und potentiell auch auf die gymnasiale Oberstufe vorbereitet werden sollen.
English G LIGHTHOUSE ist das Lehrwerk mit dem größten Differenzierungsangebot und richtet sich an lernschwache wie lernstarke S gleichermaßen. Es ist jederzeit möglich, im folgenden Schuljahr auf einen der beiden anderen Lehrwerksstränge überzuwechseln oder bei zwei leistungsdifferenten Klassen mit zwei der drei Lehrwerksstränge zu arbeiten. Beispiel: Im leistungsschwächeren Kurs arbeitet man mit English G HIGHLIGHT, im leistungsstärkeren Kurs mit English G LIGHTHOUSE oder English G HEADLIGHT.

2 Zielgruppe

Das Lehrwerk English G HIGHLIGHT richtet sich an Lernende
*   mit Hauptschulprofilen,
*   mit sonderpädagogischem Förderbedarf, die in zunehmendem Maße Regelschulen besuchen.

English G HIGHLIGHT bietet die Möglichkeit, schwächeren Lernern gerecht zu werden und ihr Potential voll zu entfalten. Im Zentrum steht die individuelle Förderung und die Wahrnehmung und Wertschätzung von unterschiedlichen Fähigkeiten.
Individualisierung und Förderung, Differenzierung, Arbeit in Projekten und an Lernaufgaben sowie ein Methodencurriculum setzen ein verändertes Verständnis der Lehrerrolle voraus. Um diesen Ansprüchen gerecht werden zu können, bietet das Lehrwerk English G HIGHLIGHT mit seinen wesentlichen Bestandteilen ein vielfältiges, aufeinander abgestimmtes und nachhaltiges Unterstützungssystem.

3 Methodisch-didaktische Leitlinien

3.1 Kompetenzorientierung

Der Englischunterricht verändert sich seit einigen Jahren in vielerlei Hinsicht, ausgelöst durch die Überlegungen der Europäischen Kommission zum lebenslangen Lernen, durch die Ergebnisse verschiedener Bildungsuntersuchungen und nicht zuletzt durch den Gemeinsamen Europäischen Referenzrahmen und die Bildungsstandards der Kultusministerkonferenz. Der Paradigmenwechsel hat zu einer klaren Output-Orientierung und zu kompetenzorientierten Curricula geführt.

Wie in *New Highlight* ist das grundlegende Prinzip in English G HIGHLIGHT der nachhaltige Aufbau aller Kompetenzen von Beginn an. Integriertes *Skills training* befindet sich im *Lead-in*, den darauf folgenden *Themes*-Seiten und im *Speaking course* gegen Ende der Unit. Das Hörsehverstehen ist dort integriert, wo es thematisch hinpasst und bildet den Auftakt des *Speaking course*. Lernen funktioniert optimal, wenn der zu lernende Stoff eine Bedeutung für die S hat (Anwendungsorientierung). English G HIGHLIGHT bietet dazu viele Lerngelegenheiten, u. a. bei zahlreichen *Tasks*. Die Lernenden setzen sich aktiv mit der Fremdsprache auseinander und sind emotional eingebunden. Aufgaben zum entdeckenden, selbstständigen und selbstbestimmten Lernen vermitteln das immer wiederkehrende Gefühl, etwas zu können, was vorher noch nicht gewusst oder gekonnt wurde.

3.2 Differenzierung in English G HIGHLIGHT

Ausführliche Hinweise zu differenzierenden Lehr- und Lernszenarien finden sich in Kapitel 6 (siehe HRU-Seite 10ff.)

3.3 English G HIGHLIGHT im inklusiven Unterricht

Inklusiver Englischunterricht – das gemeinsame Lernen von S mit sonderpädagogischem Förderbedarf und ohne – ist eine Herausforderung für die Lehrkraft und erfordert die Einbeziehung aller S. Die Stärkung der sozialen Kompetenz ist eine wichtige Voraussetzung für das gemeinsame Lernen von Menschen mit und ohne Behinderung. Gleichzeitig wirkt sich gelungener inklusiver Unterricht positiv auf die soziale Kompetenz aller S aus und verstärkt diese.

Differenzierung innerhalb des inklusiven Unterrichts kann bedeuten, dass unterschiedliche Ziele angestrebt werden (zieldifferentes Unterrichten und Bewerten) oder dass Lernende mit sonderpädagogischem Förderbedarf bei zielgleichem Unterrichten und Bewerten einen Nachteilsausgleich erhalten (z. B. in Form von Arbeitszeitverlängerung oder von optischen Hilfen).

Differenzierung innerhalb des inklusiven Unterrichts kann auch bedeuten, dass die Lerngruppe gemeinsam unterrichtet wird, wobei die Lernenden unterschiedliche, ihren Begabungen entsprechende Hilfen oder Anregungen erhalten (innere Differenzierung oder Binnendifferenzierung). Die Lerngruppe kann aber auch vorübergehend in kleinere Gruppen geteilt werden, um eine individuelle Förderung zu erleichtern (äußere Differenzierung). Die in Absatz 6 genannten „Acht Tipps zur Differenzierung im Klassenzimmer" gelten in besonderem Maße für den inklusiven Unterricht.

Um diesen Rahmenbedingungen Rechnung zu tragen, wurden die Materialien für Lernende mit erhöhtem Förderbedarf im inklusiven Unterricht entwickelt. In den Jahrgangsstufen 5 und 6 haben die S grundlegende Wortfelder und grammatische Basisstrukturen gelernt. In den Jahrgangsstufen 7 und 8 galt es für S mit dem Förderschwerpunkt Lernen, dieses Basiswissen zu festigen und behutsam zu erweitern. Band 5 des Lern- und Arbeitsheftes bietet den S der Jahrgangsstufe 9 nun Inhalte und Übungsformate, die sie auf mögliche Abschlussprüfungen vorbereiten. Gleichzeitig wiederholen und vertiefen die S die bisher erworbenen sprachlichen und methodischen Kompetenzen. Im *Exam file* können sie ihren Lernstand anhand von vereinfachten Prüfungsaufgaben testen. Der neu für Band 5 konzipierte Teil *Extra practice* bettet Wortschatzwiederholung und kommunikative Übungen in alltagsnahe Situationen ein. Den S soll bewusst gemacht werden, dass ihre Englischkenntnisse nicht nur im Ausland, sondern auch im deutschen Alltag nützlich sind (z. B. am Flughafen, in Begegnung mit Menschen aus verschiedenen Ländern, in der Werbesprache).

Das Lern- und Arbeitsheft Band 5 führt die seit Band 3 bewährte Konzeption weiter: Es hat dieselbe Unit-Struktur und vermittelt ähnliche Themen, Kompetenzen und Strukturen wie das Schülerbuch; gleichzeitig bietet es Aufgabenformate wie das *Workbook* (abhaken, farbig markieren, Lückentexte ergänzen u. a.).

Mit folgenden Prinzipien geht das Lern- und Arbeitsheft auf die besonderen Lernbedürfnisse von S mit dem Förderschwerpunkt Lernen ein:
- klares Layout und größere Schrift,
- reduzierter Wortschatz und reduzierte Grammatik,
- vereinfachte Lesetexte,
- vereinfachte Hörtexte bzw. vereinfachte *Listening*-Aufgaben,
- ritualisierte Aufgabenformate mit kurzen Arbeitsanweisungen (unterstützt durch Symbole),
- integriertes Methoden- und Sprachtraining mit deutschsprachigen Hinweis-Kästen direkt in den Units,
- viele Übungen zum Festigen und Vertiefen von bereits Gelerntem,
- zwei *Revision*-Seiten am Ende jeder Unit.

Abhängig von der Zusammensetzung der Lerngruppe und den individuellen Lernbedürfnissen der Förder-S wird die Lehrkraft entscheiden, wann gemeinsame Lernphasen und wann individuelle bzw. äußerlich differenzierte Phasen pädagogisch und organisatorisch sinnvoll sind. Das Lern- und Arbeitsheft macht Angebote zur Differenzierung für beide Unterrichtsszenarien. So bietet sich beispielsweise bei den bildgestützten *Lead-in*s ein gemeinsamer Einstieg an. Die Übungsangebote in den Unit-Teilen *Focus on language* und *Stop! Check! Go!* eignen sich hingegen besonders für individuelle Lernphasen. Der Lehrerkompass, der im Lehrermaterial auf CD-ROM enthalten ist, macht vielfältige Vorschläge für einen abwechslungsreichen inklusiven Englischunterricht.

Die CD-ROM enthält folgende Materialien:
- einen Lehrerkompass: Unterrichtskommentar mit Vorschlägen, wie das Lern- und Arbeitsheft im inklusiven Unterricht mit dem Schülerbuch kombiniert werden kann,
- die Lehrerfassung des Lern- und Arbeitsheftes mit Lösungen (als PDF),
- editierbare Kopiervorlagen zu Lernstandsermittlung und Methodentraining,
- editierbare Wortschatzlisten (*Vocabulary* und *Dictionary*),
- Bild- und Wortkarten (PDF) zur weiteren Differenzierung,
- alle Tonaufnahmen im MP3-Format mit Audioskripten.

Auf diese Weise setzen die Inklusionsmaterialien das grundlegende Prinzip von Differenzierung optimal um, nach dem alle das Gleiche machen, aber nicht jeder dasselbe.

3.4 Vermittlung und Wiederholung grammatischer Strukturen

Die wichtigsten Strukturen, insbesondere die häufig verwendeten *tenses*, wurden in den Bd. 1–4 bereits vermittelt. In Bd. 5 kommen die indirekte Rede (rezeptiv) und die *if*-Sätze, Typ III (rezeptiv) neu hinzu. Weil nur wenige Strukturen neu vermittelt werden müssen, wurde die *Focus on language*-Doppelseite auf eine Seite pro Unit reduziert. Dafür werden erneut auf gesonderten *Revision*-Seiten nach den Units 1, 2 und 3 die Hauptzeiten *simple present*, *simple past* und *will-future* und in Unit 1 die Modalverben sowie in Unit 3 die Fragen wiederholt.

4 Übersicht über das Lehrwerk English G HIGHLIGHT 5 und Begleitmedien

Schülerbuch (SB)
- ausführliche Hinweise s. S. 8–9

Workbook (WB) + Audio-CD
- Übungen zu allen SB-Units in drei Schwierigkeitsstufen
- extra *Learner log*, *Revision*- und *Exam Preparation*-Seiten
- Ampelsystem zur Selbsteinschätzung
- *Language file* kompakt
- Audio-CD

Workbook + Audio-CD + interaktive Übungen
- Workbook-Ausstattung s. o.; zusätzlich: Interaktive Übungen: online und mit Übungspaketen zu jeder Unit in drei Schwierigkeitsstufen

Website www.cornelsen.de/highlight
- Online-Angebot für die S: Internetprojekte und Informationen zu zentralen SB-Inhalten und Landeskunde
- Online-Materialien für Lehrkräfte

Vorschläge zur Leistungsmessung
- CD-ROM mit editierbaren Word-Dokumenten zum Erstellen individueller Klassenarbeiten mit Aufgaben zu allen kommunikativen Kompetenzen sowie zu Wortschatz und Strukturen
- Differenzierungs-, Bewertungs- und Lösungsvorschläge
- anklickbare Hörtexte mit Transkripten

Audio-CDs
- Lehrerfassung der Audio-CD: Dialoge und Haupttexte aus diversen Unit-Bereichen, reine *Listening*-Texte und Songs
- alle Hörtexte auch im MP3-Format
- Transkripte der Hörtexte, die nicht im SB enthalten sind

Schülerbuch – Lehrerfassung
- inhaltlich identisch mit dem SB; dazu:
- Markierungen für neuen Wortschatz und neue Strukturen
- Hinweise zu Kompetenzen, Aussprache, Namen u.v.a.m.
- Verweise auf Begleitmedien und Audio-CD-Tracks

Workbook – Lehrerfassung
- Workbook-Ausstattung s. WB mit interaktiven Übungen zusätzlich:
- eingetragene Musterlösungen

Video-DVD
- DVD zur Förderung des Hör-/Sehverstehens mit Filmclips unterschiedlicher Genres zu zentralen Themen jeder SB-Unit:
- Der *Speaking course* enthält unterschiedliche Filmclips zu Präsentationstechniken, Gesprächsregeln, Mediennutzung und Bewerbungsgesprächen.
- Weitere *Viewing*-Szenen und Musikclips befassen sich mit interessanten landeskundlichen Themen wie Cyberbullying, Rassismus und Identitätssuche.
- Englische oder deutsche Untertitel können aktiviert oder deaktiviert werden.

Unterrichtsmanager (UMA)
- digitale Variante des SB zur Unterrichtsvorbereitung und -durchführung
- UMA-Vollversion mit HRU und zahlreichen Begleitmaterialien, online erhältliche Zusatzmodule

Handreichungen für den Unterricht
- didaktisch-methodische Vorschläge zur Arbeit mit dem SB mit Lösungen
- Übersicht über die Hauptkompetenzen, Wortfelder und Strukturen
- Verweise auf Begleitmedien und auf Audio-CD-Tracks
- Kopiervorlagen (KV)
- didaktisch-methodisches Glossar

Differenzieren | Fördern | Fordern (DFF)
- Ordner mit Kopiervorlagen zur Binnendifferenzierung
- Übungen zu Kompetenzschwerpunkten der SB-Units auf drei Niveaustufen mit Lösungen
- Lernlandkarten zur Einschätzung und Dokumentation des Lernfortschritts
- Audio-CD zum Hörverstehenstraining
- CD-ROM mit allen Kopiervorlagen als editierbare Word-Dateien

Diagnose und Fördern
- online diagnostizieren: kostenlos, schnell und gezielt auf school.scook
- zwei Eingangstests und ein Halbjahrestest
- individuelle Lernstände und Leistungsstand der ganzen Klasse ermitteln
- automatische Auswertung der Tests
- Zuweisung passender Fördermaterialien in digitaler Form

Materialien für Lernende mit erhöhtem Förderbedarf im inklusiven Unterricht
- Lern- und Arbeitsheft mit Materialien für Förder-S mit Audio-CD
- eng verzahnt mit dem SB
- Lehrer-CD-ROM mit Unterrichtskommentar, editierbaren KV und inhaltlich und sprachlich angepassten Hörtexten im MP3-Format

5 Das Schülerbuch

Die einzelnen Schülerbuchteile sind:

- **Vier Units**
Es gibt vier Pflicht-Units.

- *Stop! Check! Go!*
Diese Seiten im Anschluss an jede Unit dienen dem selbstständigen Überprüfen der Kenntnisse und Fertigkeiten sowie dem Wiederholen und Festigen.

- *Revision*
Im Anschluss an die *Stop! Check! Go!*-Seiten gibt es nach den Units 1–3 jeweils eine Doppelseite *Revision* zu den wichtigsten *tenses*, nämlich *simple present, simple past* und *will-future*. Diese Seiten können auch zu anderen Zeitpunkten zur Wiederholung eingesetzt werden.

- *Diff bank*
Auf diesen Seiten befindet sich ein umfangreiches Angebot an differenzierenden Übungen und Aufgaben.

- *Exam file*
In einigen Bundesländern legen die S am Ende von Kl. 9 ihre Hauptschulabschlussprüfung auf dem Niveau A2/A2+ ab. Speziell für diese Zielgruppe steht ein sechsseitiges *Exam file* mit drei kompetenzorientierten *exams* zur Verfügung. Neben den schriftlichen Prüfungsbereichen *Listening, Reading, Mediation* und *Writing* werden dabei auch prüfungstypische *Speaking*-Aufgaben angeboten. Auch innerhalb der Units wird immer wieder auf typische Abschlussprüfungsformate mit dem Hinweis *Exam training* hingewiesen. Typische Arbeitsanweisungen in Abschlussprüfungen finden die S gebündelt unter *Instructions for your exam* auf der hinteren Umschlaginnenseite inkl. deutscher Übersetzungen.

- *Text file*
Auf diesen optionalen Seiten finden sich Texte und Aufgaben, die sowohl für die gesamte Lerngruppe als auch für lernstärkere S als Fundgrube zum Lesen verwendet werden können.

- *Skills file*
Zur Förderung der Methodenkompetenz eignen sich die Seiten des *Skills file*, auf denen die methodischen Schwerpunkte der Units nochmals systematisch auf Deutsch zusammengefasst sind. Die erworbenen Methoden aus den Bänden 1–4 sind ebenfalls enthalten. Diese Seiten können gemeinsam im Unterricht wie auch zum Nachschlagen verwendet werden.

- *Language file*
Der grammatische Anhang mit Paradigmen und Regeln zu den einzelnen Strukturen dient als Nachschlagewerk und bietet den S die Gelegenheit, selbstständig bestimmte sprachliche Phänomene und Regelhaftigkeiten zu wiederholen.

- *Wordbanks*
Um einige Aufgaben zum Sprechen und Schreiben umfassender bearbeiten zu können, werden in den *Wordbanks* weitere sprachliche Mittel angeboten.

- *Vocabulary*
Das *Vocabulary* bildet nicht nur den Lernwortschatz chronologisch ab, sondern bietet darüber hinaus Lernhilfen zu sprachlichen Besonderheiten, zur Aussprache oder zu grammatischen Fragen.

- *Dictionaries*
Die englisch-deutschen und deutsch-englischen alphabetischen Listen sind kumulativ und präsentieren auch den Wortschatz aus den Vorgängerbänden.

- *List of names*
Diese Liste dient in erster Linie zum Nachschlagen der Schreibweise und Aussprache von Namen.

- *Presentation phrases / Instructions in your exams*
Die erste Übersicht bietet Satzanfänge und Redemittel, die bei mündlichen Präsentationen hilfreich sind. Die zweite Übersicht enthält typische Arbeitsanweisungen aus Abschlussprüfungen mit deutscher Übersetzung.

5.1 Schwerpunktsetzung

Band 5 von English G HIGHLIGHT hat verschiedene räumliche und inhaltliche Schwerpunkte. In Unit 1 steht mit Australien ein weiteres englischsprachiges Land im Mittelpunkt. Unit 2 widmet sich den Themen Cybermobbing und Gruppendruck. Unit 3 beschäftigt sich mit Fertigkeiten rund um das Thema Bewerbung wie Lebenslauf, Anschreiben und Bewerbungsgespräch. In Unit 4 geht es um das spezifische Lebensgefühl heutiger Teenager, die als sogenannte *screenager* viel Zeit mit digitalen Medien verbringen.

5.2 Aufbau einer Unit

Um den besonderen Anforderungen der S, für die das Lehrwerk English G HIGHLIGHT konzipiert worden ist, gerecht zu werden, folgen die einzelnen Units einem linearen Aufbau.

- *Lead-in*
Jede Unit führt mit einer Doppelseite in das Thema der Unit ein. Die Seiten sollen die Lernenden neugierig und sie mit wichtigen Facetten des Unit-Themas vertraut machen. Die Seiten beinhalten meist *viewing tasks* mit landeskundlichen und schülerorientierten Aufgaben, teilweise auch Hörtexte, die mit Fotos und Illustrationen verbunden sind.

- *Themes*
Auf diesen Seiten werden die Subthemen einer Unit entwickelt sowie Übungen und Aufgaben vielfältigster Art angeboten. Viele dieser Aufgaben entsprechen den typischen Abschlussprüfungsformaten. Wo dies besonders deutlich ist, findet sich der Hinweis *Exam training* in der Überschrift.

- *Text*
In dieser dreiseitigen mit zahlreichen Bildern versehenen Geschichte geht es immer um eine Facette des Unit-Themas. Diese zum größten Teil Auszüge aus authentischen Jugendromanen werden jeweils durch vielfältige und motivierende Aufgaben ausgewertet.

- *Speaking course*
Der *Skills*-Schwerpunkt in Bd. 5 ist das Sprechen. Zunächst werden in Film-Clips beispielhaft Situationen präsentiert, die die S anschließend selbst gestalten sollen (z. B. *Giving a presentation about Australia* / Unit 1, *Doing well in a job interview* / Unit 3). Da die eigentlichen *Speaking*-Aufgaben vom Aufgabentyp der den Abschlussprüfungsformaten „einen Kurzvortrag halten", „Bildbeschreibung", „*role-play* mit Rollenkarten oder Stichwortvorgaben" entsprechen, sind sie jeweils auch mit *Exam training* überschrieben.

- *Focus on language*
Auf jeweils einer Seite werden die neuen Strukturen indireke Rede (Unit 2) und *if*-Sätze, Typ III (Unit 4) bewusstgemacht bzw. Modalverben (Unit 1) und Fragen (Unit 3) wiederholt und in verschiedenen Aufgaben geübt.

- *Stop! Check! Go!* und *Revision*
Nähere Erläuterungen s. S. 8 und 12.

6 Systematische Differenzierung und individuelle Förderung im Lehrwerk English G HIGHLIGHT

Das gemeinsame Lernen von S mit unterschiedlichen Lernvoraussetzungen stellt eine Herausforderung dar. Differenzierende Lern- und Übungsangebote, die sich an unterschiedlichen Leistungsvermögen orientieren, sollen Erfolgserlebnisse und Lernfortschritte erzielen, die sich positiv auf Motivation, Persönlichkeit und Lernverhalten der Lernenden auswirken.

Die S sollen miteinander, aber auch voneinander lernen und sich gegenseitig anregen und helfen. Eine innere Differenzierung im Unterricht ist daher sinnvoll.

Wodurch unterscheiden sich Lerner?
- Alter und Reife
- sozialer Hintergrund
- (inter)kultureller Hintergrund
- muttersprachliche Kompetenz
- intellektuelles Leistungsvermögen
- Lerntempo, Arbeitsstil und Festigungsbedarf
- Interessen und Bedürfnisse
- Vorerfahrungen und Vorkenntnisse
- Arbeitshaltung und Selbstkonzept
- Bereitschaft und Fähigkeit zum selbstständigen Lernen
- soziale Kompetenz

Das Lehrwerk English G HIGHLIGHT mit seinen zentralen Bestandteilen – dem Schülerbuch, dem Workbook, den interaktiven Übungen, den Materialien zum Differenzieren | Fördern | Fordern und den Materialien für Lernende mit erhöhtem Förderbedarf – bietet ein umfangreiches und aufeinander abgestimmtes Gesamtsystem, das unterschiedlichen Bedürfnissen und Fähigkeiten auf Seiten der S gerecht wird.

Neben einfachen, mittleren und schwierigeren Aufgaben wird eine soziale, methodische, qualitative, quantitative und interessengeleitete Differenzierung ermöglicht. Zusätzlich zu diesen Vorschlägen finden sich immer wieder konkrete Tipps zu weiteren Differenzierungsmaßnahmen in den vorliegenden HRU.

Es werden methodische, sprachliche und inhaltliche Hinweise für lernschwächere wie für lernstärkere S gegeben. Die Differenzierung spielt in diesem Schülerbuch eine zentrale Rolle.

Acht Tipps zur Differenzierung im Klassenzimmer
English G HIGHLIGHT bietet eine gute Materiallage, um den Aufwand zum angemessenen und vielfältigen Differenzieren für Lehrkräfte möglichst gering zu halten.

Im differenzierenden Unterricht sollten Lehrkräfte diese Hinweise beachten:
- Schwächere und stärkere S arbeiten für eine bestimmte Zeit zusammen.
- Die S werden gezielt in Helfersysteme eingebunden.
- Alle S werden angesprochen, sie alle sollen sich beteiligen können.
- Lehrkräfte üben Geduld und warten Antworten in Ruhe ab.
- Übungssequenzen, die vom Einfachen zum Schwierigeren führen, werden bevorzugt.
- Die S brauchen Wahlmöglichkeiten.
- Die S bekommen unterschiedlich viel Zeit zur Bearbeitung von Aufgaben.
- Komplexere Lernaufgaben lassen alle auf ihrem Niveau mitarbeiten.

6.1 Differenzierung in English G HIGHLIGHT

English G HIGHLIGHT bietet eine Fülle unterschiedlicher Möglichkeiten zur Differenzierung und zum individuellen Fördern, die hier genauer dargestellt werden.

6.1.1 Parallelaufgaben

`// ● p. 82`

Parallelaufgaben ermöglichen eine zeitgleiche Arbeit an unterschiedlich schwierigen Übungen, die zur gleichen Lösung führen. Die leichtere Aufgabe befindet sich vorn im SB in der Unit selbst und die schwierigere in der *Diff bank* (SB-Seiten 81–107).

Parallelaufgaben sind geschlossene Übungen. Dieses Differenzierungsprinzip bietet im Unterricht ein großes Maß an Flexibilität. Die S entscheiden selbst, auf welchem Niveau sie eine Aufgabe lösen möchten. Benötigen sie konkrete Hilfen und eine stärkere Lenkung für ihren Lösungsweg, bieten sich die Aufgaben vorn im Buch an. Es ist denkbar, dass die leichteren Übungen vorne oder die anspruchsvolleren Aufgaben, die sich hinten im Buch befinden, den Lernern zugewiesen werden.

6.1.2 Aufgaben mit *More help*

`More help p. 81`

Für offene, kommunikative Aufgabenformen, die von den S eine komplexere Sprech- oder Schreibleistung verlangen, gibt es das Aufgabenformat *More help*, das sprachliche, aber auch inhaltliche Hilfen bei der Lösung dieser Aufgaben bietet. Alle können zunächst versuchen, vorn in der Unit die schwierigere Aufgabe zu lösen. Wenn sich ihnen Probleme stellen, können die S in die *Diff bank* gehen, wo sie vielfältige Anregungen finden, die ein selbstständiges Weiterarbeiten ermöglichen.

6.1.3 *More practice*-Aufgaben

`More practice 1 p. 81`

Zur Vertiefung und quantitativen Differenzierung gibt es unter der Überschrift *More practice* in der *Diff bank* ein weiteres Übungsangebot. Sollten die S weiteren Übungsbedarf haben, wird auf der Unit-Seite vorn auf das Angebot in der *Diff bank* verwiesen, wo ähnliche Übungen versammelt sind, die hinreichend Gelegenheit bieten, eine bestimmte Struktur oder ein bestimmtes sprachliches Phänomen vertiefend zu üben.

6.1.4 Aufgaben mit der Aufforderung: „*as many as you can*"

Mit dem Appell: „*as many as you can*" werden lernstärkere S motiviert, bei bestimmten Aufgaben so viel wie möglich zu sagen oder zu schreiben.
Entscheidend ist, dass alle vor derselben Aufgabe stehen. Ein gewisser Wettbewerbscharakter kann bei diesen Aufgaben motivierende Wirkung zeigen.

6.1.5 *Info-gap activities*

Bei *Info-gap activities* arbeiten die S in Partnerarbeit an zwei unterschiedlichen Stellen im SB und verfügen über unterschiedliche Informationen, sodass eine reale Austauschsituation entsteht. *Partner B* findet seine Informationen im separaten *Partner B*-Teil auf den SB-Seiten 78–80.

6.1.6 *Wordbanks*

Die *Wordbanks* (SB-Seiten 150–156) bieten zusätzlichen Wortschatz für freiere Aufgaben, die besonders von den lernstärkeren S zur Erweiterung ihres Wortschatzes genutzt werden könnten. Außerdem enthalten sie Wortmaterial, das spezifischen Charakter hat, um typisch deutsche Sachverhalte auch angemessen auf Englisch ausdrücken zu können.

6.1.7 Differenzierung durch kooperatives Lernen

Durch kooperatives Lernen können sich alle S Wissen, Kenntnisse und Fertigkeiten selbst erarbeiten und im wechselseitigen Austausch mit anderen vertiefen. Der grundlegende Dreischritt *Think-Pair-Share* ist allen kooperativen Lernformen eigen. Am Anfang steht die Einzelarbeit, in der sich die Lerner/innen nach ihren individuellen Möglichkeiten mit einem Lerngegenstand auseinandersetzen, bevor sie sich in der Phase des Austauschs entweder über dieselben oder unterschiedliche Inhalte mit einem Partner / einer Partnerin auf ein gemeinsames Ergebnis einigen können. Die beiden können ihre Lösungen vergleichen, ergänzen, verwerfen und so wechselseitig voneinander lernen.

Im letzten Schritt werden die Ergebnisse in der Klasse präsentiert bzw. besprochen. Das SB English G HIGHLIGHT 5 greift die aus den Bänden 1–4 bekannten kooperativen Formen *Walk around*, *Double circle*, *Think-Pair-Share*, *Role-play* und *Jigsaw* (s. Glossar) wieder auf, sodass sich die notwendigen Routinen entwickeln können.

6. 1. 8 Differenzierung durch Lernaufgaben *(tasks)*

Komplexere Lernaufgaben *(tasks)* stellen eine gute Möglichkeit zur Differenzierung dar.
"A task is generally described as an activity in which people engage to attain an objective and which involves the meaningful use of language. The principal focus of tasks is not on displaying learners' ability to produce pre-specified language forms. It is on communicating their own meanings. On a general level this distinguishes tasks from exercises which focus on practising individual elements of the language, i.e. words or grammar." (Müller-Hartmann / Schocker-v. Ditfurth, 2011).

Lernaufgaben sind in aller Regel
- inhaltsorientiert und formorientiert,
- authentisch und anwendungsorientiert,
- hierarchisch nach Schwierigkeiten geordnet,
- lernerzentriert,
- lernprozessorientiert,
- produktorientiert.

Unter dem Label YOUR TASK werden in English G HIGHLIGHT 5 komplexe Lernaufgaben angeboten, die sich ausgezeichnet zur vielschichtigen Differenzierung eignen (Unit 1, SB-Seite 21: *A presentation about Australia*; Unit 2, SB-Seite 33: *Do something!*; Unit 3, SB-Seite 57: *Who will get the job?*; Unit 4, SB-Seite 63: *A survey in your class*). Sie erlauben eine persönliche Schwerpunktsetzung je nach Interessenlage und Können, selbstständiges Arbeiten sowie kooperative Problembearbeitung. Insofern bieten Lernaufgaben fruchtbare Lerngelegenheiten, bei denen alle S individuell nach ihren Kompetenzen arbeiten und am Ende ein Ergebnis präsentieren können, das der Aufgabenstellung entspricht, aber dennoch unterschiedlich ausgeprägt ist.

6. 1. 9 Differenzierung auf den Seiten *Stop! Check! Go!*

Die Seiten *Stop! Check! Go!* dienen in erster Linie der Übung, Festigung und Wiederholung sowohl sprachlicher Mittel als auch einzelner Kompetenzbereiche.

Grundsätzlich müssen nicht alle S alle Aufgaben, die hier versammelt sind, erledigen. Sie können im Sinne individueller Förderung genutzt werden. Die geschlossenen Aufgaben des Abschnitts, die meist am Anfang stehen, können je nach Entwicklungsstand der S auch selbstständig gelöst und anhand eines Lösungsblattes (s. Kopiervorlage in den HRU) auf ihre Richtigkeit überprüft werden.

6. 1. 10 Quantitative Differenzierung durch die *Text files*

Die fakultativen *Text files* können in lernstärkeren Klassen oder in den Fällen eingesetzt werden, in denen sich schneller lernende S zum Teil auch selbstständig mit den Themen und Inhalten auseinandersetzen können.

7 Kompetenzraster

Kompetenzraster können im Rahmen eines kompetenzorientierten Englischunterrichts vielfältige Aufgaben erfüllen. Sie dienen der Eigenkontrolle und der Differenzierung und tragen zur Selbststeuerung der Lernenden im Unterricht bei.

Über das Feststellen des Ist-Zustandes hinaus erlauben Kompetenzraster aber auch, Lernfortschritte zu erkennen und herauszufinden, was die S motiviert und zum Weiterlernen anspornt. Kompetenzraster bestehen in der Regel aus einer tabellarischen Übersicht, in der z. B. für jede Unit die definierten Kompetenzschwerpunkte aufgelistet werden. Für jeden dieser Schwerpunkte schätzen die S ihren jeweiligen Kompetenzgrad ein (Mindest-, Regel- oder Expertenstand).

Besonders nützlich für die Lernenden sind Kompetenzraster, wenn sie klar ausweisen, anhand welcher Aufgaben („Lernjobs") bestimmte Kompetenzen aus allen Bereichen des Englischunterrichts erworben werden können, also z. B. Übungen aus dem Schülerbuch, dem Workbook, den interaktiven Übungen oder dem Ordner Differenzieren | Fördern | Fordern. Kompetenzraster können in vielfältiger Weise eingesetzt werden. Im Rahmen von Wochenplanarbeit können sie als Leitfaden für die S dienen.
Es ist aber ebenso denkbar, dass sie zur individuellen Förderung in besonders eingerichteten Lernstudios oder -ateliers benutzt werden. Werden sie den Lernenden eine bestimmte Zeit vor einer geplanten Leistungsüberprüfung in die Hand gegeben, können diese sich gezielt auf eine Arbeit vorbereiten, da konkret ausgewiesen wird, anhand welcher Materialien die jeweiligen Kompetenzschwerpunkte erworben werden können.

8 Zeit- und Verlaufsplanung

Aufgrund der recht unterschiedlichen Rahmenbedingungen in den Schulen kann die Zeit- und Verlaufsplanung für die Arbeit mit dem Lehrwerk English G HIGHLIGHT nur Vorschlagscharakter haben. Sie wird u. a. dadurch beeinflusst, nach welchem Zeitraster, bspw. 45 oder 60 Minuten, der Stundenplan organisiert ist. Bei den Vorschlägen wird davon ausgegangen, dass in der Klasse 9 für den Englischunterricht 3 Stunden und ca. 32 Unterrichtswochen zur Verfügung stehen. Insgesamt bedeutet das − ohne Klassenarbeiten − 96 Unterrichtsstunden.

8.1 Beispiel für eine Grobplanung des Schülerbuchstoffs

	3 Wochenstunden
Unit 1−Unit 4	78 Stunden
Revision	6 Stunden
Exam files (optional)	6 Stunden
Text files (optional)	6 Stunden
	ergeben 96 Stunden

8.2 Beispiel für die Grobplanung einer Unit mit dem dazugehörigen Stop! Check! Go!

Unit 1	
Lead-in	3 Stunden
Theme 1	3 Stunden
Theme 2	3 Stunden
Theme 3	3 Stunden
Text	2 Stunden
Focus on language	1 Stunde
Speaking course	3 Stunden
Stop! Check! Go!	2 Stunden
	ergeben 20 Stunden

Literaturhinweise

Bach, G. / Timm, J.-P. (Hrsg.): *Englischunterricht*, UTB, Francke Verlag, Tübingen und Basel 2003

Biederstädt, W. (Hrsg.): *Bilingual unterrichten*, Cornelsen Scriptor, Berlin 2013

Blaz, D.: *Differentiated Instruction. A Guide for Foreign Language Teachers. Eye on Education*, Larchmont, New York 2006

Bönsch, M.: „Was ist guter Unterricht? – Oder besser: wie kann man Lernen erfolgreich initiieren?", in: *Realschule in Deutschland,* Heft 3/2010, S. 14ff.

Ders.: „Individualisierende Lernwege", in: *Schulmagazin 5–10*, Heft 5/2011, S. 7ff.

Bleyhl, W.: „Sündhafte" Verstöße. Über den Umgang mit Fehlern", in: *Praxis Englisch*, Heft 3/2009, S. 44f.

Ders.: „Die Defizite des traditionellen Fremdsprachenunterrichts oder Weshalb – endlich – ein Paradigmenwechsel, eine Umkehr, im Fremdsprachenunterricht erfolgen muss", in: http://creativedialogues.lernnetz.de/docs/1.4Expertenstimmen.pdf (25.03.2012)

Börner, O. / Edelhoff, Ch. / Lohmann, Ch. (Hrsg.): *Individualisierung und Differenzierung im kommunikativen Englischunterricht*, Diesterweg, Braunschweig 2010

Brüning, L. / Saum, T.: „Individualisierung und Differenzierung – aber wie? Kooperatives Lernen erschließt neue Zugänge", in: *Pädagogik*, Heft 11/2010, S. 12ff.

De Florio Hansen, I. / Klewitz, B.: „Angst vor Kompetenzorientierung? Zur Planung von kompetenzförderndem Fremdsprachenunterricht", in: *Praxis Fremdsprachenunterricht*, Heft 6/2012, S. 11ff.

Eckstein, R.: „Kompetenzorientiertes Lernen", in: *Schulmanagement*, Heft 3/2011, S. 15ff.

Eisenmann, M.: *Differenzierung im Englischunterricht,* Eichstaett Academic Press, Eichstätt 2011

Engel, A. / Wiedenhorn, Th.: *Stärken fördern – Lernwege individualisieren*, Beltz, Weinheim und Basel 2010

Hallet, W.: *Lernen fördern. Englisch*, Klett, Kallmeyer, Seelze 2011

Harmer, J.: *The Practice of English Language Teaching*, Pearson Education, Harlow 2007

Harting, A.: „Eigenverantwortliches Lernen", in: *Schulmanagement*, Heft 3/2011, S. 8ff.

Hattie, J.: *Lernen sichtbar machen*, Schneider Verlag Hohengehren, Baltmannsweiler 2013

Heacox, D.: *Differentiating Instruction in the Regular Classroom*, Free Spirit Publishing, Minneapolis 2002

Heymann, H. W.: „Binnendifferenzierung – eine Utopie?", in: *Pädagogik*, Heft 11/2010, S. 6ff.

Hinz, R.: „Heterogenität – eine pädagogische Herausforderung", in: *Schulverwaltung*, Heft 5/2011, S. 137f.

Hoffmann, C.: *Kooperatives Lernen / Kooperativer Unterricht. Pocket-Ratgeber Schule*, Verlag an der Ruhr, Mülheim an der Ruhr 2010

Keßler, J.: „Englisch ab Klasse 1. Zu früh? Zu wenig erforscht? Wirkungslos? – Zu wichtig!", in: *Schule NRW*, Heft 04/2009, S. 158ff.

Keßler, J. / Plesser, A.: *Teaching Grammar*, UTB, Schöningh Verlag, Paderborn 2011

Kuty, M.: „Binnendifferenzierung in Aktion", in: *Praxis Fremdsprachenunterricht*, Heft 3/2009, S. 16ff.

Lau, R. / Boller, S.: „Innere Differenzierung konsequent anwenden", in: *Pädagogik*, Heft 11/2010, S. 28ff.

Metzger, K. / Erich W. (Hrsg.): *Inklusion – eine Schule für alle,* Cornelsen Scriptor, Berlin, 2010

Mittendrin e.V. (Hrsg.): *Eine Schule für alle. Inklusion umsetzen in der Sekundarstufe*, Verlag an der Ruhr, Mühlheim an der Ruhr, 2012

Müller-Hartmann, A. / Schocker, M. / Pant, H. A.: *Lernaufgaben Englisch aus der Praxis*, Diesterweg Verlag, Frankfurt am Main 2013

Müller-Hartmann, A. / Schocker-von Ditfurth, M.: *Teaching English: Task-supported Language Learning*, UTB, Schöningh Verlag, Paderborn 2011

Dies.: „Mit Lernaufgaben Kompetenzen entwickeln", in: *Der fremdsprachliche Unterricht. Englisch.* Heft 109/2011, S. 2ff.

Paradies, L. / Linser, H. J.: *Differenzieren im Unterricht*, Cornelsen Scriptor, Berlin 2010

Paradies, L. / Wester, F. / Greving, J.: *Individualisieren im Unterricht*, Cornelsen Scriptor, Berlin 2010

Pienemann, M. / Keßler, J. / Roos, E. (Hrsg.): *Englischerwerb in der Grundschule.* UTB, Schöningh Verlag, Paderborn 2006

Prodromou, L. / Clanfield, L.: *Dealing with Difficulties*, Delta Publishing, Peaslake 2007

Raya, M. J. / Lamb, T.: *Differentiation in the Modern Languages Classroom*, Peter Lang, Frankfurt 2003

Spitzer, M.: *Lernen. Gehirnforschung und die Schule des Lebens*, Spektrum Akademischer Verlag, Heidelberg, Berlin 2002

Ders.: „Medizin für die Schule. Neurowissenschaftliche Erkenntnisse nutzen", in: *Schule NRW*, Heft 04/2011, S. 158ff.

Staatsinstitut für Schulqualität und Bildungsforschung (Hrsg.): *Aufmerksamkeitsgestörte, hyperaktive Kinder und Jugendliche im Unterricht*, Auer Verlag, München 2011

Ders.: *Sprachen leben. Kompetenzorientierte Aufgaben in den modernen Fremdsprachen. Band 2*, Cornelsen, München 2011

Thaler, E.: *Englisch unterrichten*, Cornelsen Schulverlage, Berlin 2012

Tomlinson, C. A.: *How to Differentiate Instruction in Mixed-Ability Classrooms,* Pearson / Merrill Prentice Hall, Upper Saddle River, New Jersey 2006

Tomlinson, C. A. / Cunningham Eidson, C.: *Differentiation in Practice. Association for Supervision and Curriculum Development*, Alexandria, Virginia 2003

Tschekan, K.: *Kompetenzorientiert unterrichten*, Cornelsen Scriptor, Berlin 2011

Weinert, F. E.: *Leistungsmessungen in Schulen*, Beltz, Weinheim und Basel 2001

Winterhoff, M.: *Lasst Kinder wieder Kinder sein!*, Gütersloher Verlagshaus, Gütersloh 2011

Wolff, M.: „Individualisierung und Differenzierung. Ihre Bedeutung für schwächere Lerner", in: *Praxis Fremdsprachenunterricht*, Heft 3/2009, S. 4ff.

Übersicht über die Hauptkompetenzen, Wortfelder und Strukturen

Unit 1 Life down under

Kompetenzen		Kooperative Lernformen	Wortfelder	Grammatische Strukturen *(Focus on language)*
LISTENING	Multiple-choice-Aufgaben (S. 22)	• PA (S. 9, 11, 14, 15, 18, 20, 25; u.a. *Partner check* S. 10, 13) • GA (S. 14) • *Think-Pair-Share* (S. 9) • *Info-gap activity* (S. 13, 23)	• Orte beschreiben • *time words* • um Hilfe bitten	• *can / could / be able to, must / have to, be allowed to / mustn't, should* (S. 19)
SPEAKING	Bildbeschreibung (S. 13, 23)			
READING	Textverständnisfragen beantworten (S. 11, 14, 15)			
WRITING	einen Artikel verfassen (S. 13) • die eigene Meinung verschriftlichen (S. 23)			
MEDIATION	Zeitgaben in einem Mediationstext korrigieren (S. 11)			
VIEWING	Filmszenen verstehen (S. 9) • Musikclip (S. 14) • Präsentationen verfolgen (S. 20)			
SPEAKING COURSE (1)	Schülerpräsentationen und deren Bewertungen verfolgen (S. 20) • eine eigene Präsentation halten und anderen Feedback geben (S. 21)			

Unit 2 Respect

Kompetenzen		Kooperative Lernformen	Wortfelder	Grammatische Strukturen *(Focus on language)*
LISTENING	Multiple-choice-Aufgaben (S. 30, 40) • Schlüsselwörter nutzen (S. 30) • Schilder korrekt zuordnen (S. 40)	• PA (S. 30, 39; u.a. *Partner check* S. 29) • GA (S. 31, 33) • *Think-Pair-Share* (S. 26, 36) • *Role-play* (S. 30) • *Double circle* (S. 30)	• Gefühle • Menschen beschreiben	• *indirect speech* (S. 37)
SPEAKING	Diskussion (S. 27) • Gruppenexperiment (S. 31)			
READING	*Skimming* (S. 28) • Textverständnisfragen beantworten (S. 28, 31, 36) • Synonyme im Text finden (S. 29, 31) • Aussagen zum Text auf ihren Wahrheitsgehalt überprüfen (S. 40)			
WRITING	angeleitetes Schreiben (S. 29) • Filmkritik schreiben (S. 39) • freier Text (S. 41) • Projektbeschreibung (S. 41)			
MEDIATION	Fragen zu einem deutschen Text auf Englisch beantworten (S. 41)			
VIEWING	Inhalte/Aussagen bestimmten Szenen / Filmfiguren zuordnen (S. 27, 32) • Inhalte ohne Ton ableiten (S. 38) • unterschiedliche Kommunikationsregeln beobachten und ableiten (S. 38)			
SPEAKING COURSE (2)	Bildbeschreibung (S. 39) • Filmbesprechung (S. 39)			

Unit 3 Looking forward

Kompetenzen		Kooperative Lernformen	Wortfelder	Grammatische Strukturen (Focus on language)
LISTENING	Multiple-choice-Aufgaben (S. 47) • auf Schlüsselwörter achten (S. 47 Aussagen richtig zuordnen (S. 47)	• PA (S. 48, 50, 55, 56, 57; u. a. Partner check S. 52, 54) • GA (S. 57) • Think-Pair-Share (S. 45) • Milling-around activity (S. 47) • Role-play (S. 49, 57) • Info-gap activity (S. 51)	• Menschen beschreiben (Stärken/ Schwächen) • Berufe	• questions (S. 55)
SPEAKING	Dialogisches Sprechen (S. 49, S. 58) • schriftlich vorbereitete Antworten vortragen (Interviewsituation) (S. 56)			
READING	Quiz (S. 44) • life skills vergleichen • Scanning (S. 48) • Texterschließungsstrategien anwenden (S. 48) • Aussagen zum Text vervollständigen (S. 59) • Aussagen zum Text auf ihren Wahrheitsgehalt überprüfen (S. 59)			
WRITING	Bewerbung schreiben (CV, cover letter) (S. 50, S. 51) • freier Text mit Leitfragen zum Thema (S. 69)			
VIEWING	screenshots beschreiben (S. 46) • Vermutungen anhand von screenshots anstellen (S. 46) • Aussagen zum Film überprüfen (S. 46, 56)			
MEDIATION	Details eines englischen Stellenanzeige auf Deutsch wiedergeben (S. 49) • auf Englisch über eine deutsche Stellenanzeige sprechen (S. 51) • Gehörtes auf Deutsch wiedergeben S. 55			
SPEAKING COURSE (3)	Job interview als Role-play (S. 57)			

Unit 4 Generation *like*

Kompetenzen		Kooperative Lernformen	Wortfelder	Grammatische Strukturen (Focus on language)
LISTENING	Bilder Gehörtem zuordnen (S. 62, 77) • Aussagen zum Text auf ihren Wahrheitsgehalt überprüfen (S. 62) • Multiple-choice-Aufgabe (S. 65) • Aussagen durch Gehörtes ergänzen (S. 65, 77) •	• PA (S. 63, 64, 66, 68, 70, 74, 75, 76; u. a. Partner check S. 67) • Think-Pair-Share (S. 62) • Info-gap activity (S. 65) • Role-play (S. 75)	• digital habits • (Werbe-)Anzeigen • Kleidung (kaufen)	• if-sentences III
SPEAKING	Bildbeschreibung (S. 65) • Diskussion (S. 74) • Einkaufsdialog (S. 75) • Bildbeschreibung im Gespräch (S. 76)			
READING	Aussagen zum Gelesenen notieren (S. 65) • Aussagen zum Text auf ihren Wahrheitsgehalt überprüfen (S. 65)			
WRITING	(angeleitete) Erörterung (S. 67) • E-Mail (S. 77)			
VIEWING	Vermutungen anhand von screenshots anstellen (S. 74)			
MEDIATION	Fragen zu einem englischen Text auf Deutsch beantworten (S. 69) • Notizen auf Deutsch zu einem englischen Text machen (S. 76)			
SPEAKING COURSE (4)	Verkaufsgespräch als Role-play (S. 75)			

[1] Alle in dieser Übersicht genannten Seitenzahlen beziehen sich auf das Schülerbuch English G Highlight, Band 5.

LEGENDE

Auszeichnungen für Wortschatz

Hi!	Lernwortschatz
cowboy	Wort, dessen Bedeutung sich erschließen lässt
°repeat	rezeptiver Wortschatz, z. B. in Arbeitsanweisungen

Symbole für Übungen

👥 👥	Partnerarbeit
👥👥 👥👥	Gruppenarbeit
🎧	Hörtext nur auf CD
🎧	Hörtext auf CD und im Schülerbuch
🎥	Filme auf der DVD
○ ○	leichtere Übungen
● ●	schwierigere Übungen
// ● p. 82	schwierigere Parallelaufgabe in der *Diff bank* mit Seitenzahl
More help p. 81	Hilfen zu einer Aufgabe in der *Diff bank* mit Seitenzahl
More practice 1 p. 81	weitere Übungen in der *Diff bank* mit Seitenzahl
blaue Schrift	fakultative Angebote

Verweise

▶ Partner check	Verweis auf einen Eintrag im methodisch-didaktischen Glossar (HRU-Seite 185–202)
▶ KV 1	Verweis auf Kopiervorlagen in den HRU
▶ WB 1, p. 2	Verweis auf Workbook-Übungen
▶ DFF 1.1	Verweis auf Materialien zum Differenzieren | Fördern | Fordern
▶ INKL p. 20	Verweis auf Materialien für Lernende mit erhöhtem Förderbedarf im inklusiven Unterricht

Abkürzungen

L	Lehrkraft	EA	Einzelarbeit	HRU	Handreichungen für den Unterricht
S	Schüler/Schülerin(nen)	PA	Partnerarbeit	SB	Schülerbuch
KV	Kopiervorlage	GA	Gruppenarbeit	GSE	Grundschulenglisch
TA	Tafelanschrieb	HA	Hausaufgabe	OHP	Overheadprojektor

Life down under

1

Storyline	In dieser Unit lernen die S Australien kennen. Sie erfahren viel über die geografischen und klimatischen Besonderheiten des Kontinents sowie über die Tierwelt Australiens. Andere Texte handeln vom Leben und den Problemen der Einwohner und Ureinwohner. In diesem Zusammenhang wird auch auf die historische Eroberungspolitik der weißen Siedler mit der gleichzeitigen Ermordung und Entrechtung der australischen Aborigines eingegangen. Im Lesetext begegnen die S dem Jugendlichen Hugh aus Sydney, der seinen Großvater Poppy, erst jetzt kennen lernt. Die beiden wollen gemeinsam mit Poppys Auto zum Uluru fahren. Unterwegs nehmen sie eine Anhalterin mit, durch die sie in eine brenzlige Situation geraten.
Sprachliche Mittel	**Wortfelder:** Orte beschreiben • Zeitwörter • um Hilfe bitten
	Strukturen: *can / could / be able to, must / have to, be allowed to / mustn't, should*
Kommunikative Kompetenzen	**Listening:** Hörtext im Detail verstehen (*Exam training*) • Bilder gemäß Hörtext in die richtige Reihenfolge bringen • Spekulationen mithilfe eines Hörtextes verifizieren bzw. korrigieren • das Ende der Story *Swerve* verstehen • einen Dialog zur Planung einer Australienreise verstehen
	Speaking: sich an einer Diskussion beteiligen • Bildbeschreibungen in PA • eine Präsentation über Australien halten und Feedback geben (*Speaking course*)
	Reading: Zeitungsberichte lesen und verstehen • über das Leben der Ureinwohner Australiens mehr erfahren • eine Geschichte im Detail verstehen • eine E-Mail lesen und verstehen
	Writing: einen Artikel verfassen • seine persönliche Meinung darlegen
	Mediation: Fehler von Zeitangaben in einem Mediationstext finden und verbessern
	Viewing: Australien erleben (*A road trip*) • Musikvideo (*The Burdekin Crew*) • Beispiele von Schülerpräsentationen über Australien und entsprechendes Feedback bewerten
Methodische Kompetenzen	**Lernstrategien:** Informationen über Australien in einer Liste sammeln • einem Film Informationen entnehmen • unterschiedlichen Textsorten Informationen entnehmen • Notizen machen • Hörtexten Informationen entnehmen • mithilfe von Hörtexten Arbeitsergebnisse kontrollieren • Arbeitsergebnisse selbstständig kontrollieren • mit Hilfen Texte verfassen • Wörterbucharbeit • unbekannte Wörter erschließen • einen Kurzvortrag vorbereiten • eine Nacherzählung verfassen • Paralleltexte verfassen • den Fortgang einer Geschichte mündlich antizipieren • einen Test eigenverantwortlich auswerten (*Stop! Check! Go!*)
	Kooperative Lernformen: PA • GA • *Think-Pair-Share* • *Partner check* • *Class discussion*
Interkulturelle Kompetenzen	Besonderheiten Australiens kennen lernen • etwas über das Leben und die Kultur der Aborigines erfahren • Tipps für Touristen in Australien • das eigene Leben in Deutschland mit dem Leben eines Teenagers in *Western Australia* vergleichen
Dossier	*Tips for tourists in Australia*

LEAD-IN

Inhalt	Geografie und Sehenswürdigkeiten Australiens kennen lernen • Kurzfilm: *An Australien road trip* • *Think-Pair-Share*

1   Photos and a map of Australia

Wortschatz	**Aboriginal Australian • the outback • Christmas • climate •** °road train • *truck* • **season •** °pair • °share • °list
Material	CD/USB-Stick mit Didgeridooklängen, Plakatpapier, Plakatstifte
Einstieg	**SB bleibt geschlossen.** L schreibt *Life down under* als stummen Impuls an die Tafel und wartet, ob die S damit *Australia* assoziieren können.
Zusatz	Zusätzlich kann L die Klänge eines Didgeridoos einspielen.

Falls die S Schwierigkeiten haben *Australia* zu nennen, schreibt L die einzelnen Buchstaben des Ländernamens an die Tafel. Um dabei eine gewisse Spannung bei den S aufzubauen, macht L nach jedem verschriftlichten Buchstaben eine kurze Pause. Nachdem geklärt wurde, was mit *Life down under* gemeint ist, leitet L zum SB über.

L: *Please open your books at pages 8 and 9. Tell me what you can see in the photos.*

Die S betrachten die Bilder der *Lead-in*-Seiten und äußern sich hierzu in einem anschließenden Unterrichtsgespräch. Ein paar ausgewählte Wörter werden während dieses Gesprächs semantisiert. Auf ein weiterführendes Gespräch wird an dieser Stelle verzichtet, da dieses im Aufgabenteil 1c) folgt.

L: *What do you see in photo A?*
S: *In photo A I can see a mountain.*
L: *You're right. The mountain is called Uluru. It is a special place for <u>Aboriginal Australians</u>. Do you know who they are?*
L/S: *Australian Aboriginals were the first people who lived in Australia.*
L: *You're right. What else do you see in the photos?*
S: *In photo B I can see a flag, perhaps it's the Australian flag. / In photo C I can see people on the beach.*
L: *That's right. They're celebrating <u>Christmas</u> on the beach.*
S: *In photo D I can see the Great Barrier Reef and a person diving. / In photo E I can see Sydney. / In photo F I can see a sign that tells us to drive on the left.*
L: *That's right. The photo shows Stuart Highway in <u>the outback</u>. What do you think the outback is?*
L/S: *Only a few people live in the outback. / It's really hot. / There are long roads. / ...*
L: *Well done! Look at the map of Australia. Can you tell me where Stuart Highway is?*
S: *Stuart Highway is the road between Darwin in the north and Port Augusta in the south of Australia.*
L: *Let's do exercise 1 on page 9 now.*

a) ▣ Think: Work alone. Try to answer these questions.
L macht die S darauf aufmerksam, dass sie die meisten Antworten auf die Fragen den Bildern entnehmen können. Die S dürfen bei der Beantwortung der Frage 9 spekulieren, da sie die richtige Antwort nicht unbedingt wissen können.

Lösungsbeispiel
1 The climate in the centre of Australia is hot and dry.
2 Uluru is a mountain.
3 Cars drive on the left in Australia.
4 A road train is a huge truck.
5 At the Great Barrier Reef you can go diving.
6 When it's winter in Europe, it's summer in Australia.
7 Canberra is the capital of Australia.
8 The main cities in Australia are on the coast.
9 The flag in the corner of the Australian flag is the Union Jack / the British flag. It's there because Australia was a part of Britain / belongs to the Commonwealth.

b) 👥 Pair: Compare your answers with a partner.
Die S vergleichen ihre Antworten in PA und verbessern ggf. ihre Antworten. Bei Unklarheiten kann L schon zu diesem Zeitpunkt weiterhelfen oder erst im Rahmen des Teilabschnitts c), wenn die S ihre Antworten im Plenum vortragen.

c) Share: Talk about Australia in class. Do you know any more things ...
Die S tauschen sich im Plenum über ihr bisheriges Australienwissen aus und ergänzen dieses. Die Ergebnisse können in einer Liste an der Tafel festgehalten werden.

Alternative	Anstelle einer Liste wird eine ▶ Mindmap gemeinsam an der Tafel / auf einem Plakat erstellt. Dafür nennen die S (ggf. mit Hilfe von L) erst Kategorien wie z.B. *climate, animals, cities,* die dann ergänzt werden. Die Mindmap wird von den S ins Heft übertragen und kann immer wieder entweder individuell im Heft oder gemeinsam auf dem Plakat erweitert werden.
Lösung	individuelle Lösungen

▶ 🎥 2 👥 VIEWING An Australian road trip

You're going to watch a film ...

Wortschatz	°viewing • °wordbank • *waterfall* • °complete
Material	DVD

a) Before you watch: Answer these questions with a partner.

Einstieg	Um die S auf den *road trip* einzustimmen, bearbeiten diese zunächst in PA den Aufgabenteil a) und beantworten Frage 1 und 2.
▣ Differenzierung	L weist lernschwächere S auf die *Wordbank 1* auf der SB-S. 150 hin. Sie bietet Unterstützung bei der Formulierung von Antworten zum Aufgabenabschnitt a).
Lösungsbeispiel	**1** *I think I'll see trees, roads, animals (cows, horses, sheep, birds), fields, woods, tracks, cars, farms, houses, villages, beaches, the ocean, mountains, hills, a river, lakes, ...* **2** *I think I'll see people who are surfing, driving their car, swimming, diving, skateboarding, horse-riding, hiking, ...*

b) While you watch: Work with a partner. Which of these places do you see?
Die S beantworten in PA – ggf. mithilfe der *Wordbank 1* (SB-Seite 150) die Fragen. Die Antworten werden im Anschluss im Plenum besprochen.

▣ Differenzierung	Bevor die S den Aufgabenteil b) bearbeiten, schauen sie sich den Film erst einmal im Gesamten an, um einen ersten Eindruck zu gewinnen. Erst dann bearbeiten sie die Aufgabe.
◉ Differenzierung	Lernstärkere S nennen im Rahmen der Beantwortung der Aufgabe zusätzlich Begriffe, die im Kasten im SB nicht vorgegeben wurden, aber trotzdem im Film gezeigt werden. Siehe Lösungsbeispiel in blau.
Lösung/Lösungsbeispiel	*We could see a waterfall, woods, a track, the coast. / We could also see the ocean, lots of long roads, beaches, a swimming pool, a river or lake, cliffs, mountains, fields, cities.*

c) ◉ Now watch the film again. How is Australia different from Germany? ...
More help p.81 👥 **Work with a partner. Copy and complete the sentences.**
Die lernstärkeren S bleiben auf der SB-Seite 9 und beantworten die Frage mithilfe des Filmes selbstständig. In der More help-Übung auf der SB-Seite 81 vervollständigen lernschwächere S in PA die vorgegebenen Formulierungshilfen.

Lösung/Lösungsbeispiel	– ... But in Germany there are *lots of woods. In Germany* there aren't any *deserts and* we don't have *thousands of kilometres of coast. But we have lots of lakes in Germany where you can swim in summer.* – In Australia you drive on the *left. In Germany you drive on the right.* – ... In Germany *you can go hiking, climbing and skiing in the mountains.* – In Germany winter is from December to *March.*

More practice 1 | p. 81   👥 **Talk about the pictures.**

Wortschatz °diver • °underwater

Choose a photo on page 8 or 9. Describe what you can see ...

Lösungsbeispiel **A** *I can see a huge rock. There's a small track around it. In the background the land is dry and flat. It's amazing because there's only the huge rock and nothing else.*
B *It's a flag. / It's the Australian flag. It's blue with white stars. In the left corner there's the British flag.*
C *In the foreground there are some people. They are sitting on a beach. Next to them / On the left I can see a Christmas tree. Under the tree there are some presents. Two people are wearing Christmas hats. They are relaxing on the beach and celebrating Christmas. In the background I can see the blue sea and a man and a woman with surfboards. They are going surfing.*
D *There's blue water and the Great Barrier Reef. In the photo above there's a diver. He or she is exploring the underwater world.*
E *I can see the city of Sydney. In the foreground / On the right there's a girl. She's on a high building. (L erklärt: She's on Sydney Harbour Bridge.) She's looking down at the water / at Sydney Harbour. In the background I can see some tall buildings.*
F *There's a highway in the outback. It looks dry and very hot. There's lots of red sand. On the left there's a sign that says to drive on the left. It's a bit scary because there are no cars and no people.*

▶ WB 1, p. 4 ▶ INKL pp. 8–9

Zusatz Zum Abschluss der *Lead-in*-Seiten bietet es sich an dieser Stelle an, die landeskundlichen Kenntnisse der S über Australien zu festigen bzw. zu erweitern, indem das *Text file 1* auf der SB-S. 114 bearbeitet wird. Unterrichtsvorschläge hierzu sind auf den HRU-S. 175–176 zu finden.

THEME 1 News from Australia

Inhalt vier Zeitungsartikel über Besonderheiten von Land und Leuten

S. 10–11

1 EXAM TRAINING Reading

Wortschatz °theme • °character • °kangaroo • **while** • **box "German *während*"** (SB-Seite 158) • °picnic • °wander (off) • °finally • ***final*** • **campground** (AE) • °pick • °feed: I fed • °koala • **suffer (from)** • °eucalyptus • °leaf, *pl* leaves • **be/get thirsty** • **organization** • **advice** • °skills file

Material von L erstelltes Lösungsblatt, Plakate, Plakatstifte

Einstieg Das Lesen und Verstehen von Texten ist in einigen Bundesländern wesentlicher Bestandteil der Abschlussprüfung nach Klasse 9. Die S bearbeiten zunächst die einzelnen Aufgabenteile a) bis d) schriftlich in EA, um sie im letzten Aufgabenteil e) in PA zu vergleichen und ggf. zu verbessern. L weist auf die drei gelben Kästen hin, die Hilfestellungen bei der Bearbeitung der Aufgaben bieten.

a) ◯ **Read the title and look at the photo ...**

Lösung *The two main characters are a boy and a kangaroo.*

b) Now read the text. Then answer the questions.

Lösung

1 *They wanted to have a picnic.*
2 *Simon wandered off and couldn't find his way back.*
3 *He was alone for 24 hours.*
4 *The kangaroo kept Simon warm.*
5 *Yes, Simon was ok.*
6 *Saved means „gerettet".*

c) Look at the title and photo of the second article …

Lösung

The text is about koalas and about hot weather.

d) Now read the text. Then answer the questions.

Lösung

1 *January*
2 *No, it isn't a good season for koalas.*
3 *They get thirsty because the weather is too hot and dry. They can't get enough water from the eucalyptus leaves.*
4 *People can put out water for the koalas.*
5 *Suffer means „leiden".*

e) 👥 Partner check: Compare your answers in a)–d) with a partner.
In PA werden die Antworten besprochen und ggf. verbessert (▶ Partner check).

Zusatz

L stellt den S ein Lösungsblatt zur Verfügung, auf dem sie bei Unklarheiten nachschauen können.

L verweist auf das *Skills file 6,* Abschnitt 7, auf der SB-S. 127 „Unbekannte Wörter? Einfach weiterlesen!".

Alternative

L hängt ein großes Plakat mit der Überschrift *Texte besser verstehen* an die Tafel. Durch ein gelenktes L/S-Gespräch fassen die S *Skills file 6,* Abschnitt 7, SB-Seite 127, zusammen und halten das Ergebnis auf dem Plakat fest. Da im Laufe der Unit zusätzliche Tipps zum Textverständnis folgen werden, bleibt auf dem Plakat noch Platz für weitere Hinweise. Das Plakat kann im Klassenzimmer aufgehängt werden.

More practice 2 p. 82 **Australia's most dangerous animals**

Read the text.

Wortschatz

°deadly • °shark • °spider • °scientist • °based on • °likely • °jellyfish • °bee • °seem (to be/ do) • °allergic (to) • °sting • °(tourist) hot spot • °position • °swimmer • °Don't be fooled.

a) Write a list of Australia's most dangerous animals:

Lösung

1 The most dangerous animals are *jellyfish.*
2 The second most dangerous *animals are bees.*
3 *The third most dangerous animals are sharks.*
4 *The fourth most dangerous animals are snakes.*
5 *The fifth most dangerous animals are crocodiles.*
6 *The sixth most dangerous animals are spiders.*

b) Write what you *think* the six animals are in German.

S: *Because there's no hospital/doctor/ambulance/town …*
L: *Good. Please open your books at page 12 and let's do Exercise 1a).*

a) Some outback farms in Australia are 500 kilometres …
Die Ergebniskontrolle erfolgt im Plenum.

Lösungsbeispiel *The hospital is very far away.*

b) Look at the photo and answer the questions.
Bevor die S die beiden Fragen schriftlich beantworten, lässt L die S kurz im L/S-Gespräch sammeln, was sie auf dem Foto rechts sehen:

L: *Please look at the picture on the right. What can you see?*
S: *I can see people. / I can see a small plane. / Somebody is ill. / The person is lying on a bed. / …*
L: *You're right. You can see the Flying Doctors. Please answer the questions in exercise b).*

Lösungsbeispiel **1** *They fly to people who need help.*
2 *Australia needs the Flying Doctors because the country is really big. / Hospitals are too far away for ambulances, so they need planes. / The Flying Doctors can travel faster by plane than by ambulance. / …*

▶ 🔊 1.01 **c) Listen to the RFDS advert. Check your answers.**
Die S kontrollieren ihre Ergebnisse von b) mithilfe des Hörtextes selbstständig. Im Anschluss können einzelne S ihre Antworten im Plenum vortragen.

▶ 🔊 1.01 **d) Read the sentences. Then listen again. Pick A, B or C.**
Die S notieren die Sätze in ihr Heft. Die Ergebniskontrolle erfolgt im Plenum.

◯ Differenzierung In lernschwächeren Gruppen spielt L den Hörtext mehrfach vor und/oder stoppt die Aufnahme nach einzelnen – für die Beantwortung relevanten – Abschnitten, um den S mehr Zeit für ihre Notizen zu geben.

Lösung *1 B · 2 C · 3 B · 4 A*

2   On the Beach

Wortschatz °conversation · °match with · **jellyfish,** *pl* **jellyfish · danger ·** °strong current · **risk · sunburn · put on suncream · swim, swam, swum · skin · sting · shade**

Material CD

▶ 🔊 1.02 **a)** ◯ **Listen to the three conversations (1–3). Match them with signs A, B and C.**
Zur Vorentlastung der Höraufgabe betrachten die S die Schilder A, B und C. L klärt mit den S im L/S-Gespräch unbekanntes Vokabular. Teilweise macht L die Bedeutung neuer Begriffe mit Gestiken deutlich:

L: *Look at the three signs. Sign A is about jellyfish. Please show me a jellyfish on the sign.*

(S zeigen auf die Zeichnung der Qualle im Bild.)

L: *Right. What do you think picture B is about? What do you think is dangerous?*
S: *Swimming is dangerous.*
L: *Yes. Swimming is dangerous because there is a strong current. When the water in an ocean moves quickly and powerfully, then it has a strong current. Now look at picture C. What is it about?*
S: *It says that the sun can be dangerous.*
L: *You're right. When you're in the sun, you should put on suncream.* (L streicht über die eigenen Arme zur Verdeutlichung der neuen Vokabel.)

b) Now read the text. Then answer the questions.

Lösung

1 They wanted to have a picnic.
2 Simon wandered off and couldn't find his way back.
3 He was alone for 24 hours.
4 The kangaroo kept Simon warm.
5 Yes, Simon was ok.
6 Saved means „gerettet".

c) Look at the title and photo of the second article ...

Lösung

The text is about koalas and about hot weather.

d) Now read the text. Then answer the questions.

Lösung

1 January
2 No, it isn't a good season for koalas.
3 They get thirsty because the weather is too hot and dry. They can't get enough water from the eucalyptus leaves.
4 People can put out water for the koalas.
5 Suffer means „leiden".

e) 👥 Partner check: Compare your answers in a)–d) with a partner.
In PA werden die Antworten besprochen und ggf. verbessert (▶ Partner check).

Zusatz

L stellt den S ein Lösungsblatt zur Verfügung, auf dem sie bei Unklarheiten nachschauen können.

L verweist auf das *Skills file 6,* Abschnitt 7, auf der SB-S. 127 „Unbekannte Wörter? Einfach weiterlesen!".

Alternative

L hängt ein großes Plakat mit der Überschrift *Texte besser verstehen* an die Tafel. Durch ein gelenktes L/S-Gespräch fassen die S *Skills file 6*, Abschnitt 7, SB-Seite 127, zusammen und halten das Ergebnis auf dem Plakat fest. Da im Laufe der Unit zusätzliche Tipps zum Text-verständnis folgen werden, bleibt auf dem Plakat noch Platz für weitere Hinweise. Das Plakat kann im Klassenzimmer aufgehängt werden.

More practice 2 | p. 82 | **Australia's most dangerous animals**

Read the text.

Wortschatz

°deadly • °shark • °spider • °scientist • °based on • °likely • °jellyfish • °bee • °seem (to be/ do) • °allergic (to) • °sting • °(tourist) hot spot • °position • °swimmer • °Don't be fooled.

a) Write a list of Australia's most dangerous animals:

Lösung

1 The most dangerous animals are *jellyfish*.
2 The second most dangerous animals are bees.
3 The third most dangerous animals are sharks.
4 The fourth most dangerous animals are snakes.
5 The fifth most dangerous animals are crocodiles.
6 The sixth most dangerous animals are spiders.

b) Write what you *think* the six animals are in German.

S: *Because there's no hospital/doctor/ambulance/town …*
L: *Good. Please open your books at page 12 and let's do Exercise 1a).*

a) Some outback farms in Australia are 500 kilometres …
Die Ergebniskontrolle erfolgt im Plenum.

Lösungsbeispiel *The hospital is very far away.*

b) Look at the photo and answer the questions.
Bevor die S die beiden Fragen schriftlich beantworten, lässt L die S kurz im L/S-Gespräch sammeln, was sie auf dem Foto rechts sehen:

L: *Please look at the picture on the right. What can you see?*
S: *I can see people. / I can see a small plane. / Somebody is ill. / The person is lying on a bed. / …*
L: *You're right. You can see the Flying Doctors. Please answer the questions in exercise b).*

Lösungsbeispiel **1** *They fly to people who need help.*
2 *Australia needs the Flying Doctors because the country is really big. / Hospitals are too far away for ambulances, so they need planes. / The Flying Doctors can travel faster by plane than by ambulance. / …*

▶ 🔊 1.01 **c) Listen to the RFDS advert. Check your answers.**
Die S kontrollieren ihre Ergebnisse von b) mithilfe des Hörtextes selbstständig. Im Anschluss können einzelne S ihre Antworten im Plenum vortragen.

▶ 🔊 1.01 **d) Read the sentences. Then listen again. Pick A, B or C.**
Die S notieren die Sätze in ihr Heft. Die Ergebniskontrolle erfolgt im Plenum.

🔲 Differenzierung In lernschwächeren Gruppen spielt L den Hörtext mehrfach vor und/oder stoppt die Aufnahme nach einzelnen – für die Beantwortung relevanten – Abschnitten, um den S mehr Zeit für ihre Notizen zu geben.

Lösung *1 B · 2 C · 3 B · 4 A*

2   On the Beach

Wortschatz °conversation • °match with • **jellyfish,** *pl* **jellyfish • danger** • °strong current • **risk** • **sunburn • put on suncream • swim, swam, swum • skin • sting • shade**

Material CD

▶ 🔊 1.02 **a) 🔲 Listen to the three conversations (1–3). Match them with signs A, B and C.**
Zur Vorentlastung der Höraufgabe betrachten die S die Schilder A, B und C. L klärt mit den S im L/S-Gespräch unbekanntes Vokabular. Teilweise macht L die Bedeutung neuer Begriffe mit Gestiken deutlich:

L: *Look at the three signs. Sign A is about <u>jellyfish</u>. Please show me a jellyfish on the sign.*

(S zeigen auf die Zeichnung der Qualle im Bild.)

L: *Right. What do you think picture B is about? What do you think is dangerous?*
S: *Swimming is dangerous.*
L: *Yes. Swimming is dangerous because there is a <u>strong current</u>. When the water in an ocean moves quickly and powerfully, then it has a strong current. Now look at picture C. What is it about?*
S: *It says that the sun can be dangerous.*
L: *You're right. When you're in the sun, you should <u>put on suncream.</u>* (L streicht über die eigenen Arme zur Verdeutlichung der neuen Vokabel.)

b) Now read the text. Then answer the questions.

Lösung
1 *They wanted to have a picnic.*
2 *Simon wandered off and couldn't find his way back.*
3 *He was alone for 24 hours.*
4 *The kangaroo kept Simon warm.*
5 *Yes, Simon was ok.*
6 *Saved means „gerettet".*

c) Look at the title and photo of the second article ...

Lösung
The text is about koalas and about hot weather.

d) Now read the text. Then answer the questions.

Lösung
1 *January*
2 *No, it isn't a good season for koalas.*
3 *They get thirsty because the weather is too hot and dry. They can't get enough water from the eucalyptus leaves.*
4 *People can put out water for the koalas.*
5 *Suffer means „leiden".*

e) 👥 Partner check: Compare your answers in a)–d) with a partner.
In PA werden die Antworten besprochen und ggf. verbessert (▶ Partner check).

Zusatz
L stellt den S ein Lösungsblatt zur Verfügung, auf dem sie bei Unklarheiten nachschauen können.

L verweist auf das *Skills file 6*, Abschnitt 7, auf der SB-S. 127 „Unbekannte Wörter? Einfach weiterlesen!".

Alternative
L hängt ein großes Plakat mit der Überschrift *Texte besser verstehen* an die Tafel. Durch ein gelenktes L/S-Gespräch fassen die S *Skills file 6*, Abschnitt 7, SB-Seite 127, zusammen und halten das Ergebnis auf dem Plakat fest. Da im Laufe der Unit zusätzliche Tipps zum Textverständnis folgen werden, bleibt auf dem Plakat noch Platz für weitere Hinweise. Das Plakat kann im Klassenzimmer aufgehängt werden.

More practice 2 p.82 **Australia's most dangerous animals**

Read the text.

Wortschatz
°deadly • °shark • °spider • °scientist • °based on • °likely • °jellyfish • °bee • °seem (to be/do) • °allergic (to) • °sting • °(tourist) hot spot • °position • °swimmer • °Don't be fooled.

a) Write a list of Australia's most dangerous animals:

Lösung
1 The most dangerous animals are *jellyfish.*
2 The second most dangerous *animals are bees.*
3 *The third most dangerous animals are sharks.*
4 *The fourth most dangerous animals are snakes.*
5 *The fifth most dangerous animals are crocodiles.*
6 *The sixth most dangerous animals are spiders.*

b) Write what you *think* the six animals are in German.

Lösung   individuelle Lösungen

c) Then check in a dictionary. Were you right?
Die S schlagen die Wörter im *Dictionary* im SB-Anhang nach.

Lösung   *jellyfish* – Qualle • *bee* – Biene • *shark* – Hai • *snake* – Schlange • *crocodile* – Krokodil • *spider*
– Spinne

▶ WB 2, p. 5   ▶ INKL p. 10

2   READING People and problems

Wortschatz   °Rural Fire Service • ***fight, fought, fought*** • *although* • ***final (school) exam*** • **exam** • **which** •
°timeline • **site** • °sacred • ***over*** the last few years • °mediation • °mediate • °(time) reference

Material   vorbereitetes Plakat (s. Ausführung oben zum *Skills file 6*, Abschnitt 7), Plakatstifte

Einstieg   **SB bleibt geschlossen.** Im folgenden Unterrichtsgespräch sind die S gefordert sich Gedanken über mögliche Probleme zu machen, mit denen die australische Bevölkerung zu leben
hat. Hierfür sollte L ihnen etwas Zeit geben, da es sich um Probleme handelt, die wir in
Deutschland so nicht haben (Waldbrände, Gefahren im Outback ...). Dem Unterrichtsgespräch kann auch die Lernform ▶ Think-Pair-Share vorgeschaltet werden.

L: *Do you have any ideas what problems people in Australia could have? Think about prob-*
lems we don't have in Germany.
S: *Perhaps they have problems with some wild animals. / ... bush fires. / ... people destroying*
their reefs. / ... with accidents in the outback.
L: *Great ideas! Bush fires, for example, are a big problem. Let's read an article about three*
teenagers from Berowra. Open your books at page 11, please.

a) Read the text and answer the questions.
Nach dem ersten Lesen beantworten die S die Fragen schriftlich in ihrem Heft. Die Kontrolle erfolgt im Plenum. Das *Skills file 6*, Abschnitt 5, auf der SB-S. 127 geht ausführlich auf
die *wh*-Fragen ein, die beim Textverständnis helfen können.

Zusatz   Das eventuell schon im Rahmen des *Skills files 6*, Abschnitt 7, angelegte Poster kann hier
mit dem Hinweis auf Abschnitt 5 von den S erweitert werden.

Lösung   *1 The people in the story are three high school students.*
2 They are in Berowra, north of Sydney.
3 They are doing their final exams.
4 They helped to fight bush fires.
5 The students joined the Rural Fire Service three years ago.

b) Copy and complete the timeline for the text above.
Die S übertragen die Tabelle in ihr Heft und ergänzen diese während des zweiten Lesens.
Im Anschluss erfolgt die Besprechung im Plenum.

Lösung
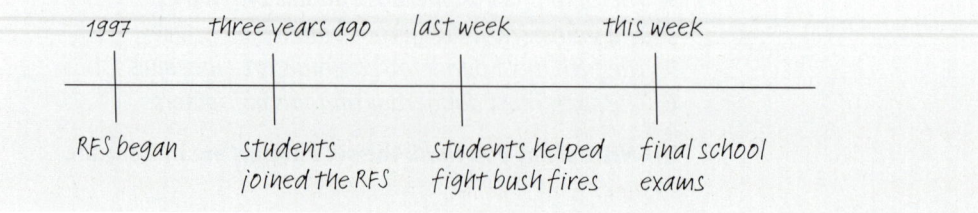

INFO-BOX   Bush fires in Australia

Berowra ist ein im Bundesstaat *New South Wales* gelegener, nördlicher Vorort Sydneys mit rund 5500 Einwohnern (2014). Der Ort ist anhand des *Pacific Highways*, des *M1 Freeway* sowie verschiedener Züge gut erreichbar, stellt aber als Wohngegend kein typisches Touristenziel dar. Der Ortsname wird auf die Aborigines zurückgeführt und im Englischen mit *place of many winds* übersetzt.

Der Fuß der *Blue Mountains* liegt etwa 65 km von Sydney entfernt und erhebt sich zu einem 1100 m hohen Sandstein-Plateau, in dessen Mitte über Tausende von Jahren hinweg durch Erosion Klippen, Täler und Schluchten entstanden sind. Die Gebirgskette erhielt ihren Namen aufgrund ätherischer Öle, die bei warmer Luft von den Eukalyptuswäldern aufsteigen und einen blauen Dunst produzieren. Die Samen der Eukalyptusbäume benötigen Feuer, um aufzukeimen. Durch das abgesonderte Öl werden kleinere Schwelbrände verursacht, die den Waldboden in für die Pflanzen fruchtbare Asche verwandeln. Die Eukalyptuswälder sind durch eine Artenvielfalt gekennzeichnet, aufgrund derer die *Blue Mountains* zum Weltnaturerbe der UNESCO zählen.

Buschbrände in Australien sind ein ernsthaftes ökologisches Problem, das sich durch Wasserknappheit und Klimawandel in den letzten Jahren noch deutlich verschärft hat. *Als Black Saturday Bushfires* werden eine Reihe von Buschfeuern bezeichnet, die im Februar 2009 im Bundesstaat *Victoria* entflammten und als fatalste Brandkatastrophe in der Geschichte Australiens gelten. Um die 400 einzelne Brandherde zerstörten eine Gesamtfläche in der Größe des Saarlandes. Die Feuer breiteten sich so schnell aus, dass 173 Menschen starben, 414 weitere Personen verletzt wurden und 1800 Häuser abbrannten. Als Reaktion auf diese Katastrophe trieb die australische Regierung den Ausbau eines ausgefeilten Frühwarnsystems voran.

c) Read the text about Uluru. Who climbs Uluru? Who doesn't want this?

Nach dem ersten Lesen beantworten die S die Fragen im Plenum.

Lösung   *Tourists/ Visitors climb the rock.*
The Aboriginal people don't want this. (It's a sacred place for them.)

d) ⬤ 👥 MEDIATION
A German friend mediated this text for you …

Um eine gemeinsame Bearbeitung zu gewährleisten, arbeiten die S in leistungshomogenen Paaren zusammen, die L einteilt (▶ Gruppenbildung). Die Besprechung der Ergebnisse erfolgt im Plenum, damit L auf eventuelle Fehlerquellen eingehen kann.

Lösung   *1 Jedes Jahr kommen* 270 000 *Menschen zum Uluru.*
2 Zur Zeit dürfen Touristen Uluru besteigen.
3 In der Vergangenheit stiegen die meisten Besucher auf den Felsen.
4 Seit 1990 ist die Zahl derer, die nach oben gehen, zum ersten Mal gesunken.
5 Dieses Jahr ist nur jeder fünfte Besucher auf den Felsen gestiegen.
6 In den letzten Jahren starben 35 Menschen auf dem Felsen.   ▶ DFF 1.1 ▶ INKL p. 11

THEME 2 Help!

Inhalt   Umgang mit Notfallsituationen in Australien • einen Text über *Tips for tourists in Australia* verfassen (DOSSIER)

S. 12–13

1   EXAM TRAINING Listening

Wortschatz   **nearest · nurse · pilot**

Material   CD

Einstieg   **SB bleibt geschlossen.** L bereitet auf das Thema der Übung im L/S-Gespräch vor:

L: *Remember when we talked about problems in Australia? There's another problem. Think about accidents in the outback. Why are they a problem?*

S: *Because there's no hospital/doctor/ambulance/town …*
L: *Good. Please open your books at page 12 and let's do Exercise 1a).*

a) Some outback farms in Australia are 500 kilometres …
Die Ergebniskontrolle erfolgt im Plenum.

Lösungsbeispiel   *The hospital is very far away.*

b) Look at the photo and answer the questions.
Bevor die S die beiden Fragen schriftlich beantworten, lässt L die S kurz im L/S-Gespräch sammeln, was sie auf dem Foto rechts sehen:

L: *Please look at the picture on the right. What can you see?*
S: *I can see people. / I can see a small plane. / Somebody is ill. / The person is lying on a bed. / …*
L: *You're right. You can see the Flying Doctors. Please answer the questions in exercise b).*

Lösungsbeispiel   **1** *They fly to people who need help.*
2 *Australia needs the Flying Doctors because the country is really big. / Hospitals are too far away for ambulances, so they need planes. / The Flying Doctors can travel faster by plane than by ambulance. / …*

▶ 🔊 1.01   **c) Listen to the RFDS advert. Check your answers.**
Die S kontrollieren ihre Ergebnisse von b) mithilfe des Hörtextes selbstständig. Im Anschluss können einzelne S ihre Antworten im Plenum vortragen.

▶ 🔊 1.01   **d) Read the sentences. Then listen again. Pick A, B or C.**
Die S notieren die Sätze in ihr Heft. Die Ergebniskontrolle erfolgt im Plenum.

🔲 Differenzierung   In lernschwächeren Gruppen spielt L den Hörtext mehrfach vor und/oder stoppt die Aufnahme nach einzelnen – für die Beantwortung relevanten – Abschnitten, um den S mehr Zeit für ihre Notizen zu geben.

Lösung   *1 B • 2 C • 3 B • 4 A*

2   On the Beach

Wortschatz   °conversation • °match with • **jellyfish,** *pl* **jellyfish • danger** • °strong current • **risk • sunburn • put on suncream • swim, swam, swum • skin • sting • shade**

Material   CD

▶ 🔊 1.02   **a) 🔲 Listen to the three conversations (1–3). Match them with signs A, B and C.**
Zur Vorentlastung der Höraufgabe betrachten die S die Schilder A, B und C. L klärt mit den S im L/S-Gespräch unbekanntes Vokabular. Teilweise macht L die Bedeutung neuer Begriffe mit Gestiken deutlich:

L: *Look at the three signs. Sign A is about jellyfish. Please show me a jellyfish on the sign.*

(S zeigen auf die Zeichnung der Qualle im Bild.)

L: *Right. What do you think picture B is about? What do you think is dangerous?*
S: *Swimming is dangerous.*
L: *Yes. Swimming is dangerous because there is a strong current. When the water in an ocean moves quickly and powerfully, then it has a strong current. Now look at picture C. What is it about?*
S: *It says that the sun can be dangerous.*
L: *You're right. When you're in the sun, you should put on suncream.* (L streicht über die eigenen Arme zur Verdeutlichung der neuen Vokabel.)

Vor dem Hören kann L auf das *Skills file 9* auf der SB-S. 133 hinweisen, in dem im Detail auf Hörverstehenstechniken eingegangen wird. L und S können vor der Hörverstehensübung die wichtigsten Punkte des *Skills files* an der Tafel festhalten, damit die S sie während des Hörens vor Augen haben.

L: *Let's listen to the following conversations now and match them with the signs.*

Die Besprechung der Aufgabe erfolgt im Plenum.

Lösung *1 B · 2 A · 3 C*

b) ☉ **Complete the sentences with these verbs.**
// ● p. 82 **Complete these sentences with the right verbs ...**

Eine Parallelaufgabe zum Hörverständnistraining. Lernschwächere S vervollständigen mit den vorgegebenen Verben die Sätze 1–6 auf der S. 12. Lernstärkere S arbeiten auf der SB-S. 82 und ergänzen die Sätze ohne Hilfen. Beide Lerngruppen übertragen zuerst die Sätze in ihr Heft.

▶ 🎧 1.02 **Now listen again and check your answers.**
Falls das *Skills file 9* im Rahmen des Einstiegs zum Aufgabenabschnitt 2a) erarbeitet wurde (s. oben), kann L hier noch einmal auf die Hinweise zum Hörverstehen aufmerksam machen, falls nicht, kann die Erarbeitung jetzt geschehen. Die S kontrollieren anschließend mithilfe des Hörtextes ihre Ergebnisse selbstständig.

Alternative Kontrolle mithilfe des Hörtextes auch als ▶ Partner check möglich. Da die Lösungssätze beider Niveaustufen identisch sind, können die Paare bewusst gemischt (lernstärkere S und lernschwächere S) zusammengesetzt sein.

Lösung
1 "You *shouldn't swim* here. It's dangerous."
2 "If I were you, I'd *swim* between the flags – it's safer over there."
3 "Ok, I can see that your skin is red here. Does it *hurt* now?"
4 "I *think* it's a jellyfish sting."
5 "I have sunburn and I *feel* a bit ill."
6 "Stay in the shade, drink lots of water and *put on* more suncream."

c) Find the words for these pictures in ex. 2b).
Diese Übung kann bereits als Vorbereitung zur PA auf SB-Seite 13 bzw. SB-Seite 78 gesehen werden, da hier wichtiger Wortschatz für die Bildbeschreibung erarbeitet wird. Die S bearbeiten die Aufgabe schriftlich. Die Kontrolle erfolgt im Anschluss im Plenum.

Lösung *shade · sting · jellyfish · suncream · skin · sunburn*

▶ 🎧 1.02 **More practice 3** p. 83 ☉ **What's right?**

Material CD

Listen and find the right sentences.

Lösung Part 1:
1 The teenagers *aren't* between the flags.
2 The sea water *doesn't look* dangerous.
3 The teenagers *don't know* the Aussie beaches.

Part 2:
1 The boy *has hurt* his foot.
2 The boy *hasn't cut* his foot.
3 The problem *was* a jellyfish.

Part 3:

1 The girl *doesn't look* well.
2 Her temperature *is* high.
3 She *didn't wear* a hat on the beach.

Wortschatz

More practice 4 p.83 **What's the problem?**

°rock • °swell, swelled, swollen • °venom • °anti-venom • °wake up, woke up, woken up • °somewhere • °each • °bite

a) **Read what the four young Australians say.**
b) **Now match each person with one of the problems A–G.**

Lösung

A *Laura* got lost in the outback.
B —
C *Erin* had a snake bite.
D —
E *Rob* suffered from too much sun.
F *Danny* had a problem with the car.
G —

► DFF 1.2 ► INKL p.12

3 👥 **SPEAKING Getting help**

Einstieg

Die Bearbeitung des *Skills file 10* „Bilder beschreiben" auf SB-Seite 134 kann vorgeschaltet werden, um den S mehr Hilfen und mehr sprachliches Material an die Hand zu geben. Dadurch werden die S freier in ihrer Bildbeschreibung und bilden ggf. auch selbst alternative Sätze zum SB. Im Anschluss teilt L die S in Partner A und B ein (►Gruppenbildung) und klärt die ►Arbeitsanweisung.

🔵 Differenzierung

Partner B bekommt den schwierigeren Part, da nicht alle zu verwendenden Wörter bildlich dargestellt werden.

a) **First, describe Picture A to Partner B ...**

Lösungsbeispiel

Partner A: *The scene is on a beach in Australia. The weather is nice and the sun is shining. On the right there's a sign about jellyfish. In the foreground I can see a boy and girl. They're standing. I think the boy has a problem with his left arm. It's red. Maybe he has sunburn or a jellyfish sting. Behind him there's a woman with a red T-shirt and an orange cap. She has a bag – maybe she's a doctor and is coming to help him.*
Between the jellyfish sign and the girl I can see a woman. She's sitting on the beach and reading. She's wearing a hat. Next to her there's a boy. He's looking at the sea.
In the background there's a rock. A girl is jumping from the rock into the water. A boy is standing on the rock and looking at her. In the water I can see somebody who is swimming.

Listen to Partner B ...

Lösung

individuelle Lösungen (Partner B)

b) **Now Partner B will describe a different picture ...**

Lösungsbeispiel

Partner B: *The scene is at the doctor's. On the right I can see a girl. Next to her there's her red rucksack. She's wearing summer clothes – shorts and a T-shirt. The doctor is a woman. She's on the left. The doctor is talking to the girl. The girl has spent the morning on the beach. She didn't wear a hat. She didn't put on suncream and she didn't stay in the shade. Now she doesn't feel well and has sunburn. I think the doctor will tell her to drink lots of water, stay in the shade and put on lots of suncream.*

Lösung	individuelle Lösungen (Partner A)

4 WRITING Tips for tourists in Australia

Wortschatz	°avoid · **theme** · **structure** · **beginning** · °spelling · °copy · °dossier
Material	farbiges DIN-A4-Papier in Klassenstärke
Einstieg	Bevor die S ihren eigenen Text erstellen, werden in einem Unterrichtsgespräch wichtige Schritte zum Verfassen von Texten besprochen. Dabei verweist L auf das *Skills file 7B* auf den SB-Seiten 130–131. In PA halten die S die wichtigsten Tipps in ihren Heften fest. Im Anschluss folgt ein L/S-Gespräch, bei dem L wesentliche Schritte der Texterstellung an die Tafel schreibt. Das Gespräch kann auf Englisch beginnen, wird dann aber je nach Sprachniveau der S auf Deutsch weitergeführt. Die S korrigieren oder erweitern ggf. ihre Notizen in ihrem Heft.

L: *In the following task you're going to write a short article about how to <u>avoid</u> problems in Australia. To avoid problems with this task – what should you do first before you start writing a text?*
S: *First we should collect ideas about what we could write about.*
L: *That's right. You can collect them in a mindmap or in a list. What should you do next? Let's write them down in German.*

Die S zählen die einzelnen Schritte auf Deutsch auf, L hält die Ergebnisse an der Tafel fest:

Eigene Texte schreiben
1. Ideen sammeln
2. Entwurf machen (sinnvolle Reihenfolge, Absätze machen, Mustersätze aus dem SB)
3. Benutze:
– linking words (and, but, because …)
– time phrases (yesterday, then …)
– Adjektive (happy, disappointed …)
4. Text korrigieren:
– Rechtschreibung
– Grammatik

a) Write a short article about how to avoid problems in Australia (60–80 words).

Lösung	individuelle Lösungen

b) 👥 Partner check: When you have finished, …
Da die S unterschiedlich schnell im Schreiben ihrer Texte sein werden, bietet sich hier das ► Lerntempoduett zur Partnerfindung an. Die S geben mithilfe der Checkliste im Buch den Partnern Rückmeldung zu ihren Texten.

Alternative	Die S finden sich in Kleingruppen am ► Bus stop zusammen und korrigieren in einem ► Correcting circle die Texte.

c) Make a final copy of your article …
Die S übertragen ihren Text auf ein farbiges DIN-A4-Papier und heften dieses in ihrem DOSSIER ab. Die Texte werden für die S noch wertvoller, wenn sie nicht nur auf weißes, liniertes Papier geschrieben werden. ► WB 3–5, pp. 6–7 ► DFF 1.3, 1.4, 1.5 ► INKL p. 13

Alternative	Alle Texte werden in der Klasse ausgehängt (► Reading circle).

THEME 3 Pride in my people

Inhalt Kurzfilm über die Musikgruppe *Burdekin Crew* • etwas über die Geschichte und das heutige Leben der australischen Aborigines erfahren

---

S.14–15

▶ 🎥   **1   VIEWING The Burdekin Crew**

Wortschatz °pride in • ***crew*** • **body painting** • ***body***

Material Bild der *Burdekin Crew* aus dem SB-S. 14 (vergrößert), DVD

Einstig **SB bleibt geschlossen.** L schreibt *Burdekin Crew* an die Tafel. Die S äußern sowohl ihre Vermutungen, um wen es sich handeln könnte, als auch was *Burdekin* bedeuten könnte. Für den Fall, dass es den S schwer fällt Ideen zu äußern, hält L ein Bild der Gruppe bereit und heftet es ebenfalls an die Tafel:

L: *The Burdekin Crew is the name of a group of people. A crew is another word for a team, a group of people. Can you guess who the Burdekin Crew is? Are they a group of teachers / a sports team / actors / a school band / pop stars …? And what is Burdekin? Is it a name of a person / an Australian state / …?*

Die S äußern ihre Vermutungen. Um die Spannung bei den S zu steigern, löst L die Fragen aber noch nicht, sondern verweist auf das SB:

L: *Let's find out on page 14. Please open your books.*

These high school kids are …
Gemeinsames Lesen des Einleitungstextes im Plenum und dabei Überprüfung der Vermutungen aus dem Einstieg.

INFO-BOX   The Burdekin Crew

Burdekin ist der Name eines lokalen Verwaltungsgebiets im Norden des australischen Bundesstaats *Queensland*. Mit einer Einwohnerzahl um die 18000 (2014) auf einer Fläche von 5052 km² liegt das Gebiet nördlich von *Brisbane* am Delta des *Burdekin River*. Der Fluss wurde 1849 nach dem Sponsor einer Entdecker-Expedition, Thomas Burdekin, benannt. *Ayr*, der Verwaltungssitz des *Burdekin Shire*, hat ca. 8.400 Einwohner (2011) und stellt somit die größte Stadt der Region dar. Die *Burdekin Crew* ist eine Gruppe von Schülerinnen und Schülern der *High school* in *Ayr*, die 2012 mit ihrem Song *Eyes Wide Open* an dem landesweiten Projekt *Song Nation* der Wohltätigkeitsorganisation *Desert Pea Media* teilnahm. Anliegen von *Desert Pea Media* ist es, die anhaltende soziale Benachteiligung der Aborigines in Australien in musikalischen Projekten sowie Dokumentationen öffentlich zu kritisieren.

▶ 🎥   **a)** ▣ **Watch the video about the lives of the young people. Are they happy or unhappy?**
Um aufgrund des Sprechtempos und des unbekannten Vokabulars eine Demotivierung der S zu verhindern, sollte L vor dem ersten Sehen des Videos den Hinweis geben, dass es kein Problem ist, wenn die S den Text erst einmal nicht verstehen, sondern dass es vielmehr darum geht anhand der gesehenen Bilder Gefühle, Stimmungen etc. zu erkennen und zu benennen. Das Verstehen des Textes ist für die S beim ersten Hören sicherlich nur in Teilen möglich.
Die S äußern sich im Plenum zu der Aufgabenstellung.

▣ Differenzierung In besonders lernschwachen Gruppen wird das Video zweimal abgespielt, bevor die S sich darüber äußern, ob die Teenager glücklich sind oder nicht.

Lösung *They are happy.*

b) 👥 **Work with a partner. Watch the video again …**
Die S bearbeiten die Aufgabe in PA und tauschen sich in einem weiteren Schritt mit einem anderen Paar über ihre Ergebnisse aus. Die Paare finden sich am ▶ Bus stop.

| Lösungsbeispiel | They sing together outside. They *dance. They laugh. They rap. They jump. They play the trumpet.* |

c) Look at these three symbols of Aboriginal culture ...
Make three groups A, B, C ...
Bevor das Video ein letztes Mal gezeigt wird, teilt L die S in Gruppen ein (▶ Gruppenbildung) und klärt mit den S die Arbeitsanweisung.

| Lösung | body painting (Gruppe A): *on the cheeks of the two girls, one boy and once the whole group.* colours (Gruppe B): *black T-shirts, red flowers in the girls' hair, red or yellow ribbons in the hair, signs on the sweatshirts, red colour on caps* traditional dance steps (Gruppe C): *at the end of the video clip* |

The Aboriginal flag

In Abgrenzung zur offiziellen Flagge Australiens entwarf der Aborigine-Künstler Harold Thomas 1971 eine inoffizielle Flagge für die indigene Bevölkerung. Die indigene Flagge ist horizontal in zwei Hälften geteilt, von denen die obere schwarz und die untere rot gefärbt ist. In der Mitte steht ein gelber Kreis. Thomas machte zur Bedeutung des Konzepts keine Andeutung, sodass mehrfache Interpretationen zum Design existieren. Der ockerfarbene Boden Australiens, die Mutter Erde, ist ebenso rot wie das durch Siedler vergossene Blut der einheimischen Bevölkerung. Als schwarz gilt laut Schöpfungsmythos die „Traumzeit" – jener Welt, aus welcher den Aborigines zufolge jegliches Leben entsteht. Gelb symbolisiert möglicherweise die Farbe der Sonne, die Leben spendet und es begleitet.

---

2 READING Eyes wide open

| Wortschatz | **wide** • °verse • °journey • °just • begin: it has °begun • °roll as one • °stay on track • °pop (*infml*) • °bottom • °discussion |
| Material | D/E Wörterbuch |

a) 👥 Read two verses from the young people's song ...
Die S arbeiten in PA und teilen im Anschluss ihre Ergebnisse im Plenum mit. Diese können von den S selbst oder von L an der Tafel angeschrieben und in den Heften ergänzt werden.

| Alternative | Die S üben den sicheren Umgang mit dem Wörterbuch und schlagen unbekannte Wörter nach. |

| Lösung | *eyes wide open, walking into the sun, pride in my people, roll as one, stay on track, look to the future, don't look back, stay positive, stand tall, all the way to the top* |

b) Class discussion: The Burdekin Crew are proud of their culture ...
Damit alle S sich mit der Frage auseinandersetzen, wird die kooperative Lernform ▶ Think-Pair-Share angewandt. Jede/r S beantwortet die Frage zuerst für sich selbst, macht sich ggf. dazu Notizen und tauscht sich in einem zweiten Schritt in PA aus. Erst dann werden Ergebnisse ins Plenum getragen.

| Lösungsbeispiel | *I can be proud of my family, my football club, myself, my friends and good results at school.* |

▶ INKL p. 14

3 READING First Australians

| Wortschatz | °heading • °note • °harmony • **nature • gather** • hunt • **environment • disease • flu • health** • °boomerang • °didgeridoo • **sound** |
| Material | Film *Long Walk Home* (ggf. *Reading*-Text aus dem SB *New Highlight 5*, Cornelsen Verlag, ISBN: 9783464344682) |

a) ⊙ ⚎ **Look at the pictures and headings …**

L gibt zur Bearbeitung dieser Übung eine Zeit von fünf Minuten vor (in leistungsstärkeren Gruppen ggf. auch weniger). In dieser kurzen Zeitspanne sollen die S Vermutungen über den Inhalt des Textes anstellen. Die kurze Zeit, die ihnen dafür gegeben wird, soll dazu führen, dass die S den Text nicht versuchen im Detail zu verstehen, sondern sich hauptsächlich an den Bildern und Überschriften orientieren. Die S tauschen sich in PA und ggf. im Anschluss im Plenum aus.

Lösungsbeispiel | *I think the text is about the history of the Aboriginal Australians. We will learn something about their culture and their music and what problems they have today.*

b) Read the text. Which section (A, B or C) tells you …

Die S machen sich hierzu Notizen in ihr Heft. Die Ergebniskontrolle erfolgt im Plenum.

Lösung | *1 B • 2 A • 3 B • 4 C • 5 B • 6 A*

INFO-BOX | Didgeridoo

Das *Didgeridoo*, ein australisches Holzblasinstrument, ist bereits in 2500–3000 Jahre alten Felsmalereien der Aborigines abgebildet. Der Name *Didgeridoo* beruht vermutlich auf lautmalerischer Klangnachahmung des Instruments. Das Instrument wird aus von Termiten ausgehöhlten Eukalyptusstämmen hergestellt, die zwischen einem und zweieinhalb Metern lang sind. Damit die Lippen des Bläsers beim Spielen unverletzt bleiben, wird das ausgehöhlte Instrument mit Wachs überzogen. Das *Didgeridoo* wird beim gemeinsamen Musizieren und zu festlichen Anlässen hockend oder sitzend gespielt, sodass das Ende des langen Instruments auf dem Boden abgelegt werden kann. Um den tiefen Grundton während des Spiels dauerhaft aufrecht zu erhalten, ist ein komplexes Zusammenspiel von Mundbewegungen, Atemtechnik und Stimmeffekten erforderlich. Daher wird das *Didgeridoo* heutzutage auch zur Therapie von Atemwegserkrankungen eingesetzt.

More practice 5 p. 84 | **Aboriginal Australians**

a) Read the sentences below about the text on page 15 …

Lösung | *1 true • 2 false • 3 true • 4 false • 5 true • 6 false*

b) Read the text on page 15 again and pick the correct answer.

Lösung | *1 D • 2 C • 3 A • 4 B • 5 C*

c) Now check your answers to a) and b) on page 15.

Die Abschlusskontrolle erfolgt im ▸ Partner check oder im Plenum.

Zusatz | Die S übertragen die komplettierten Sätze ins Heft.

---

c) Find words and phrases in section A that mean …

L notiert die Lösungen hinter der Tafel. Die S kontrollieren ihre Lösungen selbstständig.

Lösung | *1 huge • 2 gathered food • 3 hunted wild animals • 4 environment • 5 to move to the outback • 6 flu*

d) Understanding new words

Zur Vertiefung des Themas „Unbekannte Wörter verstehen" kann L mit den S das *Skills file 3* auf den SB-S. 122–133 erarbeiten. Hier werden im Detail verschiedene Worterschließungstechniken erläutert; einige Techniken können von den S anhand von Beispielen ausprobiert werden. Ggf. im Anschluss setzen die S sich in EA mit der Teilaufgabe 3d) auseinander. Die Besprechung erfolgt im Plenum.

Lösungsbeispiel	*1 Sie jagten wilde Tiere.*
	2 Viele haben gesundheitliche Probleme. / Viele haben einen schlechten Gesundheitszustand.
	3 geschriebene Sprache / Schriftsprache
	4 Bild/Gemälde
	5 ein fantastisch tiefer Klang/Ton

▶ WB 6–9, pp. 7–8 ▶ DFF 1.4 ▶ INKL p. 15

Zusatz Um das Wissen der S über die Aborigines zu erweitern und falls noch nicht im Anschluss an die *Lead-in*-Seiten geschehen, kann L an dieser Stelle die SB-S. 115 *(Text file 1)* einsetzen. (Detaillierte Erarbeitungsvorschläge für das *Text file 1* sind auf den HRU-Seiten 175–176 zu finden.)

Zusatz 👥👥👥 Nachdem die S auf den vergangenen SB-Seiten Informationen über die Aborigines erhalten haben, vertiefen sie nun ausgewählte Themenbereiche. Titel der Kurzpräsentation könnte lauten *Find out more about Aboriginal Australians.* L stellt den S verschiedene Themen zur Auswahl (z. B. *Aboriginal history / Aboriginals today / Aboriginal languages/music/art/food*). Die S ordnen sich je nach Interesse den Themen zu und bilden so ihre Gruppen. Die Gruppen sollten nicht größer als drei S sein, damit gewährleistet ist, dass alle S sich in die Arbeit einbringen können. Es ist durchaus möglich, dass ein Thema durch mehrere Gruppen bearbeitet wird. Die S fertigen zusammen eine Kurzpräsentation an und stellen diese der Klasse vor. Alternativ können auch die Gruppen verschiedener Themengebiete sich gegenseitig ihre Arbeit vorstellen. Die S geben sich anschließend ▶ Feedback.

Alternative L präsentiert der Lerngruppe den Film *Long Walk Home*, um den S die Lebenswirklichkeit der Aborigines im Australien der 30er Jahre des letzten Jahrhunderts näher zu bringen. Der Film (Originaltitel *Rabbit Proof Fence* / deutscher Titel *Long Walk Home* / *Der lange Weg nach Hause*) ist ein mehrfach preisgekröntes Filmdrama aus dem Jahr 2002. Der Film behandelt die Flucht von drei Aborigines aus einem Erziehungsheim für Kinder (s. hierzu auch die Informationen im *Text file 1*, Abschnitt 2, auf der SB-Seite 115). Eine Szene des Films wurde im SB *New Highlight 5*, Cornelsen Verlag, in Form eines *Reading*-Textes aufgenommen.

TEXT Swerve

Inhalt eine Erzählung über die abenteuerliche Reise eines Jugendlichen mit seinem Großvater von Sydney zum Uluru

Storyline Im Mittelpunkt der Geschichte stehen Hugh und sein totgeglaubter Großvater Poppy, der eines Tages vor der Schule auf Hugh wartet. Poppy möchte mit Hugh zum Uluru reisen, um ihm dort etwas zu zeigen. Unterwegs nehmen sie einen Anhalter mit. Es stellt sich bald heraus, dass der Anhalter ein Mädchen namens Bella ist. Bella ist vor einem Mann und einer Frau auf der Flucht. Wer diese Verfolger sind, weshalb Bella vor ihnen flieht und wie die Geschichte endet, erfahren die S durch einen Hörtext, der nach dem Lesetext folgt.

S. 16–18

1 Before you read

Wortschatz °scan (for) • °muscle car

Material OH-Folie vom Cover des Buches (Philip Gwynne: *Swerve*, Penguin 2009)

Einstieg **SB bleibt geschlossen.** L schreibt den Titel des Buches *Swerve* an die Tafel. Die S schlagen die neue Vokabel im *Dictionary* des SB nach und äußern im Anschluss ihre Vermutungen zum Inhalt.

L: *We are going to read a text with the title "Swerve". Look up the word in the dictionary in your books and tell me what the text could be about.*
S: *It could be about an accident. / It could be about hitting a kangaroo. / ...*
L: *Well, let's find out on pages 16 and 17 in your books. Before you read the text, please do exercise 1 and answer the four questions.*

Alternative L präsentiert den S das Cover des Buches, auf welchem ein gelbes *muscle car* und Spuren im roten Sand zu sehen sind, über den OHP. Die S äußern ihre Vermutungen, wovon die Geschichte handeln könnte.

S: *I think it's a story about the outback. / The story is about a journey in the outback. / ...*
L: *That's possible. What else do you see on the cover?*
S: *I can see an old yellow car. / The author's name is Phillip Gwynne. I think he's Australian. / The title is "Swerve". / ...*
L: *What is "swerve" in German? Look it up in your dictionaries at the back of your books.*
S: *"Swerve" in German is "schlingern, einen Schlenker machen, das Auto herumreißen".*
L: *That's right. Let's see what else we can find out before reading the text. Open your books at pages 16 and 17, please.*

INFO-BOX Muscle cars / Der Holden Monaro

Amerikanische Autos mit starken Motoren, die ähnlich wie ein Sportwagen oder Cabrio nur zwei Türen besitzen und u. a. als Rennautos eingesetzt werden können, werden im Englischen als *muscle cars* bezeichnet. *Muscle cars* sollten ursprünglich vor allem junge Käufer ansprechen und wurden auf der Grundlage von Serienmodellen produziert, die jedoch mit erheblich stärkeren V8-Motoren ausgestattet wurden als reguläre PKW. Insbesondere im Zeitraum zwischen 1960 und 1974 wurden *muscle cars* in hoher Stückzahl produziert, sodass ein niedriges, für die Mittelschicht bezahlbares, Preisniveau gegeben war.
Der *Holden Monaro* ist ein Coupé, das in den Jahren zwischen 1968 und 1976 sowie zwischen 2001 und 2005 von der australischen Dependance von General Motors gebaut wurde. 1969 wurde dieses *muscle car* von der australischen Motorzeitschrift *Wheels* zum Auto des Jahres 1968 gekürt.

Scan the text and find out:

Lösung
1 *Hugh, Poppy, Bella*
2 *The trip started in Sydney and finished at Uluru.*
3 *They drove 2800 km.*
4 *Muscle cars are big and fast. / They have a big engine.*

▶ 🎧 1.03 ## Swerve

Wortschatz **swerve** · °adapted from · °ponytail · **dead** · °chin · **ignore** · **point (at/to)** · **follow** · **any** · **box "any"** (SB-Seite 160) · **engine** · **his** · **box "Possessivpronomen (*Possessive pronouns*)"** (SB-S. 160) · **desert** · °emu · **hitchhiker** · **thin** · **fast** · **fuel** · **order** · **big** · *bodybuilder* · °glamorous · **nail polish** · *sit up* · °hood · °stud · **voice** · **pass sth./sb.**

Material CD

Die Geschichte sollte zuerst von der CD präsentiert werden. Falls dies nicht möglich ist, bzw. im zweiten Durchgang, lesen die S den Text im ▶ Mitleseverfahren, während L abschnittsweise vorliest. Durch gestische Unterstützung oder dem Skizzieren einiger Begriffe an der Tafel werden während des Lesens neue Vokabeln verständlich gemacht (z. B. *ponytail, chin, dead, point at/to, follow*). Nach jedem Abschnitt können Verständnisfragen geklärt werden. ▶ INKL pp. 16–17

Alternative L kann vor dem Lesen neue Vokabeln vorentlasten (▶ Semantisierung).

2 ⊙ **Is it true, false or not in the text?**

Material KV 1

● Differenzierung Die falschen Antworten werden von den lernstärkeren S korrigiert (Lösung in blau).

Lösung **1** *true* • **2** *true* • **3** *false (Poppy can't drive.)* • **4** *false (Hugh was amazed. He loves muscle cars.)* • **5** *not in the text* • **6** *true* • **7** *true* • **8** *true* • **9** *false (Poppy went to the toilet.)* • **10** *false (Bella said the woman and the man weren't her parents.)* • **11** *true*

Zusatz Die S bearbeiten die ▶ KV 1: Swerve: A network. Die S ordnen den Charakteren Hugh, Poppy und Bella die im Reservoir angebotenen Eigenschaften und Tätigkeiten zu. Lernstärkere S fügen weitere Eigenschaften und Tätigkeiten hinzu.

3 **Tell the story**

👥 **Use the ideas in the boxes. Then compare your text with a partner.**
Im ersten Schritt fertigen die S in EA einen Text an. Sobald die S ihre Texte fertiggestellt haben, gehen sie an den ▶ Bus stop und vergleichen dort ihre Texte mit einem Partner / einer Partnerin.

● Differenzierung Leistungsstärkere S werden durch L dazu ermuntert, ihre Texte selbstständig zu verfassen. Sie erhalten den Hinweis, dass sie zwei bis drei Sätze pro Abschnitt schreiben sollen.

Lösungsbeispiel **1** One day Hugh's grandfather came to *his school*. Poppy said that he wanted to go to *Uluru*.
2 Hugh visited Poppy at his *flat*. Then Poppy showed Hugh a *map and a car*. Hugh decided to go to *Uluru*.
3 Hugh and Poppy camped next to a *river*. They made a fire and some *tea*. In the sky they saw lots of *stars*.
4 Hugh and Poppy saw a hitchhiker and they *stopped*. He was wearing a *hoodie*. They stopped at a roadhouse for *fuel and something to eat*.
5 In the roadhouse a man and a woman were looking for their *daughter*. The hitchhiker said that they weren't *her parents*.
6 Bella phoned Hugh because she was *frightened*. Hugh and Poppy drove to *Uluru*. They wanted to *help Bella*.

4 ● **At the Million Star Motel**

Wortschatz °dialogue

Look at the picture in part three of the story and write ...
Die S blättern zurück und füllen die vorgegebenen Lücken mit ihren Kenntnissen über den Abschnitt 3. Teilweise können sie aber auch kreativ werden oder Informationen aus anderen Abschnitten übernehmen.

a message from Hugh to his mum

Lösungsbeispiel Today was great! We left Sydney and drove to *the river Darling*. We saw *lots of animals – horses, sheep, kangaroos and emus*. The car was *fantastic*. This evening Poppy made a fire and we *had some tea*. We're sleeping *outside in the Million Star motel*. Tomorrow we want to *drive to Uluru. Love, Hugh*

or a dialogue between Poppy and Hugh

Lösungsbeispiel Hugh: The car is really *fantastic*, Poppy. When did you buy it?
Poppy: Well, I bought it when your mother was born in 1969.
Hugh: Why did mum say you were dead, Poppy?

b) Read the text again. Then decide if the sentences are true or false.

Ein weiteres Mal lesen einzelne S den Text abschnittsweise vor. In EA notieren die S, ob die Aussagen *true or false* sind. Die Besprechung erfolgt im Plenum.

Lösung   *1 false • 2 true • 3 true • 4 true*

c) Look at the text and match the German sentences with the speech bubbles.

Die S ordnen die Sätze und Sprechblasen einander zu und übertragen diese in ihr Heft. Mithilfe des *Language files* 8 auf der SB-Seite 143 können die S ihre Ergebnisse selbstständig kontrollieren und ggf. korrigieren.

Lösung

1   *I can do it. / I'm able to do it.*
2   *I can't do it.*
3   *I must do it. / I have to do it.*
4   *I'm allowed to do it. / I may do it.*
5   *I mustn't do it.*
6   *I should do it.*
7   *I could do it.*

2   Rules for drivers

Wortschatz   °learner licence *(Aust E)* • **driving test** • **pass** a test • **translation**

Einstieg   **SB bleibt geschlossen.** In einem kurzen Unterrichtsgespräch führt L in das Thema ein.

L: *Are there different rules for drivers in each state in Germany or are they the same?*
S: *In Germany all states have the same rules for drivers.*
L: *What do you think it is like in Australia?*
S1: *I think it's like in Germany, all states have the same rules.*
S2: *I think it's different. Perhaps all states have different rules.*
L: *Let's see who's right! Open your books at page 19.*

Australia has six states. Each state has different rules for drivers.
a) Write the rules for New South Wales.

Die S übertragen die Sätze in ihr Heft und füllen die Lücken vollständig aus. Die Ergebniskontrolle erfolgt im Plenum.

Lösung

1   You *are not allowed to* drive before you're 16. Then you *can* get a learner licence.
2   You *may* drive with a learner licence, but you *mustn't* drive faster than 90 km/h.
3   You *have to* get a learner licence for a year before you *are allowed to* take the driving test.
4   After you have passed your driving test, you *don't have to* have an older person in the car.
5   Tourists *are allowed to* use their driving licence, but they *should* have a translation in English.

b) What are the rules for young drivers in your state in Germany? Write as many...

Die S notieren sich ihre eigenen Gedanken. Im Anschluss tauschen sie sich in einer ▶ Milling-around-activity mit vier weiteren Mit-S aus und ergänzen ggf. ihre Ideen durch die der Mit-S.

Lösungsbeispiel   *You're not allowed to drive before you're 16 and a half. Then you can have driving lessons. But you're not allowed to drive on your own. / You have to pass a driving test. Then you're allowed to drive. / If you're between 17 and 18 years old, a person older than 30 has to be with you. You're only allowed to drive in Germany. / When you're 18 you don't have to have an older person in the car and you're allowed to drive all over Europe. / Tourists are allowed to use their driving licence, but some tourists should have a translation in German.*

2 ◯ Is it true, false or not in the text?

Material KV 1

◉ **Differenzierung** Die falschen Antworten werden von den lernstärkeren S korrigiert (Lösung in blau).

Lösung *1 true • 2 true • 3 false (Poppy can't drive.) • 4 false (Hugh was amazed. He loves muscle cars.) • 5 not in the text • 6 true • 7 true • 8 true • 9 false (Poppy went to the toilet.) • 10 false (Bella said the woman and the man weren't her parents.) • 11 true*

Zusatz Die S bearbeiten die ▸ KV 1: Swerve: A network. Die S ordnen den Charakteren Hugh, Poppy und Bella die im Reservoir angebotenen Eigenschaften und Tätigkeiten zu. Lernstärkere S fügen weitere Eigenschaften und Tätigkeiten hinzu.

3 Tell the story

👥 **Use the ideas in the boxes. Then compare your text with a partner.**
Im ersten Schritt fertigen die S in EA einen Text an. Sobald die S ihre Texte fertiggestellt haben, gehen sie an den ▸ Bus stop und vergleichen dort ihre Texte mit einem Partner / einer Partnerin.

◉ **Differenzierung** Leistungsstärkere S werden durch L dazu ermuntert, ihre Texte selbstständig zu verfassen. Sie erhalten den Hinweis, dass sie zwei bis drei Sätze pro Abschnitt schreiben sollen.

Lösungsbeispiel
1 One day Hugh's grandfather came to *his school*. Poppy said that he wanted to go to *Uluru*.
2 Hugh visited Poppy at his *flat*. Then Poppy showed Hugh a *map and a car*. Hugh decided to go to *Uluru*.
3 Hugh and Poppy camped next to a *river*. They made a fire and some *tea*. In the sky they saw lots of *stars*.
4 Hugh and Poppy saw a hitchhiker and they *stopped*. He was wearing a *hoodie*. They stopped at a roadhouse for *fuel and something to eat*.
5 In the roadhouse a man and a woman were looking for their *daughter*. The hitchhiker said that they weren't *her parents*.
6 Bella phoned Hugh because she was *frightened*. Hugh and Poppy drove to *Uluru*. They wanted to *help Bella*.

4 ◉ At the Million Star Motel

Wortschatz °dialogue

Look at the picture in part three of the story and write ...
Die S blättern zurück und füllen die vorgegebenen Lücken mit ihren Kenntnissen über den Abschnitt 3. Teilweise können sie aber auch kreativ werden oder Informationen aus anderen Abschnitten übernehmen.

a message from Hugh to his mum

Lösungsbeispiel Today was great! We left Sydney and drove to *the river Darling*. We saw *lots of animals – horses, sheep, kangaroos and emus*. The car was *fantastic*. This evening Poppy made a fire and we *had some tea*. We're sleeping *outside in the Million Star motel*. Tomorrow we want to *drive to Uluru. Love, Hugh*

or a dialogue between Poppy and Hugh

Lösungsbeispiel
Hugh: The car is really *fantastic*, Poppy. When did you buy it?
Poppy: Well, I bought it when your mother was born in 1969.
Hugh: Why did mum say you were dead, Poppy?

Poppy: Well, I wanted *to live in the outback, but your grandmother didn't want to live there. She wanted to stay in Sydney. I tried to live there too, but I couldn't. One day I took my Holden and I left Sydney, your mother and your grandmother. I only wrote a short note. They didn't know where to find me ...*

Zusatz Freiwillige S tragen ihre Texte im Plenum vor.

More practice 6 | p. 85 | **Working on the text**

Wortschatz °a long way from • °gap • °mistake

a) Look at part 1. Pick the right words and finish the sentences.

Lösung *1 B • 2 A • 3 B • 4 C • 5 B*

b) Look at part 2. Put the sentence parts together.

Lösung
1 Poppy lived *in a flat.*
2 It's a long way from *Sydney to Uluru.*
3 Poppy always wanted *to go to Uluru.*
4 A Holden Monaro is *a muscle car.*
5 Hugh agreed to drive *Poppy to Uluru.*

c) ◉ Look at part 3. What do you think? Finish the sentences.

Lösungsbeispiel
1 Hugh felt excited when *they were on the highway.*
2 Poppy looked happy because *Hugh drove him to Uluru.*
3 Poppy told Hugh not to *swerve when he saw a roo.*
4 At the Darling river Hugh and Poppy *slept/camped.*
5 The Million Star Motel means *sleeping under the clear sky.*

d) Look at part 4. Fill in the gaps with words from the text.

Lösung *1 lots of huge trucks and animals • 2 hitchhiker • 3 Jimmy • 4 he was wearing a hoodie • 5 fuel and something to eat*

e) Look at part 5. Find and correct a mistake in each sentence.

Lösung
1 Hugh ate a *sandwich.*
2 Hugh *didn't* help the people to find their daughter. / Hugh *didn't* help the people to find *Bella.*
3 Hugh saw that Jimmy was a *girl.*
4 The people in the black car were *dangerous.*
5 Jimmy and Bella *weren't* two different people.

f) Look at the last part 6. Finish the sentences.

Lösungsbeispiel
1 Hugh knew that Bella was in trouble because *she phoned and said 'Help!'.*
2 Hugh was a good friend to Bella because *he tried to help her.*

g) Look at these new words in the text. Write what they mean in German.

Lösung *1 dead = tot • 2 ignored = ignorierte • 3 pointing at = auf etwas zeigen • 4 followed = folgte • 5 engine = Motor • 6 fuel = Benzin, Kraftstoff, Treibstoff • 7 ordered = bestellte • 8 nail polish = Nagellack*

▶ 🎧 1.04 **5** **The end of the story**

Wortschatz **push · gun · shoot, shot, shot · criminal · kiss**

Material CD

Einstieg Bevor die S sich das Ende der Geschichte anhören, wird noch einmal Abschnitt 6 auf der SB-Seite 17 gelesen. Im Anschluss stellen die S Vermutungen darüber an, wie die Geschichte weiter gehen könnte.

L: *Let's read paragraph 6 on page 17 again.*

(S lesen.)

L: *What do you think will happen next?*
S: *Hugh and Poppy will find Bella and bring her back to her 'real' parents. / Hugh and Poppy won't find Bella because it's too difficult to find her in the outback. / ...*
L: *Let's listen to the end of the story and find out what happens and what's right.*

a) Listen to the end of the story. Can Hugh and Poppy help Bella?
Nach dem ersten Hören beantworten die S die Frage im Plenum.

Lösung *Yes, Hugh and Poppy can help Bella.*

b) ◻ Read the sentences below. Then listen again and pick the right answers. // ● p. 86
Bei dieser Parallelaufgabe vervollständigen die S Sätze mithilfe des Hörtextes. Lernschwächere S arbeiten auf der SB-Seite 18 und wählen aus zwei Möglichkeiten eine aus. Lernstärkere S bearbeiten die Aufgabe auf der SB-Seite 86. Sie wählen aus drei Möglichkeiten aus. Die Besprechung der Übung erfolgt im Plenum.

Lösung **1** Hugh and Poppy *followed the black Typhoon car.*
2 Then they pushed the Typhoon car *off the road.*
3 The bodybuilder had a gun and shot *Poppy.*
4 Bella hit *the bodybuilder.*
5 Hugh and Bella drove away and phoned *the Flying Doctors.*
6 Bella told Hugh that the people in the Typhoon car were *criminals.*
7 In Alice Springs Hugh went to see Poppy in the *hospital.*
8 When he came back to the car, Bella *wasn't there.*   ▶ WB 10–11, p. 9 ▶ DFF 1.5 ▶ INKL p. 18

FOCUS ON LANGUAGE

Inhalt *can / could / be able to, must / have to, be allowed to / mustn't, should*

S. 19

Saying what you can do, must do, are able to do, etc.

1 **Ashlee's hobby**

Wortschatz °focus on language · **control · turn over · panic ·** *racing* · **race ·** *race* · you **may** start · °speech bubble

a) Read the text. What's Ashlee's hobby? Why is it dangerous?
Einzelne S lesen den Text abschnittsweise vor. Die S erschließen den neuen Wortschatz aus dem Zusammenhang heraus (▶ Worterschließungstechniken). Im Anschluss werden die Fragen im Plenum besprochen.

Lösungsbeispiel *Ashlee's hobby is mud racing. It's dangerous because you drive with really big cars through the mud. The cars can turn over and then you need help to get out of the car.*

b) Read the text again. Then decide if the sentences are true or false.

Ein weiteres Mal lesen einzelne S den Text abschnittsweise vor. In EA notieren die S, ob die Aussagen *true or false* sind. Die Besprechung erfolgt im Plenum.

Lösung   *1 false • 2 true • 3 true • 4 true*

c) Look at the text and match the German sentences with the speech bubbles.

Die S ordnen die Sätze und Sprechblasen einander zu und übertragen diese in ihr Heft. Mithilfe des *Language files* 8 auf der SB-Seite 143 können die S ihre Ergebnisse selbstständig kontrollieren und ggf. korrigieren.

Lösung
1 I can do it. / I'm able to do it.
2 I can't do it.
3 I must do it. / I have to do it.
4 I'm allowed to do it. / I may do it.
5 I mustn't do it.
6 I should do it.
7 I could do it.

2 Rules for drivers

Wortschatz   °learner licence *(Aust E)* • **driving test** • **pass** a test • **translation**

Einstieg   **SB bleibt geschlossen.** In einem kurzen Unterrichtsgespräch führt L in das Thema ein.

L: *Are there different rules for drivers in each state in Germany or are they the same?*
S: *In Germany all states have the same rules for drivers.*
L: *What do you think it is like in Australia?*
S1: *I think it's like in Germany, all states have the same rules.*
S2: *I think it's different. Perhaps all states have different rules.*
L: *Let's see who's right! Open your books at page 19.*

Australia has six states. Each state has different rules for drivers.
a) Write the rules for New South Wales.

Die S übertragen die Sätze in ihr Heft und füllen die Lücken vollständig aus. Die Ergebniskontrolle erfolgt im Plenum.

Lösung
1 You *are not allowed to* drive before you're 16. Then you *can* get a learner licence.
2 You *may* drive with a learner licence, but you *mustn't* drive faster than 90 km/h.
3 You *have to* get a learner licence for a year before you *are allowed to* take the driving test.
4 After you have passed your driving test, you *don't have to* have an older person in the car.
5 Tourists *are allowed to* use their driving licence, but they *should* have a translation in English.

b) What are the rules for young drivers in your state in Germany? Write as many...

Die S notieren sich ihre eigenen Gedanken. Im Anschluss tauschen sie sich in einer ▶ Milling-around-activity mit vier weiteren Mit-S aus und ergänzen ggf. ihre Ideen durch die der Mit-S.

Lösungsbeispiel   *You're not allowed to drive before you're 16 and a half. Then you can have driving lessons. But you're not allowed to drive on your own. / You have to pass a driving test. Then you're allowed to drive. / If you're between 17 and 18 years old, a person older than 30 has to be with you. You're only allowed to drive in Germany. / When you're 18 you don't have to have an older person in the car and you're allowed to drive all over Europe. / Tourists are allowed to use their driving licence, but some tourists should have a translation in German.*

More practice 7 p. 86 **Life at our school**

a) What's true for our school? Write the six sentences with the right verb.

Lösungsbeispiel

Students *don't have to* wear a uniform.
Students *mustn't* arrive late for lessons.
Students *mustn't* use phones in class.
Students *don't have to* stay at school at lunchtime.
Students *mustn't* hit other students.
Students *mustn't / don't have to* go outside at break if it rains.

b) Copy and complete the sentences with verbs ...

Lösungsbeispiel

1 We*'re allowed* to wear jeans.
2 We *have to* do homework.
3 We *can* have lunch at school.
4 We *aren't allowed to* drink alcohol.
5 We *can't* play rugby.
6 We *should* always respect other students.
7 We *can* do sport twice a week.
8 We *should* bring the right books and exercise books.

▶ WB 12–16, pp. 10–11 ▶ DFF 1.6 ▶ INKL p. 19

SPEAKING COURSE (1) Giving a presentation

Inhalt — Kurzfilm: Aufnahme von Schülerpräsentationen und den Rückmeldungen, die die S erhalten

Storyline — Die Jugendlichen Tim, Grace, Kavit und Amy haben die Aufgabe eine Präsentation über Australien zu halten. Das Thema dürfen sie frei wählen. Der Film besteht aus fünf Teilen. Im ersten Teil unterhalten sich die Jugendlichen über ihre Themenwahl und verabreden sich zu einem weiteren Treffen vor der eigentlichen Präsentation. In Teil zwei führt Tim seine gelungene Probepräsentation den Mitschülern vor, welche im dritten Teil Tim Rückmeldung zu dieser geben. In Teil vier hält Amy ihre Probepräsentation und bekommt in Teil fünf die Rückmeldung, was gut war und woran sie noch arbeiten sollte.

S. 20–21

▶ 🎥 **1 VIEWING Two presentations**

Wortschatz — °course · **presentation · improve · impress** · °comment (on sth.) · **checklist · prepare** (for) · **copy · notes · unknown**

Material — DVD, KV 2

Einstieg — **SB bleibt geschlossen.** In einer *Pre-viewing*-Phase (▶ Viewing) werden die S auf den Film eingestimmt. Gemeinsam werden die Themen der vergangenen Stunden gesammelt und durch L an der Tafel festgehalten.

L: *We've learned a lot about Australia now. What topics did we talk about in the last few lessons?*

S: *We talked about Australian animals / discrimination against Aboriginal Australians / the Rural Fire Service / the outback / the Royal Flying Doctor Service ...*

L notiert die verschiedenen Themen an der Tafel mit:

Australian animals
discrimination against Aboriginal Australians
the Rural Fire Service
the outback
the Royal Flying Doctor Service

L: *Lots of interesting topics for a talk or a presentation (TA). What topics would you like to know more about?*

Die S äußern sich.

L: *Well, let's find out what Grace, Kavit, Amy and Tim chose for their presentations. Open your books at page 20, please, and let's watch the first part of the film.*

a) Watch part 1 of the film. Why do the students make fun of Tim?

Lösung   *C: He wants to impress Milly.*

b) ▣ Look at the sentences below. Put them in the order …
Die S übertragen die Sätze in ihr Heft, in der Reihenfolge, wie sie diese vermuten.

Alternative   Die S nutzen die ▶ KV 2: Viewing: How to improve your presentation. Auf der KV sind die Sätze des Aufgabenabschnitts b) aus dem SB vorgegeben. Die S nummerieren die SB-Sätze in der vermuteten Reihenfolge. Auf der KV haben die S zusätzlich die Möglichkeit in Anlehnung an die Aufgabenabschnitte 1e) und 1g) die Präsentationen von Tim und Amy zu bewerten.

Lösung   *C • E • G • D • F • B • A*

c) ▣ Watch part 2 of the film. You'll see Tim's talk …
Die S kontrollieren ihre Lösungen selbstständig und korrigieren sie falls nötig.

Lösung   individuelle Lösungen

d) Read the checklist on the right. 👥 Ask a partner …
Die S lösen die Aufgabe in PA. Eventuelle Unklarheiten werden im Anschluss im Plenum besprochen.

Lösung   individuelle Lösungen

e) Now watch part 2 of the film again. Make notes about Tim's presentation.
Bevor die S sich Notizen zu Tims Präsentation machen können, übertragen sie die Checkliste im SB in ihr Heft.

Alternative   Die S nutzen die ▶ KV 2: Viewing: How to improve your presentation. Auf der KV ist die Checkliste aus dem SB vorgegeben. Die S können sich hier auf die Bewertung von Tims Präsentation konzentrieren.

Lösung   individuelle Lösungen

f) Watch part 3 of the film …
Ein Austausch über die Ergebnisse zu dieser Übung erfolgt im Plenum.

Lösung   individuelle Lösungen

g) Watch part 4 of the film …
Die S nutzen die SB-Checkliste, die sie im Rahmen des Aufgabenabschnitts 1e) in ihr Heft übertragen haben, auch um Amys Präsentation beurteilen zu können.

Alternative   Die S nutzen die ▶ KV 2: Viewing: How to improve your presentation. Auf der KV ist die Checkliste aus dem SB vorgegeben. Die S können sich hier auf die Bewertung von Amys Präsentation konzentrieren.

Lösung   individuelle Lösungen

h) Watch part 5 of the film ...

Lösung | individuelle Lösungen | ▶ INKL p. 20

Zusatz | Im Anschluss an den Film und als Vorbereitung für die auf der folgenden SB-Seite 21 geforderten eigenen Präsentation verweist L auf das *Skills file 11*, SB-Seite 135. In diesem *Skills file* wird ausführlich auf die wichtigsten Schritte bei der Erarbeitung und Durchführung eines Kurzvortrages eingegangen.

Exam training

2 YOUR TASK A presentation about Australia

Wortschatz | S. 21: °aspect • °system • °hold • **outdoor** • °link • °feedback

S. 87: °opera • °prisoner • °multicultural • °free time • °draw, drew, drawn

Material | Internetzugang, Plakate, Plakatstifte, Kleber, Magnete, Bildmaterial (aus Prospekten, Katalogen), Karteikarten o. Ä., Feedback-Karten, KV 3

You have to give a presentation about an aspect of Australia that you find interesting. Step 1: Decide what you want to talk about ...
Die S können sich bei der Themenfindung an den Beispielen aus dem Einstieg zur Aufgabe 1a) auf der SB-Seite 20 orientieren (s. Tafelanschrieb) oder eigene Themen wählen.

Einstieg | L: *Now it's your turn! Please prepare and give a presentation about an aspect of Australia that you find interesting. You'll find ideas in your book on page 20 or you can use the ideas on the board.*

Lösung | individuelle Lösungen

Step 2: Find information ...
Die S benötigen ggf. einen Internetzugang.

Lösung | individuelle Lösungen

Step 3: Prepare your notes ... More help p. 87
In der More help -Übung auf der SB-Seite 87 erhalten die S weitere Beispiele, wie kleine Notizkarten aussehen bzw. wie diese gegliedert sein könnten.

Lösung | individuelle Lösungen

Step 4: Prepare photos or pictures for your presentation ...
Das Beschaffen von geeignetem Bildmaterial könnte auch eine vorbereitende Hausaufgabe sein. L kann darauf hinweisen, dass auch Tabellen, Grafiken, Landkarten oder auditive Quellen (z. B. Musik, Geräusche, Sprachproben, Dialekte) ein Thema gut veranschaulichen können.

Zusatz | Die S nutzen den oberen Abschnitt der ▶ KV 3: Preparing a presentation and giving feedback Hier können die wichtigsten Aufgaben, die bei der Erstellung eines Vortrags erfüllt werden sollten, von den S abgehakt werden. Die S erhalten einen Überblick über die schon erledigten und noch auszuführende Arbeiten.

Lösung | individuelle Lösungen

Step 5: Practise your presentation ...
Die S üben ihren Vortrag alleine oder mit einem Partner / einer Partnerin. Mithilfe digitaler Aufzeichnungen können die S sich selbst kontrollieren und ihre Präsentation durch mehrmaliges Wiederholen verbessern.

Step 6: Give your presentation …

Die S führen ihre Präsentationen in Kleingruppen oder im Plenum vor. Im Anschluss werden alle Ergebnisse im Klassenzimmer aufgehängt (▸ Gallery walk).

Lösung | individuelle Lösungen

Step 7: Give feedback on the other students' presentations. More help p. 88

Vor Beginn der Präsentationsphase legen alle S einen Feedback-Bogen an. Hierzu kann als Anhaltspunkt die Checkliste auf der Seite 20 im SB hinzugezogen werden. In der More help -Übung auf der SB-Seite 88 erhalten lernschwächere S weitere Hilfen, wie sie ein Feedback vorbereiten und schlussendlich geben können.

▸ WB 17–20, pp. 12–13 ▸ DFF 1.7 ▸ INKL p. 21

Alternative | Die vorbereitete Tabelle im unteren Abschnitt der ▸ KV 3: Preparing a presentation and giving feedback wird genutzt, um den Referenten und Referentinnen eine Rückmeldung zu geben. Die KV greift die im SB angebotenen Kriterien und Formulierungen, die bei der Beurteilung eines Vortrags hinzugezogen werden können, auf.

Zusatz | Die jeweiligen Referenten und Referentinnen notieren Verbesserungsvorschläge für zukünftige Präsentationen im Heft.

STOP! CHECK! GO!

Inhalt | Allgemeine Hinweise zu den *STOP! CHECK! GO!*-Seiten finden sich im Vorwort. Bei (halb-) geschlossenen Aufgabenformaten (Unit 1: Ex 1–3) können die S ihre Ergebnisse mithilfe des Lösungsschlüssels auf ▸ KV 4: Answers to STOP! CHECK! GO! überprüfen (auch als ▸ Partner check). Die KV bietet eine Auswertung nach Punkten, die in drei verschiedene Smileys (☺/☺/☹) übersetzt werden. Der Hörtext zu *Exercise 1* ist für die S auch auf der Audio-CD im Workbook zugänglich.

S. 22–23

▸ 🎧 1.05 | **1 LISTENING Planning a trip**

Wortschatz | °regatta

Material | CD

a) Sophie and Rani are finding out about places to visit in Australia …

Lösung | ▸ KV 4: Answers to STOP! CHECK! GO!

b) Listen to the dialogue …

Lösung | ▸ KV 4: Answers to STOP! CHECK! GO!

2 REVISION Australian Diary

Wortschatz | °revision • °form • °sightseeing • °live music • °cage

Sophie and Rani are now in Australia. Read Rani's blog …

Lösung | ▸ KV 4: Answers to STOP! CHECK! GO! ▸ INKL p. 22

3 👥 SPEAKING Talking about a picture

Wortschatz° | °bikini • °shorts

Material | Bikini, Badehosen (alternativ können auch Bilder verwendet werden), zerschnittene Bilder/ Postkarten, Tasche, Beutel o. Ä., D/E Wörterbuch

Einstieg	**SB bleibt geschlossen.** L zeigt den S einen Bikini und eine Badeshorts als stummen Impuls (▶ Semantisierung). Die S benennen diese beiden Kleidungsstücke und werden aufgefordert weitere Wörter zu nennen, die ihnen dazu einfallen.

L: *What else comes to your mind when you see a bikini or shorts?*
S: *Holidays. / Swimming pool. / Beach. / Summer. / ...*
L: *Well done!*

L leitet schließlich zum Aufgabenabschnitt a) über, der eine Partnerarbeit vorsieht. Die Partnerfindung kann ungelenkt erfolgen, indem jede/r S in eine Tasche mit zerschnittenen Bildern greift und ein Bildteil herauszieht. Die S finden ihren Partner / ihre Partnerin, da immer zwei Teile zusammen ein vollständiges Bild ergeben (▶ Gruppenbildung).

Zusatz	Um die Sprechaktivität der S bei der Partnersuche zu erhöhen, können sich die S ihre Bildausschnitte gegenseitig beschreiben ohne diese dem Partner / der Partnerin einfach nur zu zeigen.

a) Describe to your partner what you can see in your picture.

Zusatz	Bevor die S sich gegenseitig die Bilder beschreiben, erhalten sie die Möglichkeit im Wörterbuch unbekannte Wörter nachzuschlagen. Diese notieren sie sich.
Lösungsbeispiel	▶ KV 4: Answers to STOP! CHECK! GO!

b) Now your partner will describe his/her picture ...

Lösungsbeispiel	▶ KV 4: Answers to STOP! CHECK! GO!

c) Finally find out with your partner five things ...

Lösungsbeispiel	▶ KV 4: Answers to STOP! CHECK! GO!

4 WRITING Spending time in the sun – is it fun or is it dangerous?

Wortschatz	°at least

Write as much as you can – at least eight sentences ...
Die Ergebnisse können in Kleingruppen oder im Plenum vorgetragen werden. Zur intensiveren Vorbereitung auf eine Prüfungssituation können die Seiten des *Exam file 1* auf den SB-S. 108–109 genutzt werden.

⊙ Differenzierung	In lernschwächeren Klassen können gemeinsam Stichpunkte mithilfe der *Exercise 2* auf der SB-Seite 12 und der Partnerseite zu *Exercise 3* auf der SB-Seite 78 an der Tafel gesammelt werden.
Lösungsbeispiel	*In my opinion spending time in the sun is fun. You can do lots of interesting things when the sun is shining.*

I spend time in the sun when I go to the outdoor pool. I play football when it's sunny. It's good fun because I can meet my friends and we can spend time together. I also enjoy playing tennis.
But spending time in the sun can be dangerous because you can get sunburn and you can feel sick. So you should always put on suncream and wear a hat. You shouldn't stay in the sun too long and you should drink enough water.
So, to sum up, I think it's OK to spend time in the sun if you're careful.

▶ WB (Learner Log) p. 14 ▶ WB (Revision) p. 15 ▶ INKL p. 23, pp. 78–81

REVISION

Hinweis   Die Wiederholung besitzt einen hohen Stellenwert bei *EG Highlight*. Sie wird immanent von Band 1 an betrieben, aber auch explizit sichtbar durch die Benennung einzelner Übungen als *REVISION*. Wie bereits in Band 4 wird auch in Band 5 Wert auf Wiederholung des bereits Gelernten gelegt. Nach den Units 1–3 dienen jeweils zwei *Revision*-Seiten ausschließlich dafür, schon Gelerntes wieder abzurufen.

Die Seiten haben einen in sich geschlossenen thematischen Zusammenhang. Sie sind inhaltlich gekoppelt an die vorhergehenden Hauptunits. Im Zentrum der *Revison*-Seiten in Band 5 stehen die *tenses*: *simple present*, *simple past* und *will-future*. Die Seiten sind so aufgebaut, dass die S sich zuerst mit Hilfen die grammatische Regel erneut vergegenwärtigen. Dazu gibt es immer auch einen Hinweis zum passenden *Language file* im SB, in dem die grammatische Regel ausführlich erläutert wird. Nach der Regelfindung üben die S die thematisierte Struktur innerhalb unterschiedlicher, eher geschlossener Aufgabenformate.

Die *Revision*-Seiten enden mit einer offenen Aufgabe, die die selbstständige Anwendung der Struktur in einem gegebenen Kontext vorsieht. Die *Revision*-Seiten sind fakultativ und können von L flexibel eingesetzt werden.

Inhalt   Wiederholung des *simple present* • das eigene Leben mit dem Leben eines Teenagers in *Western Australia* vergleichen • einen Brief schreiben • einen Video-Clip vorbereiten

---

S. 24–25

Describing your lifestyle – using the simple present

1   Life in the Kimberley region of Western Australia

Wortschatz   °faraway • °School of the Air • °not ... anywhere

Einstieg   Mithilfe der Karte auf der Buchumschlagsinnenseite finden die S heraus, wo sich die *Kimberley Region* in Australien befindet, beschreiben deren Lage und stellen Vermutungen über das Leben in dieser Region an.

L: *Where is the Kimberley region? Describe where it is. You'll find it on the Australian map in your books.*
S: *The Kimberley region is in Western Australia. / The Kimberley region is in the north of Western Australia. /...*
L: *That's right. What do you think life is like in this region?*
S: *I think life in the Kimberley region is difficult because there aren't many towns. / You can't go shopping very often because you have to drive long distances. / ...*
L: *Let's read what Tom, a young Australian living in the Kimberley region, tells us about his life there. Open your books at page 24.*

a) Read this email from Tom, a young Australian. Why is his life hard?
Die S lesen im ▶ Mitleseverfahren den Text durch und äußern sich zur Frage im Plenum.

Lösungsbeispiel   *Life is hard because the farm is over 300 kilometres from the nearest town. He has to help his parents on the farm a lot. He doesn't see other kids very often. In the wet season (December to April) he and his family can't travel, so they have to order all the things they need for those five months. If they forget something they have to live without it.*

b) The simple present
Bevor die S diesen Aufgabenteil bearbeiten wird die ▶ Arbeitsanweisung geklärt. Die S lösen die Aufgabe alleine. Das *Language file 1* auf SB-Seite 138 kann als Hilfe herangezogen werden. Im Anschluss tauschen die S ihre Ergebnisse am ▶ Bus stop aus. Bei Unklarheiten hilft L weiter.

Alternative   Die Lösungen werden von L an der Tafelrückseite angebracht. Die S kontrollieren selbstständig.

---

1 Copy ten verbs ...

Lösungsbeispiel My parents *have* • I *love* • I *do* • I *speak* • my brother and I *help* • I often *feed* • I really *look forward* • We *do* • we *have* • we *order* • we *need* • you *forget*

2 Copy five examples ...

Lösungsbeispiel *The school sends me books and equipment ...* • *It all arrives in the post.* • *... my brother repairs things* • *That happens once a year ...* • *it rains*

3 Copy four examples ...

Lösungsbeispiel *Most people don't want to live in a place like this ...* • *I don't see other kids very often, ...* • *It doesn't rain from May to October.* • *We don't travel in this season.*

4 Copy four examples ...

Lösung *Do you see your friends often?* • *What sports do you like?* • *Does your family have animals?* • *Do you get a wet season?*

▶ INKL p. 24

2 Life in Germany

Copy the sentences, but put a time word or phrase in each sentence ...
L klärt zunächst, was *time words or phrases* sind. Dies kann direkt am Beispiel im Buch erfolgen und durch die Hinweisbox ergänzt werden. Die S arbeiten dann in EA und tauschen sich im Anschluss mit mehreren Partnern/Partnerinnen aus (▶ Bus stop oder ▶ Appointment).

Alternative L schreibt den Beispielsatz an die Tafel und die S finden selbst heraus, bei welchem Wort es sich um das *time word* handelt. Gemeinsam werden weitere *time words* an der Tafel gesammelt. Diese können dann mithilfe der Hinweisbox im Buch ergänzt werden.

Lösungsbeispiel **2** We *usually/sometimes/never* have dinner at about 7 pm.
3 We *sometimes/never/often* eat meat.
4 My mum *often/never/always* leaves the house before 8 am.
5 Do you *often/sometimes* go to the cinema?
6 Does your school start at the same time *every day*?

3 ◯ Life in the Gong // ● p. 88

Wortschatz °cooking • °buzz

Pick the correct form of the verb.
// ● p. 88 **Complete the text with the correct form of the simple present.**
Eine Parallelaufgabe zur Bildung des *simple present*. Die S bearbeiten die Übung in EA. Lernschwächere S arbeiten auf SB-Seite 25. Sie wählen aus den zwei vorgegebenen Möglichkeiten aus. Lernstärkere S arbeiten auf SB-Seite 88. Sie bilden die korrekte *simple past form* selbstständig. Die Besprechung erfolgt im Plenum. Eine Vorentlastung der unbekannten Wörter kann L vor der Bearbeitung vornehmen (▶ Semantisierung), ist aber nicht zwingend notwendig, um die Aufgabe erfolgreich zu bewältigen.

Lösung **1** *love* • **2** *Do* • **3** *cooks* • **4** *want* • **5** *live* • **6** *Do* • **7** *means* • **8** *live* • **9** *get on* • **10** *don't* • **11** *Does*

4 NOW YOU Choose A or B

Wortschatz °(off) by heart • °film

Material Briefpapier (für den A-Teil), Handys der S / Tablet-PCs / Videokamera / D/E Wörterbücher (für den B-Teil)

Einstieg	Die beiden ▸ Arbeitsanweisungen werden geklärt. Die S ordnen sich einer Aufgabe zu und vermerken dies an der Tafel, indem sie ihre Namen unter den entsprechenden Aufgabenbuchstaben (A oder B) schreiben. Dies hilft den S in den Aufgabenteilen, in denen sie mit einem Partner zusammenarbeiten sollen, einen solchen zu finden, der dieselbe Aufgabe bearbeitet.
Alternative	Es gibt zwei ▸ Bus stops A und B, an denen sich die S treffen, um sich auszutauschen.

A Write a letter to Tom. Say where you live and describe your lifestyle.

Alternative	Die S fertigen zunächst ein Konzept an, welches sie nach dem ▸ Partner check auf Briefpapier übertragen. Den fertigen Brief heften sie in ihrem Dossier ab.

a) Write as many sentences as you can.
Damit die S möglichst selbstständig ihre Briefe verfassen können, sollte L den S Wörterbücher zur Verfügung stellen.

Lösungsbeispiel	*Dear Tom,*
	I hope you're well. I'm a 15 year old boy from a small village in the south of Germany. I live with my parents and my little sister in a small house. There are some towns around us. Once a week we drive to one of these towns to do the shopping for the week. Usually we go on Saturdays. When we're back home my father prepares lunch. During the week I have breakfast with mum and my sister because my father leaves the house early in the morning. But on weekends we have all our meals together. When I go to school I usually leave the house at 7.30 am. School starts at 7.50 am. I can walk to school, it isn't far away. School finishes at 1 o'clock. Often I do my homework after a short break. Sometimes I help my parents to do the washing up or in the garden, but often I just meet my friends. We usually play football or we just chat. In my family we don't have any pets! Sometimes I wish we had a dog but mum always says no one of us would take it for walks! In Germany we don't have a wet season. We can travel every day we want to. If I want to go to the cinema with my friends I can take my bike or I can travel by bus or train. That's great! Do you go to the cinema? What sports do you do?
	I look forward to hearing from you!
	See you!
	Mike

b) 👥 Your partner checks your letter – especially the verbs in the simple present.

Lösung	individuelle Lösungen
Zusatz	Die S halten Unterschiede und Gemeinsamkeiten zwischen ihrem Leben und dem von Tom in ihrem Heft fest. Dazu fertigen sie eine Tabelle mit zwei Spalten an. Der Titel einer Spalte lautet *the same*, die Überschrift der anderen Spalte lautet *differences*. Im Anschluss tauschen die S sich in Form der ▸ Appointment-Methode aus.

B Make a 1–2 minute video clip in which you tell people about your lifestyle.
Damit die S möglichst selbstständig die Texte für ihren Videoclip verfassen können, sollte L den S Wörterbücher zur Verfügung stellen. In einem ersten Schritt notieren die S sich Ideen, worüber sie sprechen möchten. Danach tauschen sie ihre Ideen in PA aus und ergänzen ihre Gedanken ggf. durch die des Partners. Im Anschluss verfassen die S ihre Texte und versuchen diese auswendig zu lernen. Zum Schluss filmen sie sich selbst, oder gegenseitig, mit ihren Handys.

Hinweis	Falls der Einsatz von Handys zu unterrichtlichen Zwecken an der Schule nicht erlaubt ist, können die S dies auch als Hausaufgabe erledigen. Alternativ können auch Tablet-PCs oder Videokameras eingesetzt werden. Diese können auch an Medienzentren ausgeliehen werden, falls an der Schule nicht vorhanden.
Lösung	individuelle Lösungen  ▸ INKL p. 25

Storyline	In dieser Unit begegnen die S vielen unterschiedlichen Facetten von *respect* – und dem Gegenteil davon: z. B. wenn sich Menschen nicht rücksichtsvoll verhalten, sondern einander ausgrenzen oder sogar aktiv diskriminieren.
	Es werden die positiven, aber auch negativen Aspekte von *peer pressure* dargestellt. Mittels eines Gruppenexperiments (*badges*) erleben die S innerhalb ihrer eigenen Gruppe, wie subtil Diskriminierung funktionieren kann.
	YOUR TASK fordert die S dazu auf, ein konkretes Projekt zu planen und durchzuführen, durch das Diskriminierung aufgezeigt bzw. verhindert werden kann.
	Im Lesetext lernen die S, wie Vorurteile den Blick auf die wirklichen Umstände verstellen und zunächst einer möglichen Freundschaft im Wege stehen.
Sprachliche Mittel	**Wortfelder:** Gefühle • Menschen beschreiben
	Strukturen: *indirect speech (statements)*
Kommunikative Kompetenzen	**Listening:** Bilder gemäß Hörtext in die richtige Reihenfolge bringen (*Exam training*) • Multipe-choice-Fragen zu einem Hörtext beantworten • inhaltliche Fragen zu einem Hörtext beantworten und diskutieren • Aussagen zu einem Hörtext als richtig oder falsch erkennen • Bilder gemäß Hörtext richtig zuordnen
	Speaking: Ratschläge gegen *cyberbullying* geben • Rollenspiel durchführen • gruppendynamisches Experiment • höfliches Gespräch aufrecht erhalten (*Speaking course*) • Bilder beschreiben (*Exam training*)
	Reading: einen Text im Detail verstehen und Fragen dazu beantworten • die Struktur eines Textes mihilfe von Zwischenüberschriften erkennen
	Writing: Erfahrungsbericht zum Thema *peer pressure* erstellen (*Exam training*) • Projekt zum Thema Diskriminierung erarbeiten
	Mediation: Fragen zu einem deutschen Info-Text über „SOR-SMC" auf Englisch beantworten
	Viewing: *cybermobbing* unter Schulfreunden (*I thought we were friends*) • Song gegen Rassismus (*What you say matters*) • korrektes Gesprächsverhalten – deutsch vs. englisch (*Dos and don'ts in conversations*) • *screenshots* beschreiben • sich über die Hauptaussagen eines Films austauschen • einen *film review* verfassen
Methodische Kompetenzen	**Lernstrategien:** *Skimming* • Methodentraining zum Hörverstehen (*auf keywords achten*) • Wörterbucharbeit (Wörter mit mehreren Bedeutungen) • einen Test eigenverantwortlich auswerten (*Stop! Check! Go!*)
	Kooperative Lernformen: PA • GA • *Think-Pair-Share* • *Role-play* • *Double circle*
Interkulturelle Kompetenzen	Schule in GB (Schuluniformen, Lunch, Gesprächsverhalten S-L, multikulturelle Klassen) • SOR-SMC • Rassismus im Sport • Höflichkeit im Gespräch
Dossier	Text über *peer pressure*

LEAD-IN

Storyline	Vier (Schul-)Freunde müssen eine schwierige Situation miteinander aushandeln. Einer der vier ist besser in der Schule, sodass die anderen neidisch sind und ihm angeblich aus Spaß Nachrichten schicken. Er spricht nicht darüber, bis es immer schlimmer wird und die anderen drei ihn sogar beim Mittagessen nicht mehr bei ihnen sitzen lassen. Sein Vater findet schließlich heraus, dass etwas nicht stimmt.
	Im Anschluss wird ein Gespräch der vier Freunde im Beisein des Lehrers gezeigt, in dem alle zu Wort kommen und eine Lösung gefunden wird.
Inhalt	*cyberbullying* • *Think-Pair-Share* • Kurzfilm: *I thought we were friends ...*

S. 26–27

1 Six scenes from a film

Material	Song: „Respect", gesungen von Aretha Franklin (auf CD oder als MP3), CD, Flashcards mit den Fragewörtern *Where? Who? What?* (jeweils ein Fragewort pro Flashcard), Kopien der Redemittel von SB-Seite 89 (Klassensatz) oder als OH-Folie

Einstig **SB bleibt geschlossen.** L spielt den Refrain des Songs „Respect" von Aretha Franklin vor und fordert die S auf, das Wort zu identifizieren, das dort buchstabiert wird (*r-e-s-p-e-c-t*) und nutzt dieses, um zusammen mit der anderen Zeile es Refrains (*Find out what it means to me*) zu besprechen, was Respekt ist und wie er sich auf viele unterschiedliche Lebensbereiche (im Fall des Liedes auf Liebesbeziehungen) beziehen kann, immer aber auf das Verhalten zwischen Menschen. Ggf. muss dabei auf das Deutsche zurückgegriffen werden. Anschließend leitet L über zur ▶ Think-Pair-Share-Aufgabe.

L: *We're going to listen to part of a very famous song. Which word does the singer spell out?*
S: *She says respect.*
L: *Right.* (Notiert das Wort an der Tafel.) *And she also says "Find out what it means to me"* (Ergänzt dies an der Tafel). *What does that mean?*
S: *That she does not feel happy / respected ...*

L oder S notiert die weiteren S-Äußerungen an der Tafel.

Alternative Die More practice -Aufgabe von SB-Seite 89 kann hier vorweg behandelt werden, um eine Vorentlastung für die PA in Teilaufgabe b) zu ermöglichen und den späteren Fluss der Aufgabenerarbeitung nicht zu unterbrechen. Die im SB vorgegeben Redemittel können auch bei der folgenden ▶ Think-Pair-Share-Aufgabe eingesetzt werden.

a) ☐ **Think: Work alone. Look at the six pictures and answer the questions.**
L fordert die S auf, die Bücher zu öffnen und gemäß Aufgabe 1a) in EA zu überlegen, was die Bilder darstellen. Möglich ist es, hier bereits auf die *Wh*-Fragen hinzuweisen, die bei der Texterschließung wiederholt eine Rolle spielen (in dieser Unit z. B. bei Theme 1, s. a. *Skills file 6*).

☐ Differenzierung Als Unterstützung kann L bereits zu diesem Zeitpunkt die Redemittel zur Bildbeschreibung von SB-Seite 89 anbieten. Dies kann als OH-Folie sichtbar alle bzw. als KV/Arbeitsblatt für lernschwächere S geschehen. Diese Unterstützung sollte den S während der gesamten ▶ Think-Pair-Share-Aufgabe zur Verfügung stehen. Wenn die Redemittel noch nicht als Teil von More practice vorweg eingesetzt wurden, sollte L sie kurz mit den S durchgehen, um das Verständnis zu sichern. So können die S auch unabhängig von dieser Aufgabe immer wieder auf die nützlichen Redemittel zur Bildbeschreibung zugreifen.

Lösungsbeispiel *Pic 1: The teens are wearing their school uniforms. • The teens are at school. • I think they get on well together. • They're talking and laughing.*
Pic 2: They are in the classroom. • The girl with long hair is talking • She doesn't look happy.
Pic 3/4: He's looking at his mobile (picture 3) and then at his computer (picture 4). He looks serious.
Pic 5: The young people are outside somewhere. The boy wants to sit down with the others. I don't think that the boy is their friend.
Pic 6: I think it's the boy's father. They could be talking about something on the boy's computer. It's something serious. They look serious.

b) 👥 **Pair: Compare your answers with a partner.**
L organisiert die ▶ Gruppenbildung.

Alternative L kann für diese Phase ▶ Flashcards (ggf. farbcodiert) mit den relevanten Fragewörtern (*where, who, what*) verteilen, die auch später bei der gemeinsamen Auswertung in Teilaufgabe c) wieder eingesetzt werden können. L hält bei dieser Variante das jeweilige Fragewort hoch und erfragt so die wichtigen Informationen.

c) Share: Tell the class what you think the film is about.

Lösungsbeispiel *I think it's about a group of friends. First they get on well together, but then there's a problem and their friendship is in danger. Maybe the boy gets mean messages on his mobile and on his computer.*

More practice 1 p. 89 👥 **Talk about a picture**

Wortschatz   °screen

Material   OH-Folie mit den Redemitteln der Aufgabe

Hinweis: Diese zusätzliche PA ist durch das Thema Schule eng mit dem Inhalt der Unit verbunden. Möglich wäre auch, diese Aufgabe vor Beginn der Unit einzusetzen, um das Thema „Respekt" in Richtung Schule zu lenken und gleichzeitig eine inhaltliche Vorentlastung zu erreichen. Die Übung eignet sich zudem zur Wiederholung und Festigung bzw. HA. Die Ergebnisse können schriftlich festgehalten werden.

Einstieg   Die ▶ Aufgabenstellung sollte detailliert im Plenum besprochen werden, da die S während der PA eigenständig arbeiten und dafür alle Teilaufgaben verstanden haben müssen.

Alternative   L kann die Redemittel von SB-Seite 89 zur Vorentlastung als OH-Folie präsentieren und ggf. im Plenum Verständnisfragen klären (Wortschatz reaktivieren).

a) Partner A : Look at photo 1. Describe what you can see …
Partner B: Look at photo 1 and listen to your partner …

Lösungsbeispiel   *Photo 1: The scene takes place in a school classroom. In the foreground there are two students, a boy and a girl. The boy is wearing glasses and has very short hair. He's smiling and talking to the girl. They are working together. In the background I can see three more students and a teacher. The teacher is wearing a blue shirt. He's helping a girl. She's smiling. They're looking relaxed.*

b) Partner A: Look at photo 2 and listen to your partner …
Partner B: Look at photo 2. Describe what you can see …

Lösungsbeispiel   *Photo 2: In this scene we're in a school computer room. In the foreground I can see some students and a teacher. They're working with computers and looking at their screens. Perhaps they are working on a project. In the middle there's a boy with a red pullover. He's talking to another student on his left. Behind him I can see a girl. She's standing. The teacher is on the right. He's helping the students. I think they're OK because they look relaxed and they are smiling.*

▶ 🎥   **2   VIEWING I thought we were friends … (part 1)**

Wortschatz   **jealous · messaging**

Material   DVD

Einstieg   **SB bleibt geschlossen.** Sollten die Begriffe *jealous* und *messaging* noch nicht während Aufgabe 1 gefallen sein, sollten sie unbedingt vor dem ersten Sehen semantisiert (▶ Semantisierung) werden, z.B. durch Zeigen (L führt *messaging* pantomimisch vor) oder eine kurze Erzählung:

L: *Yesterday I met with my friend and she showed me her new mobile. I have a really old one, so I was really jealous. I also want to have a nice new mobile!*

a) Watch part 1 of the film. Did you guess the story right?
b) Look at the sentences in the box. Which do you think is the main message …
Diese Aufgabe sollte möglichst direkt im Anschluss an Aufgabe 1 im Unterricht durchgeführt werden, damit den S die Situation und ihre Vermutungen aus Aufgabe 1 noch präsent sind. Teilaufgabe 2a) muss nicht explizit thematisiert werden, eine kurze Überprüfung durch Handzeichen reicht. Teilaufgabe 2b) kann gemeinsam im Plenum gelesen und

besprochen werden. Es empfiehlt sich hier keine Auflösung durch L, da die S in 3b) ihre Einschätzung noch einmal überprüfen sollen. Sollte Aufgabe 3 jedoch erst zu einem späteren Zeitpunkt behandelt werden, sollte zumindest kurz darüber gesprochen und ggf. Notizen für die spätere Auswertung angefertigt werden.

Lösung   *Texts and messaging can hurt.*   ▶ INKL p. 26

▶ 🎥 3   VIEWING I thought we were friends … (part 2)

Wortschatz   **cyberbullying**

Material   DVD

Einstieg   Die neue Vokabel *cyberbullying* sollte vor dem Anschauen des Filmes kurz semantisiert werden – die S werden das Wort mehrheitlich schon kennen und sollten in der Lage sein, es auf Englisch zu umschreiben.

a) Now watch part 2 of the film: Who says what?
Zum Veranschaulichen kann L die vier Namen und die Zahlen 1–4 aus Aufgabe 3a) an die Tafel schreiben und sie von einem/einer freiwilligen S verbinden lassen.

Lösung   *1 Shaz • 2 Robert • 3 Simone • 4 Patrick*

b) Do you think that it's a good ending? Why (not)? Do you still agree …
Falls Aufgabe 2b) nicht unmittelbar vor Aufgabe 3 im Unterricht bearbeitet werden kann, sollten die S ausreichend Gelegenheit erhalten, sich ihre Vermutungen von Aufgabe 2b) in Erinnerung zu rufen. Als Teil der Auswertung im Plenum kann L mit den S ein Meinungsbild zum Film erstellen – Ist die Mehrheit der Meinung, dass es ein gutes Ende war? (Handzeichen) Wie viele S halten an ihrer ursprünglichen Antwort aus 2b) fest?

Lösungsbeispiel
– *I think it's a good ending because they are talking about the problem. Robert and Simone say that they are sorry.*
– *I don't think it's a good ending because their friendship is in danger. And I don't think that Shaz understands what she has done wrong.*
– *Yes, I still agree with my answer in 2b. / I think my first answer was wrong. Now that I've seen the film, I think that the main message of the story is: Texts and messaging can hurt.*

More practice 2 p. 90   ● **How the cyberbullying happened**

Material   Arbeitsblatt, KV 5

You are Robert or Simone. Write to a friend about what happened to Patrick. Use …
Eine Schreibaufgabe für leistungsstärkere S. Auch als HA geeignet.

◻ Differenzierung   Für leistungsschwächere S kann L das Lösungsbeispiel in eine Zuweisungsaufgabe umwandeln und als Arbeitsblatt austeilen:

You are Robert or Simone. Write to a friend about what happened to Patrick. Finish the sentences and write the correct sentences on a seperate piece of paper.	
1 It was just a …	and he always knows the answers.
2 Shaz sent Patrick a funny message …	were funny.
3 Patrick is so good at school …	because she was a bit jealous.
4 We helped Shaz with …	But we went too far.

5 It was ...	it was wrong.
6 The messages ...	joke in the beginning.
7 That's what we thought.	Now we are sorry.
8 I know now that ...	felt angry and lonely.
9 Patrick was hurt and ...	the messages and laughed about them.
10 We didn't help him or say stop.	just a joke.

Lösungsbeispiel It was just a joke in the beginning. Shaz sent Patrick *a funny message because she was a bit jealous. Patrick is so good at school and he always knows the answers.* We helped Shaz with *the messages and laughed about them. It was just a joke.* The messages were *funny. That's what we thought.* But we went too far. I know now that it was wrong. Patrick *was hurt and felt angry and lonely.* We didn't *help him or say stop.* Now we *are sorry.*

Zusatz In Anschluss können mithilfe von ▶ KV 5: Jane's story Redewendungen zur Beschreibung von Gefühlen im Zusammenhang mit dem Thema Mobbing noch einmal wiederholt werden.

---

4 NOW YOU About cyberbullying

Wortschatz **horrible** · °in the beginning

What advice would you give to people about cyberbullying? Talk ...
Die Aufgabe stellt einerseits eine Zusammenfassung des bisher Besprochenen dar, andererseits kann sie auch dazu benutzt werden, eine Überleitung zu *Theme 1* anzubahnen, in dem es um *peer pressure* geht. Ohne zu viel vorweg zu nehmen, kann L im Unterrichtsgespräch den Hinweis unterbringen, sich nicht immer in das zu fügen, was die Menschen um einen herum tun oder planen.
Die drei Sprechblasen im SB beziehen sich auf einen zeitlichen Ablauf und können daher zunächst innerhalb von Kleingruppen diskutiert werden (▶ Gruppenbildung), bevor sie im Plenum besprochen werden. Jede Gruppe bekommt eine der Sprechblasen und soll sich gemeinsam auf drei Ratschläge einigen (je nach Gruppenzusammensetzung kann L hier den Umfang nachsteuern). Die Ergebnisse werden in der Klasse vorgestellt und diskutiert.

Alternative Um die Auseinandersetzung mit diesem Thema noch anschaulicher zu gestalten (z. B. wenn L den Eindruck hat, in der Lerngruppe ist das Thema *cyberbullying* besonders aktuell), kann L den Gruppen den Auftrag geben, die Ratschläge konkret auf einen anderen Fall von (fiktivem) *cyberbullying* zu beziehen.

Dazu sucht die Klasse zu Beginn in einem kurzen Brainstorming nach einem fiktiven Vorfall, den L in wenigen Stichpunkten an der Tafel festhält. Während der Gruppenarbeit können sich die S immer wieder auf diesen „Musterfall" beziehen.

Lösung individuelle Lösungen   ▶ WB 1–2. p. 16 ▶ DFF 2.1 ▶ INKL p. 27

Zusatz Das letzte Bild im Video wird noch einmal als Standbild benutzt, um zu thematisieren (ggf. auf Deutsch), dass Shaz noch nicht wirklich überzeugt zu sein scheint.

L: *Do you think Shaz really believes what she is saying?* (evtl. ihren Text nochmal hören lassen) *Should the teacher ask her: Do you really mean it or are you just saying it so that I leave you alone?*

L kann u. U. an eine reale Situation in der Klasse anknüpfen. Wiederum sollte dies eher auf Deutsch geschehen aufgrund der Komplexität und Bedeutung für die soziale Kompetenz.

THEME 1 Under pressure

Inhalt Online-Artikel zum Thema Gruppenzwang (*peer pressure*) • *Skimming* • angeleitete *text production* zum Thema *peer pressure* (DOSSIER) • Schlüsselwörter beim Hörverstehen • *Double circle*

S. 28–30

1 READING Doing what my friends do

Wortschatz **pressure** • *put pressure on* • **peer pressure** • *peer* • **tattoo** • **motivate** • **shoplifting** • *go shoplifting* • **shocked** • **scarf,** *pl* **scarves** • **be/feel ashamed (of)** • **smoke** • **cigarette** • **agree (on)** • **honest** • *to be honest* • **except (for)** • **neck** • **reaction (to)**

Material Song: „Under pressure", gesungen von David Bowie und Queen (auf CD oder als MP3, ggf. als Video), Arbeitsblatt mit Tafelzeichnung, ggf. Lösungen zu Teilaufgabe d) (Klassensatz)

Einstieg Vor dem inhaltlichen Einstieg sollten die Texterarbeitsstrategien *Skimming, Scanning* und *Finding the main points* wiederholt werden (s. *Skills file 6*, SB-Seite 126 und ▶ Lesetechniken). Dafür werden die Begriffe an die Tafel geschrieben und das Vorwissen abgefragt (ggf. auf Deutsch).

Alternative **SB bleibt geschlossen.** Wer gerne mit Songs arbeitet, kann an dieser Stelle auch den Song „Under pressure" von Queen und David Bowie einsetzen. Er bietet einen eher assoziativen Zusammenhang zum Thema, da er allgemein den Druck besingt, der auf Menschen lastet. Doch die Redewendung selbst wird deutlich und positiv im Gehirn verankert – auch dank der sehr eindringlichen Melodie (und Basslinie). Im Anschluss an das Hören des Songs (bzw. Ansehen des visuell sehr eindrucksvollen Videos) kann L die spontanen Äußerungen der S sammeln und im Plenum die Bedeutung von *under pressure* klären (z. B. pantomimisch (▶ Semantisierung) . Dann leitet L über zur *Pre-reading activity* in 1a):

L: *Let's find out about more about a special form of pressure. Open your books at page 28, please.*

a) ○ **Skim the online article about peer pressure.**
Aufgabe 1a) sollte im Plenum erarbeitet werden, da das *Skimming* Schnelligkeit zur Grundlage hat. Den Wettkampfeffekt kann L dadurch verstärken, dass die beiden Teilaufgaben schon an die Tafel geschrieben und besprochen werden, bevor das Buch überhaupt geöffnet wird. L gibt das Startsignal. Wer hat die Aufgaben fertig bearbeitet hat, zeigt das per Handzeichen (oder anderes verabredetes, stummes Signal an). L notiert die Reihenfolge. Bei der geimsamen Auswertung ist wichtig, dass alle S die korrekte Lösung verstanden haben – hatten die Schnellsten auch die richtigen Antworten?

Lösung *1 Lines 3–5 explain what peer pressure is. • 2 B*

b) Answer the questions.
Die S lesen den Text in Stillarbeit. Unbekanntes Vokabular wird an der Tafel gemeinsam gesammelt und von L oder lernstärkeren S semantisiert (▶ Semantisierung) bzw. in EA oder PA mithilfe des *Dictionary* (ab SB-Seite 176) selbstständig nachgeschlagen.
An dieser Stelle kann L eine kurze Übung zur Wiederholung der Wortfelder Körperteile und Kleidung einfügen, um so u. a. *neck* und *scarf/scarves* einzuführen. Gleichzeitig kann dadurch an die Themen *shopping* und *body*, die im Text bereits vorkommen, angeknüpft werden. Als HA können die S ein skizziertes Tafelbild abzeichnen (oder L teilt es als Arbeitsblatt aus) und mit den ihnen bekannten Wörtern ergänzen:

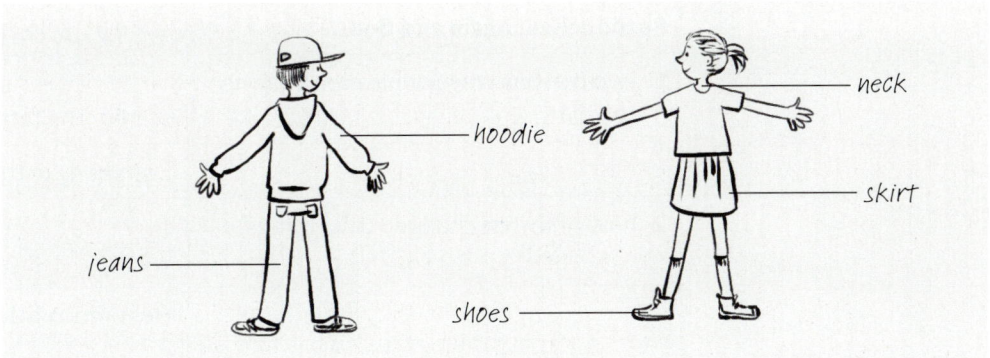

Unteraufgabe 1 kann im Plenum durchgeführt werden.

Differenzierung

Unteraufgabe 2 sollte in lernschwächeren Gruppen arbeitsteilig vorgenommen werden, da der Text relativ lang ist. Sollte die Lerngruppe daran gewöhnt sein, kann sich jede/r S jeweils den Abschnitt vornehmen, der ihn/sie thematisch interessiert. Andernfalls teilt L die S für jeweils ein oder zwei Absätze im Text ein. Die Themen der einzelnen *posts* (*tattoos, running, shoplifting, smoking*) sollten im Plenum identifiziert werden (ein weiterer *Skimming*-Vorgang). Da die Aufgabe selbst dann recht einfach ist, könnte sie erweitert werden, indem die S den anderen mit eigenen Worten das jeweilige *peer pressure*-Erlebnis wiedergeben.

Die dritte Unteraufgabe sollte wieder im Plenum besprochen werden. Die Erklärung (*explain why*) kann im Gespräch von leistungsstärkeren S gegeben werden oder gemeinsam (ggf. auf Deutsch) erarbeitet werden. Außerdem kann L bereits an dieser Stelle erfragen, ob die S selber schon derartige Erfahrungen (positive oder negative) gemacht haben. Allerdings sollte dabei nicht zu sehr ins Detail gegangen werden, da ähnliche Erfahrungen in *Exercise 2* genauer beschrieben werden sollen.

Lösung

1 B • 2 Sophie got a tattoo, Andy ran in a race, Joshua went shoplifting and Hannah stopped smoking. • 3 Andy and Hannah give examples of situations when peer pressure is a good thing.

For Andy it was a good thing because he collected money for charity in the run and he stills goes running every week, and now is much fitter than before. / For Hannah it was a good thing because smoking is not healthy and she can save a lot of money now.

▶ INKL p. 28

c) Find the words in the text.

Differenzierung/ Alternative

In lernschwächeren Gruppen oder als Auflockerung zwischendurch kann L eine Runde *hangman* (▶ Lernspiele) mit den fünf Begriffen spielen lassen (ggf. ungeordnet). Die S erraten das jeweilige Wort und ordnen es anschließend zu.

Lösung

1 *peers* • **2** *shoplifting* • **3** *scarf* • **4** *ashamed* • **5** *be honest*

d) ● **Read the text again and find …**

Die Aufgabe kann u. a. zur Binnendifferenzierung für ▶ Fast finishers eingestzt werden.

Differenzierung

Um die Übung auch lernschwächeren S zugänglich zu machen, verteilt die L die Lösungen (kopiert und auseinandergeschnitten) und lässt sie die S in Stillarbeit (zu)ordnen. Die Namen (Sophie, Andy, Joshua and Hannah) sollte L weglassen, um so das Zuordnen nicht zu leicht werden zu lassen. Stattdessen ergänzen die S die gesuchten Namen.

Read the text again and find ...	
1 two reasons why Sophie didn't say no to a tattoo.	_____ didn't want to look silly or scared. The tattoo looked cool.
	Everybody in the group had a tattoo.
2 how Andy has changed (two things).	_____ now goes running every week.
	He is much fitter than before.
3 how Joshua's friends put pressure on him to join them.	_____ 's friends told him that it would be fun and they laughed at him for being scared.
4 Hannah and her friends' first reaction to Steve's idea, and their later reaction.	First _____ said that giving up smoking was a stupid idea. Then they agreed with Steve and they stopped smooking.

Lösungsbeispiel

1 *Sophie didn't want to look silly or scared. The tattoo looked cool. Everybody in the group had a tattoo.*

2 *Andy now goes running every week and he is much fitter than before.*

3 *Joshua's friends told him that it would be fun and they laughed at him for being scared.*

4 *First Hannah and her friends said that giving up smoking was a stupid idea. Then they agreed with Steve and they stopped smooking.*

Zusatz Die S ermitteln (evtl. als HA), wieviel Euro die £72 (s. Andys Erzählung) laut Tageskurs in EUR ergeben würden. Die S können sich u. U. mit dem Gebrauch von Divisenrechnern im Internet vertraut machen und gleichzeitig den Wert von GBP in Euro erfahren.

2 EXAM TRAINING Writing

Wortschatz **think of** · °adapt · **be/feel frightened** · °speech mark · **report (on sth.)** · °exchange sth. · °revise sth.

Material vorbereitete Flashcards (mit den Fragewörtern: *What? When? Where? Who? Why?*) (wiederverwendet von Exercise 1, HRU-Seite 47), Computer/Laptops (in Klassenstärke; bzw. als HA), Checkliste (als OH-Folie oder Arbeitsblatt)

Einstieg **SB bleibt geschlossen.** L schreibt „*peer(s) = friends* vs. *peer(s) = pressure*" an die Tafel und rekapituliert mit den S kurz im Plenum die Bedeutung dieser Gegenüberstellung, bevor sie zur Aufgabe überleitet:

L: *Think of a time when you or a friend of yours did something because you felt peer pressure. Did you feel good about it or did you feel bad / not so good about it?*

L kann S um ein schnelles Stimmungsbild bitten, indem die S ihre Meinung (*good* vs. *bad* oder *not so good*) auf einem Zettel notieren und diesen verdeckt abgeben. Die Auswertung führt L durch und präsentiert das Meinungsbild an der Tafel. Hat die Klasse mehrheitlich bisher eher gute als schlechte Erfahrungen mit *peer pressure* gemacht?

L: *Now let's think about what happened when you felt peer pressure. I want you to write a short text about it. Let's open our books at page 29, please.*

Write about a time when you did something because you felt peer pressure. Write ...

Die Aufgabe ist sehr kleinschrittig vorstrukturiert, wird einigen S aber möglicherweise dennoch schwierig und umfangreich vorkommen, da sie insgsamt sieben *steps* umfasst. Daher sollte L als Erstes den Tipp umsetzen und mit den S das *Skills file 7* (SB-Seiten 128, 130 und 131) zum Schreiben und Korrigieren eigener Texte durchgehen. Plant L eine ähnliche Aufgabe in die nächste Klassenarbeit aufzunehmen, sollte sie hier bereits die S darauf einstimmen und auf die Möglichkeit hinweisen, wie gut sie sich dadurch auf eine umfangreichere Schreibaufgabe vorbereiten können (u.a. aufgrund der hohen Anzahl an Redewendungen, die die S hier noch einmal vertiefen können).

Eine Abfrage der einzelnen Arbeitschritte ist sinnvoll – z.B. als Checkliste (auf OH-Folie).

◉ Differenzierung In lernschwächeren Gruppen sollten die einzelnen *steps* und Tipps gemeinsam vorbesprochen werden (L moderiert immer im Anschluss an einen *step* den nächsten an).

Step 1: Make notes about a time when you felt peer pressure. Look at ...

Den S sollte von Beginn an klar sein, dass sie keineswegs über eigene Erfahrungen berichten müssen, wenn sie das nicht wollen (s. Tipp im SB).

Step 2: Write the background to the story

Als Hilfe kann L die *wh*-Fragen aus dem Tipp als TA präsentieren bzw. vorbereitete ▶ Flashcards einsetzen (s.a. HRU-Seite 47).

> (What happened?)
> When did it happen?
> Where did it happen?
> Who was there?
> Why did you do it?

Alternative Stehen der Klasse Computer/Laptops zur Verfügung, bietet es sich an, die S ihre Texte damit erstellen zu lassen. Dadurch werden die Überarbeitungen der Texte nicht allzu demotivierend bzw. zeitintensiv (s. *step 7*). Außerdem können die S dadurch ihre Textverarbeitungskenntnisse vertiefen.

Step 3: Now write about how it started. Maybe you can adapt sentences from ...

In Klassen, in denen dieses Verfahren noch nicht etabliert ist, schreibt L den Originalsatz aus dem SB an die Tafel. Die kursiv gedruckten Wörter aus dem Originalsatz unterstreicht L. Dann fügt L oder freiwillige S zwei oder drei Varianten ein (nicht nur *a boy*, sondern auch *my grandpa* und *a teacher* o.Ä.), um so das Prinzip der Anpassung zu erklären.

Step 4: Write how the peer pressure worked and how you felt.

Die *Wordbank 2* sollte spätestens jetzt explizit erwähnt/aufgeschlagen werden, da die S vermutlich nicht von selbst den Hinweis entdecken. Zusätzlich sollte *be/feel frightened* eingeführt werden (▶ Semantisierung), z.B. durch Mimik und Gestik

Hinweis für interessierte S: *angst* wird auch im Englischen verwendet, allerdings nur als Nomen und in einer spezielleren Bedeutung (= *a feeling of anxiety and worry about a situation*). Ein abgeleitetes Adjektiv gibt es nicht.

Den Tipp zu den *speech marks* kann L dazu nutzen, um auf einige Unterschiede der englischen Interpunktion im Vergleich mit dem Deutschen hinzuweisen (z.B. mit dem Beispiel aus dem SB):

> My friends asked, "Do you want to ...?"
> Meine Freunde fragten: „Willst du ...?"

Die S finden die Unterschiede und markieren sie an der Tafel (ggf. auf einem Merkzettel fürs eigene Heft).

Step 5: Write what happened in the end.
Step 6: Exchange texts with a partner. Read your partner's text …
Die Partnerkorrektur (▸ Partner check) kann durch eine Checkliste unterstützt werden (als OH-Folie oder als Arbeitsblatt pro Gruppe):

> **Checklist: Did your partner …**
> – explain the topic (what the peer pressure was about)?
> – answer the wh-questions (when, where, who, what and why?)?
> – write about how he/she felt about the peer pressure?
> – use speech marks?
> – write at least 80 words?

Step 7: Revise your text and put it in your DOSSIER.

Lösungsbeispiel

Beispiel 1: This happened about two months ago. I was in town with my friends. A boy in my group had new trainers. They looked so cool and I wanted them too. I felt really jealous. But I didn't have the money to buy them. So my friends said: Why don't you go and get them? Just take the trainers and leave the shop. It's so easy. I didn't want to steal, but my friends said, "Are you frightenend?" I knew it was wrong, but I went to shop and did it. Now I have the trainers, but I don't like them. I don't feel good about it.
(106 Wörter)

Beispiel 2: This happened about a month ago. I was at home with my friends. They had all bought cool clothes from a new shop in town and they wanted me to go there too and buy something. But I don't like this shop. When the clothes are so cheap, they come from very poor countries and the people who make the clothes don't get enough money for their work. But I didn't want to look silly and I didn't want my friends to think I was stupid so we went to the shop and I bought a dress. It looks cool, but I don't feel good about it.
(107 Wörter)

▸ WB 3–5. pp. 17–18 ▸ DFF 2.2 ▸ INKL p. 29

Zusatz

Im SB wird an dieser Stelle auf das *Text file 2, Waiting for something to happen*, von SB-Seite 118 verwiesen. In dem Romanauszug geht es u. a. um *peer pressure* und die *London Riots* von 2011.

▸ 🎧 1.06–08

3 EXAM TRAINING Listening

Wortschatz

Megan **wants** Ava **to** help **her.** • keyword

Material

CD

Einstieg

Der Begriff *keyword* eignet sich sehr gut, um damit die Worterschließungstechnik des Herleitens (▸ Semantisierung) zu üben. L zerlegt das zusammengesetzte Substantiv zunächst in seine zwei Ausgangsbegriffe (*key* + *word*) – ggf. kann dies von freiwilligen/lernstärkeren S an der Tafel vorgeführt werden. Das Substantiv *key* kann L dann durch Anzeichnen an der Tafel oder Hochhalten des eigenen Schlüssels herleiten. Den Begriff Schlüsselwort kennen die S aus dem Deutschunterricht, wo Schlüsselbegriffe/-wörter auch für Texterschließungs-verfahren genutzt werden.

Zur inhaltlichen Vorentlastung kann L die drei Illustrationen aus dem SB dazu nutzen, die Gefühlslage zwischen den drei Protagonisten vorab zu besprechen:

L: *Look at the three pictures. What do you think: How do the people in the pictures feel? Do they feel great/super* 🙂 *, OK* 😐 *or not so good* 🙁 *? Are they nervous* 😟 *Or angry* 😠 *?*

S: *In picture A the girl looks nervous and the boy looks serious. In picture B the girl on the left is smiling a little bit and the girl on the right looks angry/mean. In picture C they both look happy.*

L zeichnet parallel dazu die fünf Emoticons an die Tafel und sichert die Bedeutung.

Falls den S diese Wörter auf Englisch fehlen, verweist L nochmal auf die *Wordbank 2* (SB-Seite 151). Evtl. können S noch weitere Emoticons/Emojis anzeichnen, sofern sie die englischen Wörter dafür bereits kennen oder mithilfe eines Wörterbuches nachschlagen.

Zur Vorbereitung auf das *Listening* kann L mit den S bei Bedarf das *Skills file 9*, SB-Seite 133, bearbeiten.

a) Listen to parts 1, 2 and 3. What's the right order of pictures A, B and C?

Die drei Teile werden im Zusammenhang gehört. Nach dem Hören kann zunächst die Identität der Personen festgestellt werden (*Ava and Ollie, Ava and Megan, Megan and Ava*) und dann die Reihenfolge.

Lösung   C · A · B

b) ⊙ Listen to part 1, then pick A or B.

Die einzelnen Abschnitte sollten nur noch einmal gehört werden.

⊙ Differenzierung   Sehr schwache S übertragen die vorgegebenen *keywords* aus dem ersten Tipp in zwei Listen in ihre Arbeitshefte und markieren beim Hören, welche *keywords* sie hören können. Das erleichtert das Finden der richtigen Lösung bei Unteraufgabe 1.

Lösung   **1** *B* · **2** *A*

c) Listen to part 2, then complete these sentences:

Bei Bedarf kann L vor dem Hören *take*, *steal* und *buy* zur Verständnissicherung und Wiederholung separat an die Tafel schreiben (evtl. auch mit allen drei Zeitformen).

⊙ Differenzierung   Der zweite Teil des *Listening* könnte aufgrund der unterschiedlichen Formen von *steal* (*stole* bzw. *stealing*) für einige S schwierig sein, daher kann ein zweites Hören ratsam sein.

Lösung   **1** *B* · **2** *C*

d) 👥 Compare your answers in 3c). Then discuss: What should Ava say to Megan?

Zunächst erfolgt ein ▸ Partner check zur Überprüfung der Lösung von Teilaufgabe 3c). Zur Unterstützung der anschließenden PA kann L eine Reihe von möglichen Redemitteln an der Tafel anbieten:

> – I need to talk to you.
> – Sorry, but I don't want to …
> – I don't feel good about …
> – Just think about what will happen …
> – We could do something different, for example …

Die S-Paare einigen sich jeweils auf eine mögliche Antwort und schreiben diese auf bzw. notieren sie in Stichworten.

Lösungsbespiel
Ava should say: "Sorry, Megan, I don't want to do this. I don't feel good about it. It's stealing and it's wrong and I don't want to get into trouble."

e) Listen to part 3. What does Ava do? Was your idea in 3d) the same?
Die L moderiert hier die Darstellung der Varianten und sollte etwas insistieren, wenn die S behaupten, das gleiche gedacht zu haben. Gibt es u. U. besonders originelle, ungewöhnliche Ideen?

Lösung
Ava tells Megan that she doesn't feel comfortable going shoplifting. She suggests that Megan also comes to Ollie's house, but Megan says that she won't and that Ava is a pain. Ava says that she will go to Ollie's and that Megan knows where to find her in case she changes her mind.

4 ● 👥 ROLE-PLAY

Wortschatz
°role-play • °role • **suggest sth. (to sb.)** • **thank sb. (for sth.)** • °double circle • °act out • °swap

Material
role cards als Hilfskarten

Einstieg
L knüpft an den Dialog zwischen Megan und Ava aus Aufgabe 3 an, indem sie Avas Einstehen für ihre eigene Meinung hervorhebt:

L: *Ava said what she thought of stealing but at the same time she invited Megan to join her at Ollie's, so that she would have something to do. She stood her ground, she made herself clear.*

Anschließend fragt L nach ähnlichen Situationen, um dann auf die *role cards* in der Aufgabe zu lenken, die Redemöglichkeiten für die Lösung solcher Situationen enthalten.

a) This is the situation: Partner B has stopped going out with friends from class …
Die S müssen bei der Vorbereitung in EA beide Rollenkarten im Blick haben, um sich einen sinnvollen Dialog zurechtlegen zu können und um im zweiten Teil der Teilaufgabe b) die Rolle wechseln zu können. Besonders die Wörter *suggest* und *agree* sollten vorab eingeführt bzw. wiederholt werden. Je nach Leistungsvermögen bereiten die S den Dialog mithilfe von selbstgeschriebenen *role cards* oder frei vor (s. a. ▶ Read-and-look-up technique).

▣ Differenzierung
L bietet besonders lernschwachen S eine Hilfekarte mit einem Modelldialog wie im Lösungsbeispiel an und eine Karte mit dem Lückentext aus dem SB. Die S können dann in der Vorabereitung die „Blankokarte" nach ihren eigenen Vorstellungen füllen. Dabei hilft ihnen die „*adapt*"-Technik von *Exercise 2*, SB-Seite 29, *step 3*.

Lösungsbeispiel
A *Why don't you come with us?*
B *Because the others always drink too much alcohol. I don't feel good about that.*
A *Maybe we could meet alone? We could just have a burger and a cola.*
B *That's a good idea. Then I would like to come. Where and when can we meet?*
A *We could meet at the fast food restaurant in Königsstraße at 6 o'clock.*
B *OK, see you then. Thanks for asking me.*

b) 👥 Double circle: Act out the dialogue with at least two partners. Then swap …
L klärt zunächst die ▶ Arbeitsanweisung und sichert, dass die S mit den Abläufen beim ▶ Double circle vertraut sind. An den Rollentausch nach zwei Durchgängen sollte L die S ggf. erinnern.

Lösung
individuelle Lösungen

▶ WB 6, p.18 ▶ DFF 2.3 ▶ INKL p.30

THEME 2 Think before you speak

Inhalt Experiment: Gruppendiskriminierung • Lesetext: *Discrimination in sport* • Kurzfilm: *What you say matters* • Projektarbeit gegen Diskriminierung

---

S. 31–33

1 👥 ACTIVITY Badges – a group experiment

Wortschatz **experiment** • °walk around • **frustrating** • least

Material Sticker/Etiketten (*badges*) in den vier Farben rot, grün, blau und orange (einen Sticker pro S), eine Rollenkarte für jedes Mitglied einer Gruppe (KV 6A), KV 6B, u. U. Hilfekärtchen auf Deutsch, OH-Folie (mit den Leitfragen aus dem SB)

Einstieg Diese *activity* eignet sich an sich als Einstieg in das Thema Diskriminierung. L sollte sicher stellen, dass die Aufgabe in einer Stunde durchgeführt werden kann, da die Reflektion direkt erfolgen sollte. Die Einteilung der Gruppen erfolgt durch L (▶ Gruppenbildung), da nur belastbare S für die *red people* bzw. *orange people* ausgewählt werden sollten, denn diese zwei Gruppen werden aktiv von den übrigen Gruppen diskriminiert.

Die S werden in vier Gruppen aufgeteilt, bevor sich die S in einer ▶ Milling-around activity gegenseitig Fragen stellen. Diese Fragen sind inhaltlich an sich irrelevant, da es hier ja um eine gelenkte Diskriminierungserfahrung geht. So wird jeder farblich unterschiedenen Gruppe gesagt, mit wem sie reden sollen und wer unwichtig ist. Dabei werden die jeweils anderen drei Gruppen unterschiedlich bedacht. Die Blauen sind die Wichtigsten, die Grünen lustig, die Orangefarbenen nicht wichtig und mit den Roten soll keine/r sprechen. Dennoch sollen alle S höflich bleiben. Die S bekommen aber immer nur die Perspektive ihrer jeweiligen Gruppe erläutert (daher wissen die Roten auch nicht, dass keiner mit ihnen sprechen soll).

a) Everybody gets a badge: red, green, blue or orange. Sit with your colour group …
L ruft jeweils eine Gruppe namentlich nach vorn und gibt ihnen ihre *badges*. Als *badges* lassen sich einfache Tiefkühletiketten verwenden. Da es nicht immer orangefarbene Etiketten gibt, kann man auch weiße nehmen und einen orangefarbenen dicken Punkt darauf malen.

◻ Differenzierung Da es wichtig ist, dass die S ihre *role cards* genau verstehen, kann L für lernschwächere S die Hilfekärtchen auf Deutsch zur Verfügung stellen. Alternativ dazu sichert L durch ein kurzes Gespräch das Verständnis.

Alternative L verteilt ▶ KV 6A: ACTIVITY Badges: role cards. Jede Gruppe erhält *role cards* mit der für sie passenden Farbe.

b) Walk around the class and ask the question on your role card. Note the answers …
Aus Zeitgründen sollte die ▶ KV 6B: ACTIVITY Badges: answers verwendet werden, damit die S während dieser Phase auch gleich die Antworten auf ihre Frage notieren können. Obwohl die Fragen an sich größtenteils inhaltlich irrelevant sind, sollen die S trotzdem den Eindruck bekommen, dass ihnen eine Bedeutung zukommt. Außerdem ist es für die Auswertung wichtig, dass deutlich wird, welcher Gruppe die Befragten angehört haben.

c) Sit in your colour groups – all "red people" together, all "green people" together …
Die S werden aufgefordert sich zu ihren Gruppenmitgliedern zu setzen (wenn möglich sogar in unterschiedliche Räume, zumindest *blue and green* sowie *red and orange* in jeweils einen Raum) und die Fragen auf SB-Seite 31, Aufgabe 1 c) miteinander durchzugehen. Sollte L an der Eigenständigkeit der Gruppen zweifeln, kann sie dazu aufordern, dass pro Gruppe ein/e S in Stichpunkten mitgeschreibt, um eine Art Protokoll zu haben, das L einsammelt.

More practice 3 | p. 90 | **MEDIATION**

Wortschatz | °translate

You want to tell a German friend about the football article.
Auch wenn die S schon häufig Mediationsaufgaben bearbeitet haben, sollte die Aufgabe im Vorhinein noch einmal im Plenum besprochen werden (▶ Arbeitsanweisungen), da die S oftmals dazu neigen, den englischen Text Wort für Wort zu übersetzen (▶ Mediation). Diese zusätzliche Übung versucht dem durch Teilaufgabe a) entgegenzuwirken, in der die S zunächst die inhaltlich wichtigsten Punkte auf Englisch sammeln, bevor sie sie in Teilaufgabe b) in PA auf Deutsch übermitteln.

a) Make a list of the main points.

◉ Differenzierung | In besonders leistungsstarken Gruppen können die S diese Teilaufgabe ohne Vorgaben durchführen und die *main points* direkt aus dem Text im SB auf Seite 31 heraussuchen und aufschreiben.

Lösung | Adam Goodes is a *big football star in Australia.*
At a game, a teenage girl called *him a racist name.*
Security guards took the girl to *a police station.*
Goodes didn't blame *the girl.* He blamed *society for prejudice and racism.*
He is now taking part in *a new anti-racism campaign called "Racism: It stops with me".*

b) 👥 Now tell your friend the main points about the article in German. Remember: …
Der/Die zuhörende S kann den Auftrag bekommen, darauf zu achten, ob der/die andere sich an die Vorgaben hält (als Checkliste: nur die wichtigsten Punkte dolmetschen, eigene Worte finden, es muss nicht wortwörtlich übersetzt werden).

Lösungsbeispiel | Adam Goodes spielt Fußball in Australien. Er ist dort sehr berühmt. *Er ist Aborigine/ australischer Ureinwohner. Bei einem Spiel beschimpfte ihn ein Mädchen mit rassistischen Sprüchen. Leute vom Sicherheitsdienst brachten das Mädchen zur Polizei. Goodes gibt nicht dem Mädchen die Schuld, sondern der Gesellschaft. Er engagiert sich nun in einer Kampagne gegen Rassismus.*

More practice 4 | p. 90 | ● 👥 **Campaign slogans**

Adam Goodes is taking part in a new anti-racism campaign …
Eine kreative Zusatzaufgabe für lernstärkere S bzw. ▶ Fast finishers. Falls die S Schwierigkeiten haben eigene Ideen zu entwickeln, könnte die L einige (Schlüssel-)Wörter vorgeben (z. B. aus den Lösungsbeispielen) oder *scrambled slogans* an die Tafel schreiben. Dieses Verfahren eignet sich auch, um zu einem späteren Zeitpunkt (z. B. in der nächsten Stunde) noch einmal an das Thema anzuknüpfen.

Lösungsbeispiel | *I say no to racism • Stop racism • Love knows no colour • Racism hurts • Racism – no thanks • Think rainbow • If you hate my skin you'll never see what's within*

▶ WB 7, p. 19 | ▶ DFF 2.4 | ▶ INKL p. 31

Zusatz | Um dem Thema *discrimination* gerecht zu werden, kann an dieser Stelle über weitere Arten von Diskriminierung im Sport gesprochen werden. Besonders aktuell ist das Thema Homophobie im Sport bzw. die Tatsache, dass sich Sportler/innen in der Regel erst nach Karriereende outen. Da das Thema zwar wichtig, aber sprachlich anspruchsvoll ist, sollte man an dieser Stelle u. U. ins Deutsche ausweichen. Es ist außerdem sinnvoll, sich mit dem Ethikfachbereich abzusprechen.

▶ 🎥 **3 VIEWING** *What you say matters* by Brothablack

Wortschatz **matter · equal (to** sb.**) · stand strong · face** sth. **· kick · (dictionary) entry**

Material DVD, ggf. OH-Folie oder Smart Phone mit Kamerafunktion

Einstieg **SB bleibt geschlossen.** L präsentiert das Video zunächst ohne große Einleitung und fragt die Wirkung ab, damit die S die Bilder und Situationen ungefiltert wahrnehmen können:

L: *Watch the video. What do you think or feel about it?*

Fragen, die auftreten, werden an der Tafel festgehalten. Bemerkungen zur Musik können auch gesammelt werden. L kann hier einen TA erstellen, bei dem zwischen Fragen, Bemerkungen zur Musik, Gefühlen und Fakten unterschieden wird. Lassen sich die Fragen u. U. mit Hilfe der bereits gesammelten Anmerkungen beantworten? Welche Fragen können durch eine Wiederholung des Fims geklärt werden? Welche Fragen bleiben möglicherweise offen?

Questions (about the video)	Comments (on the song)	feelings	facts
...	...	...	...

Alternative Ein Teil dieser Fragen/Ergebnisse kann später bei der Erarbeitung von More practice 6 noch einmal eingesetzt werden. L oder freiweillige S sichern dafür den TA z. B. auf OH-Folie oder als Abschrift. Steht L die für die Nachfolgeaufgabe nötige Technik zur Verfügung (z. B. Laptop, Whiteboard bzw. Beamer), kann der TA auch abfotografiert werden.

a) ▣ **Watch the video. Is it against ...**
Können die S die Aufgabe nach dem ersten ungelenkten Sehen nicht beantworten, sollte L das Video ein zweites Mal zeigen, nachdem die Teilaufgaben a)–c) erläutert wurden.
Als Teil der gemeinsamen Auswertung im Plenum klären die S, was genau in den vier Szenen passiert (ggf. auf Deutsch). Um welche Arten von Rassismus geht es im Video?
Hinweis: Es ist u.U. notwendig, dass L das Bewertungssystem der australischen Schule thematisiert, damit die S die Bewertung in Prozent verstehen, d. h. dass ein höherer Wert positiv ist (= die bessere Note).

Lösung *C*

b) Match each sentence with scenes A–D from the film.
L kann hier darauf hinweisen, dass die Aussagen in den Sprechblasen verkürzt wurden. Wurde der Film bisher nur einmal gezeigt, sollte L ihn jetzt ein zweites Mal präsentieren.

Lösung ***A*** *You're so good at maths.* · ***B*** *Your skin isn't black.* · ***C*** *I'm first.* · ***D*** *You can run fast.*

c) Read the four sentences from the rap. Then watch the film again. Match each ...
Die vier Sätze werden gemeinsam gelesen und die Bedeutung gesichert. L weist ggf. darauf hin, dass die Sätze nicht von den Tätern gesprochen werden, die auf den Standbildern zu sehen sind, sondern als Teil des Raps von den Opfern gesungen/gesprochen werden.

Lösung *B · C · A · D*

d) Look at this slogan from the song: *Face the racism, kick the racism.* **...**
Diese Aufgabe lässt sich gut im Plenum durchführen, damit die S auch tatsächlich die vorgegebenen *dictionary entries* vollständig lesen. So sollte erst das Vorgehen (wie im Tipp beschrieben) besprochen werden (▶ Arbeitsanweisung).
👥 Ggf. kann L die S anschließend in Kleingruppen arbeiten lassen. *Skills file 2* (SB-Seite 121) enhält eine Vertiefung zur Arbeit mit dem Wörterbuch, die L bei Bedarf mit den S besprechen kann.

Lösungsbeispiel **1** face: *entgegentreten* • kick: *sich befreien von* • **2** *Rassismus erkennen, Rassismus bekämpfen* (freie Übersetzung) / *Rassismus entgegentreten, sich von Rassismus befreien*

INFO-BOX „What you say matters" von Brothablack

Der Song „What you say matters", gedreht von Brendan Fletcher und produziert durch *MediaRock* und *ThinkTank*, wurde 2013 mit Schülerinnen und Schülern der *James Meehan High School* unter Mitwirkung des Rappers *Brothablack* aufgenommen. Die Schule liegt in Macquarie Fields, einem Vorort Sydneys, dessen Gemeinschaft sich durch Multikulturalität auszeichnet. Brothablack ist der Künstlername des aus Sydney stammenden Musikers Shannon Williams. Der Künstler mit indigenen Wurzeln kann auf ein langjähriges Engagement für die Aborigine Gemeinschaft zurückblicken, im Rahmen dessen er Jugendliche für Hip-Hop begeistert und zur Entdeckung von Talenten und Entwicklung von Fähigkeiten anregt. *What you say matters* ist 2013 im Rahmen der nationalen Kampagne *Racism: It stops with me* entstanden, für die sich z. B. auch der australische Football-Spieler Adam Goodes engagiert. Die Kampagne wurde von der *Australian Human Rights Commission* ins Leben gerufen und stellt eine Reihe von Materialien zur Verfügung, die zur Prävention und Bekämpfung von Rassismus beitragen sollen. Die Agentur *MediaRock* hat in Nachforschungen unter 13- bis 17-jährigen erhoben, dass 89 % der befragten Teenager täglich Rassismus erleben, ohne eine Richtlinie vor Augen zu haben, wie der Diskriminierung begegnet werden kann. *What you say matters* wurde produziert, um diese Lücke zu schließen und sendet die klare Botschaft, dass die Stimme jedes einzelnen zur kollektiven gesellschaftlichen Ablehnung von Rassismus beiträgt.

Zusatz Die Website der Kampagne bietet vielfältige Vertiefungsmöglichkeiten. So kann z. B. die Webseite der australischen Schule mit der Seite der eigenen Schule verglichen werden (welche Aktionen, *extracurricular activities* etc. gibt es? Wie sieht der Terminplan aus?)

More practice 5 | p. 91 | ## Phrases from the song

Material Wörterbücher (zweisprachig, Klassensatz), DVD

Einstieg Eine zusätzliche Aufgabe für alle S, die am besten direkt im Unterricht durchgeführt wird. Falls die S noch wenig Erfahrung mit Wörterbucharbeit haben oder im aktuellen Schuljahr noch nicht wieder mit einem Wörterbuch gearbeitet haben, wäre es ratsam, zunächst mit *Skills file 2* (SB-Seite 121) zu beginnen (falls das nicht schon bei Aufgabe 1 erfolgt ist), um die wichtigsten Strategien zu wiederholen. Anschließend werden die beiden Teilaufgaben behandelt – je nach Lerngruppe in EA oder in PA. L kann den Song nochmals vorspielen – falls die Bearbeitung dieser Aufgabe nicht gleich an SB-Seite 32 anschließt.

a) Guess what these five phrases from the song mean.
👥 Die Vermutungen der S können bei kleinen oder schwächeren Lerngruppen an der Tafel festgehalten werden, um dann ggf. auch Teilaufgabe b) gleich darauf mit dem Wörterbuch bearbeiten zu lassen. Der TA dient dabei als Möglichkeit, die Ideen der S für alle sichtbar zu dokumentieren. Bei größeren Gruppen ist eine PA sinnvoll, u. U. mit Notizen, damit sich die S gegenseitig kontrollieren können (► Partner check).

Lösung individuelle Lösungen

b) Now check the underlined words in a dictionary. Did you guess right …
Je nach Größe der Lerngruppe wird die Auswertung im Plenum bzw. in PA (► Partner check) durchgeführt.

Lösungsbeispiele **1** *Wie gehst du mit Rassismus um? / Wie reagierst du auf Rassismus? Sag nein zu Rassismus!* • **2** *Du bist nicht besser als ich, du bist mir gleichgestellt / du bist genau wie ich / wir sind gleich(berechtigt).* • **3** *Entschuldige, deine Unwissenheit zeigt sich / ich kann sehen, dass du keine Ahnung hast.* • **4** *Bitte warte, bis du an der Reihe bist / dran bist.* • **5** *Die Kraft/ Stärke ist in dir, also was wirst du sagen?*

More practice 6 | p. 91 👥👥👥 **The message of the film**

Wortschatz °rhythm • °powerful • °melody • °beat

Material OH-Folie bzw. Laptop/Beamer/Whiteboard (mit vorbereitetem TA von Aufgabe 3, s. o.)

Einstieg **SB bleibt geschlossen.** L kann als Einstieg an die Diskussion von Aufgabe 3, SB-Seite 32 anknüpfen und den S ihre eigenen Fragen und Kommentare aus dem vorherigen Einstieg nochmals präsentieren.

Discuss in groups: What's the message of the film? And what do you ...
Diese zusätzliche Aufgabe richtet sich an die gesamte Klasse.
Da die Übung nicht ganz einfach ist, sollte L leistungsheterogene, aber nicht zu große Gruppen zusammenstellen (► Gruppenbildung). Sollten die S an GA gewöhnt sein, können auch feste Aufgaben verteilt werden (Sprachwächter, Protokollant/in, Moderator/in), falls das im konkreten Unterrichtszusammenhang nicht zu aufwändig ist. L sollte die Aufgabe im Plenum durchgehen, so dass sichergestellt ist, dass alle wissen, was *message* hier bedeutet.
Nachdem die S den Film in Gruppen diskutiert haben, können sie ihre Meinung mithilfe des Rasters aus dem SB noch einmal in EA schriftlich festhalten – ggf. als HA.

Lösung individuelle Lösungen

► WB 8, p. 20   ► INKL p. 32

4 👥👥👥 **YOUR TASK Do something!**

Wortschatz **bully** • °project • °organize • °work on sth. • °present • °noticeboard • °add • °make sure • °board • °mark • °favourite • °refugee • °war

Material diverse Materialien zum Bebildern von Postern, ggf. Blanko-Poster in DIN A3 (pro Gruppe), Internetzugang für die Recherchen, zweisprachige Wörterbücher

Einstieg **SB bleibt geschlossen.** Nach der Bearbeitung des Songs (s. Aufgabe 3) sollte idealerweise von den S der Impuls ausgehen, selber gegen Diskriminierung, Rassismus, Bullying etc. aktiv werden zu wollen. L kann daran anknüpfen und nach Konsequenzen fragen, die sich aus den im Video dargestellten Problemen ergeben.

L: *Many people are against discrimination but don't know what exactly they could do to stop it. But what about you? Do you have any ideas?*
S: *You could tell people that it's wrong to discriminate other poeple. / You could put up posters against discrimination. / You could organize a lecture. / ...*

Sollte die eigene Schule an „Schule ohne Rassismus – Schule mit Courage" teilnehmen, kann L im Gespräch darauf verweisen, ohne jedoch zu viel vorwegzunehmen, da später in der Unit noch damit gearbeitet wird (s. *Stop! Check! Go!*, SB-Seite 41).

Racism, discrimination, bullying, cyberbullying have no place in our schools!
Sollten die S nicht von selbst in die Diskussion einsteigen, muss L das Gespräch stärker lenken, u.U. so wie oben vorgeschlagen, ohne einen realen Anknüpfungspunkt. So kann z.B. die Frage aufgebracht werden, wie mehr Öffentlichkeit erreicht werden kann – auf Klassenebene, Schulebene, zu Hause etc. Die im SB vorgeschlagenen Projekte stellen Möglichkeiten dar, im Kleinen (und in erster Linie für die S selbst) Bewusstsein zu schaffen. Möglicherweise kann hieran auch fächerübergreifend noch weitergearbeitet werden. Die Präsentation könnte bei der nächsten Elternversammlung erfolgen (oder wiederholt werden) oder im Austausch mit allen Englischkursen gleichzeitig präsentiert werden.

Step 1: Pick a project.
SB bleibt geschlossen. Damit die S nicht nur damit beschäftigt sind, ihre Gruppenmitglieder zu finden, werden zunächst das Verfahren und die Themen bei geschlossenem Buch vorgestellt. Dafür schreibt L lediglich die vier Schritte an die Tafel und erläutert diese kurz. Der zeitliche Rahmen sollte an dieser Stelle auch bereits angedeutet werden, zumindest was bis zum Ende der Stunde vorliegen muss (die Zeitplanung und Zuständigkeiten).
Im nun geöffneten SB erkennen die S vier Schritte (*steps*) wieder und lesen in Stillarbeit die Projektbeschreibungen durch. Wenn die offene Findungsphase wie im SB vorgeschlagen nicht funktioniert, muss L eingreifen und beratend zuordnen. Findet sich für ein Projekt niemand, sollte L nicht insistieren, da es bei dieser Aufgabe auch um die affektive Annäherung und Freiwilligkeit geht.

Step 2: Organize your project. Meet in your groups and decide how much ...
Die Schritte werden wie vorgegeben noch einmal gemeinsam durchgesprochen (▶ Arbeitsanweisung), nur dass jetzt die S ihr Thema und ihre Gruppe wählen (▶ Gruppenbildung). Die Gruppengröße sollte zwischen 3–4 S liegen. Ideal wäre es, wenn für die Zeit mehrere Räume zur Verfügung stehen. Der zweite Schritt zur Gruppenorganisation (*Who does what until when?*) sollte von jeder Gruppe schriftlich festgehalten werden, damit es hinterher keine Missverständnisse über die Zuständigkeiten/Verantwortlichkeiten gibt (L zeichnet für alle sichtbar eine Tabelle mit den drei Spalten *who?*, *what?*, *until when?* an die Tafel und kontrolliert). L muss sich vorher überlegen, ob sie die Gruppen bereits vor Arbeitsbeginn auf die `More help`-Aufgabe (s. *Step 3*) hinweisen sollte, oder erst bei Bedarf im nächsten Arbeitsschritt.

Step 3: Work on your project. `More help` `p. 92`
Je nach Lernstärke innerhalb der Klasse können die einzelnen Gruppen auch auf `More help` `p. 92` zugreifen, wo es für jedes Projektthema ausführliche Arbeitshinweise mit Formulierungshilfen gibt. L steuert und behält die Übersicht – auch bezüglich des Zeitmanagements. Die Gruppen klären für sich, welche Materialien bzw. Hilfsmittel (z. B. Internetzugang) sie benötigen. L stellt bei Bedarf Blanko-Poster in DIN A3 zur Verfügung.

Step 4: Present your project.
Die Präsentation der Ergebnisse hängt von der Anbindung ab (d.h. ob ein Elternabend avisiert oder kursübergreifend bzw. sogar schulweit gearbeitet wurde – z. B. für einen „*Do something day*"). Bleiben die Lerngruppen nur unter sich, sollte ein ▶ Feedback geplant werden, damit die Mit-S differenziert auf die Ideen der anderen Gruppen reagieren können. Alle drei Projekte sollten hinsichtlich ihres Ziels beurteilt werden: Können sie andere Menschen dazu bringen, zu handeln oder nachzudenken – über Ausgrenzung, Anderssein etc.? Ansonsten sollte aufgabenspezifisch vorgegangen werden, da Geschichten, Szenen oder Lieder unterschiedlich zu beurteilen sind. Wichtig ist in jedem Fall die emotionale Reaktion des Publikums / der Lerngruppe.

Lösung   individuelle Lösungen   ▶ INKL p. 33

TEXT The posh kid

Inhalt   Lesetext: eine aus zwei Perspektiven erzählte Geschichte • Vorurteile • psychische Erkrankungen und soziale Ausgrenzung • *Think-Pair-Share*

Storyline   Alison ist seit einiger Zeit in einer neuen Klasse, in der auch Sameena ist. Die beiden Mädchen berichten abwechselnd. Sameena beschreibt zunächst die bunte Vielfalt ihrer Klasse, in der Kinder mit den unterschiedlichsten ethnischen und sozialen Hintergründen aufeinandertreffen und dass einzig Alison, die Neue, auf den ersten Blick nicht hineinpasst. Sie scheint zu perfekt zu sein und hält sich stets abseits von den anderen. Sameena stellt sie sich als *posh kid* vor.

Alison ihrerseits beschreibt, dass sie die anderen zunächst kaum versteht, da sie Schwierigkeiten mit deren Akzent hat, und dass sie sich fernhält, weil sie nicht weiß, was sie über ihre Familie preisgeben soll.

Sameena besucht Alison, um ihr ihren Kunsthefter zu bringen, da sie in der Schule gefehlt hat, und weil sie neugierig ist, wie Alisons perfektes Leben aussieht. Dort angekommen findet sie heraus, dass Alisons Mutter unter Depressionen leidet und Alison deshalb nicht zur Schule kommen konnte. Alison erzählt ihr, wie ihre Familie durch die Erkrankung ihrer Mutter sozial abgrutscht ist: der Vater wurde alkoholabhängig und verlor seinen Job. Sie mussten ihr Haus verkaufen und haben Schulden, denn die neue Arbeit des Vaters bringt nur wenig Geld ein. Das Gespräch der beiden endet, als Alisons Mutter nach ihr ruft und Alison sich wieder um sie kümmern muss. Beide Mädchen sind von der Begegnung mitgenommen, und Alison überlegt, wie sich die anderen nach den Ferien ihr gegenüber verhalten werden.

S. 34–36

1 Before you read

Wortschatz | **take place**

Einstieg | **SB bleibt geschlossen.** Je nach Zeitbudget stellt L entweder eingangs an der Tafel einige relevante Redewendungen zur Bildbeschreibung zur Verfügung (z. B. *in the foreground/ background, on the left/right* etc.) – oder wiederholt mit den S ausführlicher die *skills Skimming* und *Scanning* (s. *Skills file 6*, SB-Seite 126). Erst dann beginnt die Erarbeitung der *Pre-reading exercise*.

a) Look at pictures 1 and 3. Where does the story take place?

Lösungsbeispiel | ***Picture 1*** *I think the story takes place in a school cafeteria because the pupils are wearing school uniforms.* • ***Picture 3*** *Here, the girls are wearing normal clothes, so they are probably at the home of one of the girls (or they are sisters).*

b) Look at the headings. What's the structure of the story?
Diese Teilaufgabe bedarf u. U. etwas der Lenkung, da Sameena nicht bei allen S als Name bekannt sein könnte.

L: *Look at the headings, please. What kind of words are they?*
S: *"Alison" is a girl's name. Perhaps "Sameena" is a girl's name too?*

(L hilft ggf. bei der Aussprache der Namen, s. SB-Seite 128.)
Wenn die S aufgrund des Namens vermuten, dass Sameena diskriminiert werde, kann das entweder so im Raum stehen bleiben. Oder L lenkt die S zurück auf das erste Bild, und lässt sie spekulieren, ob das Mädchen dort Sameena oder Alison ist und ob sie vom Bild her erkennen können, ob das Mädchen glücklich aussieht oder nicht.
Fällt den S von alleine auf, dass die Zwischenüberschriften der Geschichte immer abwechselnd den Namen eines der beiden Mädchen tragen?

L: *Look at the headings again. What do they tell you about the story?*
S: *They're always the same two names. / It could be the two girls telling the story.*
L: *What does that mean for the structure of the story?*
S: *Perhaps each girl is telling her own story. / So it's really two stories. / ...*

Lösungsbeispiel | *Some headings are the same and they look like girls' names. Maybe both the girls tell the story.*

Zusatz | L klärt mit den S bereits hier die Bedeutung von *posh*, da das durch die Betrachtung der *headings* vermutlich thematisiert wird. Ggf. gemeinsames Sammeln von Stichwörtern an der Tafel zu diesem Thema:

L: *Can you think of posh things/people?*
S: *The Queen. / expensive cars (a Rolls Royce) / ...*
L: *Can you guess, who is the posh kid in this story? And why?*
S: *I think it's Sameena because she looks really smart and posh in her school uniform.*
S: *No, I think it's Alison because ...*

L sammelt die Vermutungen der S und hält sie an der Tafel fest.

a) Think: Read the story again and then write what you think about sentences 1–4.

b) 👥 **Pair: Compare answers with a partner.**

c) Share: Talk about your answers in class.

Ein S-Paar trägt als Einstieg ins Plenum seine Variante vor, die übrigen S kommentieren, ergänzen oder stellen ihr abweichenden Meinungen dar.

Alternative Nachdem genügend unterschiedliche Meinungen zu jeder Frage an der Tafel gesammelt worden sind, kann L die S bitten, darüber per Handzeichen bzw. durch den Einsatz von ▶ Right/wrong-Kärtchen abzustimmen. Welche Antwort/Begründung bekommt die meiste Zustimmung?

Lösungsbeispiel *1 No, Sameena's class is not without prejudices because they have prejudices against Alison, the new girl in class. • 2 Alison feels ashamed because her family has money problems and her mum has depression. • 3 Yes, I think Sameena has more respect for Alison at the end of the story because she understands her situation. She sees that Alison cares for her mum and doesn't want to leave her alone. • 4 No, I don't think that Alison will have a hard time when she goes back to school. Now that Sameena knows, Alison will tell the others too about her problems and the class will understand why Alison can't go bowling or to town with them.*

| More practice 8 | p. 94 | ⏺ **Your text** |

Wortschatz °summary

Choose A or B.

Die S können eine von zwei Schreibaufgaben auswählen – sie schreiben entweder eine Zusammenfassung oder eine Fortsetzung der Geschichte bzw. Gedanken dazu. Die S lesen sich zunächst eigenständig die Aufgaben durch und erläutern dann L gegenüber im Plenum, was jeweils zu tun ist (beide Varianten), so dass alle S beide Aufgabenvarianten verstanden haben und eine bewusste Entscheidung treffen können.

Obwohl diese Zusatzaufgabe als schwer gekennzeichnet ist, sollte sie von allen S zumindest versucht werden. Durch den Austausch in PA (▶ Partner check) und eine positive ▶ Feedback-Kultur lässt sich die Motivation längere Texte zu erarbeiten und zu verfassen, stärken.

👥👥 Falls die S das Prinzip der Expertengruppen kennen (▶ Schüler als Experten), könnte L hier noch einen Schritt weitergehen und in größeren Gruppen (max. fünf S) die Ergebnisse austauschen lassen, um dann in einem zweiten Schritt die S mit jeweils einem/r S, der/die die andere Aufgabe gemacht hat, zu koppeln (ggf. paarweise), um so den Kommunikationsanteil zu erhöhen und anhand von kurzen Feedbacksätzen auch das Formulieren von Eindrücken zu üben.

A Write a summary of the story. It should be short …

Weitere Hilfe für Teilaufgabe A finden die S in *Skills file 8* (SB-Seite 132) und im Tipp-Kasten auf der SB-Seite. L könnte diese Seite entweder bei der Besprechung zu Beginn der Bearbeitung für alle gemeinsam durchgehen oder im Anschluss die S zusammennehmen, die sich diese Variante ausgesucht haben, und separat mit ihnen die Seite besprechen.

Lösungsbeispiel The story is about Sameena and her prejudices against Alison, a new girl in class. All the students in Sameena's class get on well together. She thinks that the class *is without prejudices.*

When Alison, a new girl, comes to the class, Sameena thinks Alison is *posh* because *she talks posh and she never joins them when they go to the park or to town.*

One day Sameena goes to *Alison's house to take Alison's art folder home for her.*

She is surprised because Alison doesn't live in a posh house. *She lives in small flat and the living room is dark and full of stuff. She learns that Alison's mum has depression and that the family has money problems.*

For the first time Sameena understands that *Alison isn't posh. She cares about her mum and doesn't want to leave her alone – that's why she always says no when the kids in class ask her to go out with them.*

👥 **Compare with a partner. Did you finish the sentences ...**
▶ Partner check zur Auswertung der Aufgabe. Als Checklist können die S die Tipp-Box aus dem SB nutzen.
Einzelne S-Paare stellen ihre Ergebnisse im Plenum vor.

Lösung   individuelle Lösungen

B   **What do you think will happen when Alison goes back to school after the holiday ...**
Die S werden dazu angehalten, Teilaufgabe a) mithilfe von Notizen zu erledigen und eine Reihenfolge für den eigenen Text festzulegen.

a) Think about these questions:

Differenzierung   👥 In lernschwächeren Gruppen können die S diesen Arbeitsschritt in PA erledigen.

b) Now write what you think will happen when Alison goes back to school ...
Lösungsbeispiel   *I think that Sameena and Alison will be friends. They had a good talk and Sameena now knows about Alison's situation. I don't think that Alison will start going out with the other kids because she cares for her mum and doesn't want to leave her alone. Maybe the other kids will come to Alison's flat. No, I don't think Sameena should tell the other kids about Alison's family, because Alison wouldn't like that. Alison should tell them herself about her problems. But maybe Sameena can tell Alison that it might help if the the other kids knew about her mum and the situation at home. She should tell Alison that she has no reason to be ashamed or embarrassed. I think the other kids will understand.*

c) 👥 **Compare with a partner. Did you have the same ideas?**
Die S-Paare stellen wieder beispielhaft ihre Lösungen vor. Gibt es viele unterschiedlichen Ideen dazu, wie die Geschichte weitergehen könnte? U. U. können die Fortsetzungen in einem ▶ Gallery walk präsentiert werden. Die S erhalten Smileys und heften sie neben ihre favorisierten Geschichten. Welche Versionen sind die beliebtesten?

Lösung   individuelle Lösungen

▶ WB 9–11, p. 21   ▶ DFF 2.5   ▶ INKL p. 36

FOCUS ON LANGUAGE

Inhalt   *indirect speech* • indirekte Rede von direkter Rede unterscheiden und in beide Richtungen umwandeln.

S. 37

Reporting what somebody said

▶ 🎧 1.10   **1**   🔘 **Kai's evening at the youth club**

Wortschatz   **youth club**

Material   CD

Einstieg   **SB bleibt geschlossen.** L tut so, als würde sie 2–3 Gerüchtfetzen wiedergeben. Die S wollen (hoffentlich) wissen, wer das behauptet hat. So kann die L sich distanzieren und deutlich machen, dass sie nur indirekt wiedergibt, was andere behauptet haben. Im Anschluss an den kleinen Dialog zeichnet L zwei Strichmännchen (L und Kollege/Kollegin) links an die

Tafel mit einer Sprechblase für den Kollegen / die Kollegin: „*I think, class xy is the worst!*" Rechts an die Tafel zeichnet L wiederum sich als Strichmännchen, jetzt vor einer Klasse mit der Sprechblase: „*He/She told me you were the worst class in our school!*" Anschließend wird die Überschrift – *Reporting what somebody said* – ergänzt und zur Hörübung übergeleitet, die inhaltlich die Einleitung bietet.

L: *Can you believe it? I just saw a colleague and she told me you were the worst class in our school! And another one said that the boys' shoes stank and the girls' hair looked terrible. Just now they told me!!!*

S: *No! / That's not true! / Who said that?*

L: *Well, I didn't say it. They just told me. I don't think the same way!*
Open your books at page 37, please. Let's find out what this boy says about somebody else.

Listen to Kai. Are the sentences true or false?
Außer der gegebenen Aufgabe sollten bei dieser Aufgabe nur noch Verständnisschwierigkeiten geklärt werden. Die Bewusstmachung der indirekten Rede folgt erst in den folgenden Aufgaben.

Lösung   *1 T • 2 T • 3 F • 4 T*

2   Indirect speech: statements

Wortschatz   °indirect speech • °statement • °direct speech

Look at the FOCUS-box and answer the questions.
Die Aufgabe sollte möglichst direkt im Anschluss an Aufgabe 1 im Plenum bearbeitet werden. L schreibt *direct speech* und *indirect speech* an die Tafel. Sollten die S nicht von selbst auf die Unterschiede zwischen den zwei Sprechblasen in der *FOCUS*-Box kommen, werden einzelne Merkmale für die linke Spalte des Tafelbildes vorgegeben, so dass die S nur noch die rechte Seite ergänzen müssen.

direct speech	indirect speech	
"…"	→	*no* " " *(ggf. auf Deutsch oder quotation marks einführen)*
no "that"	→	*that*
I	→	*she/he*
am	→	*was*
like	→	*liked*

Eine Vertiefung bzw. Festigung kann L über das *Language file 18*, SB-Seite 147, anbahnen. L kann die Liste auch noch um weitere Beispiele für den Pronomenwechsel (*my → her*) und Zeitenwechsel (*are → were*) erweitern.

Differenzierung   Dabei hilft in lernschwächeren Gruppen der Einsatz weiterer Beispielsätze an der Tafel, die gemeinsam im Plenum von der direkten in die indirekte Rede umgewandelt werden.

Lösung   *The two sentences give the same information.*

3 ○ **What were their exact words?** // ● p.95

Wortschatz **exact**

Complete the speech bubbles.
Eine Parallelaufgabe, bei der die S die Aussagen in der indirekten Rede in die direkte Rede rückwandeln sollen. Auf SB-Seite 37 müssen die S nur die Verbform ändern. Lernstärkere S sollen auf SB-Seite 95 zusätzlich den Wechsel des Personalpronomens durchführen.

Lösung **1** My name *is* Emily. • **2** My name *is* Dan. • **3** I often *come* to the club. • **4** *I don't come* very often. • **5** *You* should come on Saturday night if you *are* free. • **6** *I* think it *is* a great idea.

More practice 9 p.95 **What Kai said at the youth club**

Wortschatz °introduce sb. to sb./sth.

Read the sentences. Then copy and complete the blue sentences ...
Diese zusätzliche Schreibaufgabe ist für alle S geeignet. Um die Richtung der Aufgabe zu verdeutlichen (indirekte in direkte Rede umformen), weist L noch einmal auf den TA vom Beginn der Stunde hin. Sollte die Übung als HA gegeben werden, ist es sinnvoll, vorher im Unterricht ein Beispiel zu besprechen (Umwandlung der Personalpronomen u. Ä.).

Lösung **1** Kai asked, "Are *you* new at the youth club?"
2 Kai asked, "What do *you* think of the music?"
3 Emily said, "*I* like the music."
4 Emily asked, "Kai, could *you* introduce me to *your* brother?"
5 Kai said, "Emily didn't talk to *me* after the break."
6 Kai said, "She only talked to *my* brother."

---

4 ● **I didn't believe him**

Wortschatz **captain · actor**

Dan told Emily a lot about himself. What did she tell her friend about him? Use ...
Wird diese Übung schriftlich durchgeführt, können die S das Farbsystem des SBs übernehmen, um sich dadurch die Änderungen noch einmal bewusst zu machen.

Lösung **1** I met this boy, Dan. He told me that he was *great at sport.* • **2** He also said that *he played in his school rugby team.* • **3** He told me that *he was captain of the soccer team too.* • **4** Then he said *that his parents were famous actors.* • **5** And finally he said *that his dad lived in Hollywood.* ▶ WB 12–14, pp. 22–23 ▶ DFF 2.6 ▶ INKL p. 37

SPEAKING COURSE (2) Successful conversations

Inhalt	unterschiedliche Erwartungen und Traditionen von Höflichkeit in Gesprächen bzw. Interaktionen (englisch vs. deutsch) • Kurzfilm: *Does and don'ts in conversations* • Bildbeschreibung (*screenshots*) • Filmkritik schreiben (DOSSIER)
Storyline	Aus drei Filmsequenzen zu den Erfahrungen des deutschen Austauschschülers Jan in England entnehmen die S Tipps zur erfolgreichen Gestaltung von Konversationen. In *part 1 (Meet Jan)* stellt Jan zusammen mit seiner englischen Freundin Sarah einige grundsätzliche kulturelle Unterschiede zwischen der Begrüßung und Gesprächsführung in England und Deutschland vor. In *part 2 (Spot the mistakes)* erleben die S die Erstbegegnung zwischen Jan und Sarah, bei der nahezu alles schiefläuft. Sie erkennen typische Kommunikationsfallen, die dazu führen, dass Sarah Jan für äußerst unhöflich hält. Im abschließenden *part 3 (Avoid the mistakes)* erleben die S die Begegnungsszene erneut, wobei Jan die Gelegenheit erhält, seine Fehler aufgrund seiner inzwischen gemachten Erfahrungen auszuräumen. Dazu werden Ratschläge zur erfolgreichen Gesprächsführung eingeblendet.

S. 38–39

▶ 🎥 **1 VIEWING Dos and don'ts in conversation**

Wortschatz	**successful • conversation • dos and don'ts • shake hands, shook, shaken • queue • °foreign • °suggestion**
Material	DVD, OH-Folie
Einstieg	**SB bleibt geschlossen.** L kommt in die Klasse, gibt allen (oder vielen) S die Hand und entschuldigt sich dafür, dass sie warten mussten o. Ä.

L: *That was strange, wasn't it? What was strange/difficult?*
S: *You don't normally shake our hands / ...*

Gemeinsam erarbeiten die S mit L, dass wir bestimmte Traditionen der Begrüßung für bestimmte Situationen kennen. Die S könnten dann auch noch vorspielen, wie die Begrüßung in der Schule verläuft oder wenn sie Freunde treffen oder in der Familie. Welche Unterschiede gibt es da evtl.?

Dann spielt L (unerkannterweise) einen Briten und reagiert verwundert auf die ausgestreckte Hand des Gegenüber (durch S zu spielen). Nachdem die S spekuliert haben, warum dem so war, wird zur Aufgabe übergeleitet.

Alternative	Fehlt die Zeit für einen solchen erweiterten Einstieg, beschränkt sich L darauf zu erläutern, dass einige Verhaltensweisen in der Konversation in Großbritannien anders sind, als die S sie aus Deutschland kennen. Die S werden im Film den Austauschschüler Jan kennenlernen, der als Deutscher Erfahrungen in GB gesammelt hat.

L: *Open your books at page 38. Here you can see Jan who is in Britain as an exchange student. He made some mistakes at first because British people use different ways of communicating with each other.*

Hinweis: L stellt sicher, dass die S wissen, was ein *exchange student* ist. Vielleicht nimmt die eigne Schule an einem Austauschprogramm teil und/oder einzelne S kennen Mit-S, die selber Austauschschüler/innen waren oder sind.

a) Watch part 1 of the film.
Klären der ▶ Arbeitsanweisung im Plenum, damit die S wissen, worauf sie beim Schauen achten müssen. Sollte der Einstieg wie oben gewählt worden sein, kann direkt mit der Aufgabe begonnen werden. Ansonsten müsste L kurz einführen, dass es um angemessenes Verhalten in Kommunikationssituationen geht.

🔲 Differenzierung	In lernschwächeren Gruppen kann L *part 1* u. U. zweimal zeigen. Beim zweiten Mal können sich die S auch Notizen machen.
Lösung	*1 English people don't shake hands when they say hello.* • *2 I agree. / I don't agree.*

b) Watch part 2 of the film. What are Jan's mistakes? Make notes.

Auch wenn die S u.U. nicht direkt benennen können, was genau falsch gelaufen ist, können sie vermutlich trotzdem feststellen, dass etwas merkwürdig ist an Jans Verhalten Sarah gegenüber. Die vorgegebenen Satzteile der Aufgabe helfen dabei, können von L allerdings noch etwas stärker begleitet werden, indem die einzelnen Szenen nochmals im Unterrichtsgespräch beschrieben werden und so herausgestellt wird, was genau merkwürdig ist. L kann zeigt den Film dafür noch einmal zeigen, allerdings mit Unterbrechungen, sodass immer ein Standbild nach dem anderen besprochen wird.

◯ Differenzierung   Besonders bei leistungsschwächeren Gruppen sollten beim zweiten Sehen die Untertitel dazugeschaltet werden.

Lösung

1 He doesn't understand why Sarah says "Sorry".
2 He doesn't say "Excuse me" and "sorry".
3 At the bus stop, Jan goes to the front of the queue.
4 His answers don't sound friendly. They're too short.

c) Before you watch part 3 of the film: Read these tips in a brochure for foreign ...

Bei wenig Zeit wird die Aufgabe wie angegeben durchgeführt, bei mehr Zeit oder starkem Leistungsgefälle wird die Differenzierungvariante gewählt.

◉/◯ Alternative   Diese Aufgabe kann auch als kurze *Mediation*-Aufgabe durchgeführt werden, indem L leistungsstärkere S die Hauptaspekte der Broschüre für die Lernschwächeren auf Deutsch wiedergeben lässt (vor allem bei starkem Leistungsgefälle innerhalb der Gruppe). Erst im Anschluss daran überlegen die S, welche zwei Tipps die wichtigsten sind.

Mögliche Lösung (z. B. als TA):

1 Wenn dir Fragen gestellt werden, bleibe immer höflich und sage so viel du kannst.
2 Keine Angst vor Fehlern.
3 Versuche so englisch wie möglich zu klingen, aber habe keine Angst, deutsch zu klingen. Die Hauptsache ist es doch, zu reden.
4 Sei höflich und verwende häufig die Wörter please, thank you und sorry.

Lösung   individuelle Lösungen

d) Now watch part 3 of the film with no sound. What do you think Jan and Sarah say ...

In Vorbereitung kann bereits eine Tabelle sowohl an der Tafel als auch in den Heftern angelegt werden. Wenn die S Schwierigkeiten beim Ausfüllen haben, kann L einzelne Wörter/Wortgruppen vorgeben, die im Plenum dann zu ganzen Aussagen ergänzt werden. L könnte z. B. Teile des hier angebotenen Lösungsbeispiels als Lückentext anbieten.

◉/◯ Differnzierung   Je nach Leistungsstärke der Gruppe enthält die Tabelle mehr oder weniger Vorgaben.

Lösungsbeispiel

What Jan says	What Sarah says
I'm sorry. My bag/rucksack is too big.	*I'm sorry, I didn't see you. I wasn't paying attention.* *It was my fault.*
Excuse me. Can you help me?	*Sure.*
Do you know this place? How can I get there?	*You can take the bus here.*
Thanks for your help. / Thanks very much.	*Hello. I'm ...* *Are you on holiday? Where are you from?* *Do you like it here?*
Nice to meet you. My name is ...	
Do you live nearby?	

3 The story behind the picture

Material vorbereitete Hilfekärtchen

Einstieg Als Einstieg skizziert L eine deutsche und eine britische Flagge als stummen Impuls an die Tafel. Falls die S darauf nicht mit ihren Erkenntnissen aus den beiden ersten Aufgaben reagieren, ergänzt L das Wort *communication* dazwischen.

a) Now think about the message of the film and make notes on the following points:
Die ▸ Arbeitsanweisung wird gemeinsam durchgegangen und die Aufgabe in EA bearbeitet. Die S sollten bereits zu diesem Zeitpunkt wissen, dass ihre Notizen Vorbereitung auf einen ▸ Partner Talk sind. Im Vorgriff auf die Teilaufgabe b) können die S sich schon jetzt überlegen, welche der vorgegebenen Punkte aus ihrer Sicht die wichtigsten des Fims sind. Gibt es u. U. zusätzliche Aspekte, die die S selbstständig ergänzen wollen? L unterstützt individuell, wenn es z. B. um Wortschatzfragen geht.

◎ Differenzierung Für lernschwächere S könnte L hier Hilfekärtchen austeilen mit möglichen Ergänzungen für die *notes*, die sie erstellen sollen. Diese sollten aber erst auf Nachfrage herausgegeben werden, damit die S motiviert bleiben, sich zunächst eigene Gedanken zu machen.

Folgende Begriffe könnten auf den Hilfskärtchen stehen:

thank you	England	embarrassing	polite	please
German	talking politely	German people	British people	being polite
boring	rubbish	interesting	amazing	cool
great	OK	shake hands	don't understand each other	aren't polite to each other

Lösung individuelle Lösungen

**b) 👥 Work with your partner from 2c). Partner B: Talk about the most important ...
Partner A: Listen to partner B's talk. Does he/she talk about all the most important ...**
Damit beide Partner/Partnerinnen eine Chance auf ein ▸ Feedback haben, sollten sie ihre Rollen tauschen.

Lösung indivdiuelle Lösungen

c) Use your notes from a) and write a short review of the film. Put ...
Wenn im Plenum die Ergebnisse von Teilaufgabe a) und b) besprochen wurden, sodass alle S eine Vorlage für die nun folgende Schreibaufgabe haben, sollte diese gut umsetzbar sein, u. U. sogar als HA.
Zu Beginn sollte L den Begriff *review* erklären. Eine Möglichkeit der schnellen Erklärung wäre es, fünf Sterne an die Tafel zu zeichnen, da viele S dieses Bewertungsinstrument kennen:

L: *Well, I saw a really great film last night – I would give it a five-star review.*

(L zeigt auf die fünf Sterne und schreibt das Wort *review* dahinter.)

L: *Which films would you give a five-star review?*
S: ...
L: *Sometimes you want to know a bit more about a film or a book before you read it or go to see it in a cinema. Then you can look up a review on the internet or in a newspaper.*

L ergänzt, dass nun die S mit ihren vorbereiteten Notizen aus Teilaufgabe a) einen eigenen *review* verfassen sollen. Die Lerngruppe kann sich darauf verständigen, ein eigenes Sternchensystem zu vergeben – als Fazit der jeweiligen Filmkritik. Wie schneidet der Film in der Bewertung der S ab?

Lösung   individuelle Lösungen   ▶ WB 16–18, p. 25   ▶ DFF 2.8   ▶ INKL p. 39

STOP! CHECK! GO!

Inhalt   Allgemeine Hinweise zu den *Stop! Check! Go!*-Seiten befinden sich im Vorwort. Bei den geschlossenen Aufgabenformaten (Unit 2: *Exercises 1–3*) können die S ihre Ergebnisse mithilfe des Lösungschlüssels auf ▶ KV 8: Answers to STOP! CHECK! GO! überprüfen (auch als ▶ Partner check). Für *Exercise 4* gibt es individuelle S-Lösungen. Hier sollte L unterstützen.

S. 40–41

▶ 🔊 1.11   **1**   🔘 **LISTENING**   **Tell your story**

Wortschatz   °warning • °tram

Material   CD

a) Listen to three stories on the radio programme *Your Story*. Match each story with …
Die ▶ Arbeitsanweisung sollte gemeinsam besprochen werden, damit die S nicht übersehen, dass es zwei *distractors* gibt.

Lösung   ▶ KV 8: Answers to STOP! CHECK! GO!

b) Read the sentences below. Then listen again and note the right option A, B, C or D.

Lösung   ▶ KV 8: Answers to STOP! CHECK! GO!

2   **READING**   **Working at a summer camp**

Wortschatz   °camp • °need

Read about Mike. Then read sentences 1–6. Are the sentences true (T) …

● Differenzierung   Für lernstärkere S bzw. als *follow-up* kann gemeinsam nach Begründungen gesucht werden, warum eine Aussage falsch ist und welche Aussage stattdessen richtig wäre.

Lösung   ▶ KV 8: Answers to STOP! CHECK! GO!   ▶ INKL p. 40

3   **MEDIATION**

Your British friend, Dave, has seen the SOR-SMC logo and he wants to know more …

Lösung   ▶ KV 8: Answers to STOP! CHECK! GO!

Zusatz   Sollte die eigene Schule (oder eine benachbarte Schule) an diesem Projekt teilnehmen, kann zur Vertiefung (oder statt des SB-Textes) auch ein Text über die Aktivitäten zum Projekt (evtl. von der schuleigenen Webseite) zur Mediation verwendet werden.

4   **WRITING**   **Problems**

Material   Haftnotizen

Einstieg   Bei dieser Aufgabe müssen sich die S vorab entscheiden, ob sie eine Geschichte (real oder fiktiv) schreiben oder lieber ein Projekt planen und beschreiben möchten. L schätzt entsprechend der Gruppe ein, wie viel Steuerung bezüglich der Wahl der Aufgabe nötig ist.

Idealerweise sollten die S nach ihrer Neigung entscheiden. Auf jeden Fall sollen beide Arbeitsaufträge gut erläutert werden, bevor sich die S entscheiden.

Choose A or B. Write at least 6–8 sentences – more if you can.
Bei Aufgabe B kann auf die Webseiten des Projekts (*Schule ohne Rassimus – Schule mit Courage*) verwiesen werden oder auf die der teilnehmenden Schulen.
Die Auswertung der Ergebnisse sollte im Plenum stattfinden oder als ▶ Gallery walk, damit alle die Möglichkeit haben, die Ideen der anderen S zu sehen und ggf. auch zu kommentieren (beim *gallery walk* werden z. B. Haftnotizen dazugehängt für Kommentare).

Lösung   individuelle Lösungen

▶ WB (Learner Log), p. 26   ▶ Workbook (Revision), p. 27   ▶ INKL p. 41, pp. 82–85

REVISION

Hinweis   Allgemeine Hinweise zu den *Revision*-Seiten befinden sich auf der HRU-Seite 44 und im Vorwort.

Inhalt   Wiederholung des *simple past* • Kommentare zu einem blog über *travellers* • Unfallbericht • Interview mit einem Unifallopfer • Zeitungsartikel aus der Sicht des Unfallopfer berichtet

---

S. 42–43

Describing a special meeting – using the simple past

1   A comment to a blog about travellers

Wortschatz   °traveller • °ambulance • °individual

Einstieg   L schreibt *travel* an die Tafel, dann *travelling, traveller* und erfragt die Bedeutungen, falls die S nicht von selbst etwas anbieten. Bei dem Wort *traveller* kann L nachhaken, wer genau das ist und ob die S schon von Menschen gehört haben, die immer reisen bzw. nicht sesshaft sind. Anschließend wird zu Bild auf SB-Seite 42 übergeleitet. L lässt spekulieren, wie das Bild zum Thema passt.

a) Read the comment. How did Mike meet the travellers?

Lösung   *He had an accident, and the travellers helped him.*

INFO-BOX   Travellers

Travellers, im Deutschen bekannt als *Pavee*, „irisches fahrendes Volk" oder manchmal abwertend „*gypsies*" genannt, sind eine ethnische Minderheit mit nordirischen Wurzeln, die heutzutage hauptsächlich in Großbritannien, Irland und den USA lebt. Die genaue Herkunft dieser Gruppe bleibt unklar, aber ihre sprachlichen Merkmale (das von ihnen gesprochene *Shelta* ist eine eigene Sprache, welche englische und irisch-gallische Bausteine kombiniert) deuten auf einen keltischen Ursprung hin. Bei der letzten britischen Volkszählung im Jahr 2011 identifizierten sich 58.000 Menschen als Mitglieder dieser Gruppe. Dennoch ist die genaue Anzahl womöglich viel höher, da *traveller*-Familien oft keinen festen Wohnsitz haben und sich Zugehörige dieser Minderheit ungerne als solche identifizieren. Grund dafür ist, dass *travellers* einem sehr hohem Grad von Diskriminierung ausgesetzt sind – sie werden oft aufgrund starker Vorurteile gegenüber ihrem angeblich asozialen Verhalten von der Mehrheitsgesellschaft ausgegrenzt. Zum Beispiel fand eine Studie des britischen Bildungsministerium (*Department of Education*) im Jahr 2012 heraus, dass Kinder aus *traveller*-Familien am häufigsten aus staatlichen Schulen ausgeschlossen werden.

---

b) The simple past
Zur Auffrischung des *simple past* kann L mit den S zusätzlich das *Language file 3*, SB-Seite 140 bearbeiten.

Lösungsbeispiel
1 *tried, opened, asked, learned, helped, started, watched, listened, talked, looked.*
2 *was, hit, sent, fell, went, saw, sat, put, told, found, were, came, drove, could.*
3 *didn't stop, didn't know (2x), didn't talk, didn't think, didn't find them.*
4 *How did I feel? Did I want something to drink?*

Zusatz
Im Anschluss an diese Teilaufgabe können die S unter Anleitung von L ein Kreuzworträtsel mit den vorhandnen unregelmäßigen Verben im *simple past* (s. Lösungen) entwerfen. Dazu nutzen sie karierte Arbeitsblätter. Entweder in EA oder in lernschwächeren Gruppen auch in PA. L unterstützt die S durch Beispiele an der Tafel.

Jedes Kreuzworträtsel sollte auch ein separates Lösungsblatt bekommen. Die fertigen Rätsel können zu unterschiedlichen Gelegenheiten im Plenum oder als HA eingesetzt werden.

c) Read the comment again and answer the questions in full sentences.

Lösung
1 *Mike's accident happened on a small country road.*
2 *When Mike opened his eyes, he saw faces of people that he didn't know.*
3 *Mike started to read articles and watched TV programmes about them. And he listened to radio interviews.*
4 *When he came out of hospital, he and his parents drove along the roads near his house and looked for the travellers.*
▶ INKL p. 42

2 ◯ **Questions for the woman who helped Mike**

Wortschatz °match

a) Write the questions.
b) Now match the questions and answers.
Im Anschluss an die Auswertung im Plenum (oder im ▶ Partner check) kann eine Bewusstmachung der Unterschiede zwischen Satz 5 und den anderen zeigen, inwiefern es unterschiedliche Fragestellungen gibt. Das ist insofern relevant, als dass beim *simple past* die Fehlerquelle bei der doppelten Verwendung liegt (*did arrived*). Wurde die Lösung an der Tafel festgehalten, kann eine farbliche Kennzeichnung der Verbbestandteile erfolgen.

Lösung
1 *When did you arrive here? – Two days before the accident.*
2 *What did you see? – We saw a car that hit a bike.*
3 *Where did you find Mike? – Next to the road.*
4 *How did you help Mike? – We held his head.*
5 *Who phoned for an ambulance ? – My son.*
6 *Why did you leave after the accident? – Because we didn't want trouble with the police.*

3 **The paramedics' report**

Wortschatz °paramedic · °lie, lay, lain

The people who drive the ambulance and help people in accidents are called ...
Um die Ergebnissicherung etwas abwechslungsreicher zu gestalten und die Aufmerksamkeit zu erhöhen, könnte man eine Art Echo einbauen, bei dem ein/e S einen vollständigen Antwortsatz vorliest und der/die nächste nur das Verb noch einmal wiederholt. Dazu zeigt L erst nach dem Vorlesen auf den Echo-Geber.

Lösung
1 *arrived* · 2 *found* · 3 *saw* · 4 *didn't know* · 5 *were* · 6 *said* · 7 *fell* · 8 *hit* · 9 *took* · 10 *didn't have*

| 4 | NOW YOU Choose A or B.

Wortschatz °journalist • °interview

Einstieg **SB bleibt geschlossen.** L erfragt, ob ein/e S gerne Fragen stellt oder gerne Journalist/in wäre, um zur Variante A hinzuleiten. Dann fragt L nach, wer von den S schon mal einen Unfall hatte, um auf die Bilder auf SB-Seite 43 und die Aufgabe im SB zu kommen. Beide Varianten werden im Plenum besprochen, bevor die S sich einer davon zuordnen.

L: *Do we have any journalists in here? Anyone who likes to ask questions?... So, everybody here is a teenager – but who has been in an accident, maybe with his or her bike?*

Look at the pictures. Then choose task A or B.
A You are a journalist. You want to interview the teenager about the accident. ...
a) Write as many questions as you can.
Die L steht für Korrekturen zur Verfügung.

b) 👥 **Find a partner who did ex. A too. Ask him/her questions, and he/she answers ...**
L muss hier u. U. eingreifen, damit alle S mit Aufgabe A tatsächlich einen Partner / eine Partnerin (oder nacheinander mehrere) finden. Wer von den S mit Variante B bereits fertig ist, könnte ebenfalls als Interviewpartner/in zur Verfügung stehen.

Lösungsbeispiel Why were you on your bike? – *I was on my way home from school.*
Where did your accident happen? – *In Sun Street.*
Did you hurt yourself? – *Yes, I hurt my knee.*
Did the driver say sorry? – Yes, he was very worried and said sorry lots of times.
Are you angry at the driver? – Yes, I am. He opened the door without looking.
Did you go to hospital? – Yes, I went to hospital. But I could go home the same day.
Who took your bike? – My mum took my bike home. But we couldn't repair it. I need a new one.
Were your parents worried? – Yes, of course, they were very worried.

B You were the teenager in this story. Write a short article for a newspaper ...

Lösungsbeispiel I was in town. I wanted to *go home after school and was driving along Sun Street.* Suddenly somebody in a parked car *opened the door without looking. I couldn't stop and my bike hit the car door. I was shocked and very frightened. When I fell to the ground I hurt my leg and I couldn't get up. I felt horrible. The driver called the ambulance. The paramedics arrived 5 minutes later and took me to hospital. My leg hurt, but nothing was broken so I could go home on the same day. I felt better when my dad took me home. But my bike is damaged now and cannot be repaired. I need a new one. But I'm happy that I didn't break my leg!*

▶ INKL p. 43

Looking forward **3**

Storyline	In dieser Unit setzen sich die S mit Fähigkeiten und Fertigkeiten, Stärken und Schwächen, Kenntnissen und Vorlieben in Hinblick auf ihr zukünftiges Leben und ihre Berufswahl auseinander. Sie bearbeiten mit Stellenanzeigen, Lebensläufen, Bewerbungsschreiben und Bewerbungsgesprächen grundlegende Anforderungen der Arbeitswelt. Beispielhaft lernen sie in Texten Jugendliche kennen, die Erfahrungen in einem Ferienjob gesammelt oder erfolgreich ihre eigene Zukunft aufgebaut haben.
Sprachliche Mittel	**Wortfelder:** Fähigkeiten, Eigenschaften, Stärken und Schwächen von Personen • Berufsbezeichnungen • Berufsbeschreibungen • Personenbeschreibungen • Textbausteine/Strukturen für offizielle Schreiben (Lebenslauf, Bewerbungsschreiben)
	Strukturen: *questions*
Kommunikative Kompetenzen	**Listening:** Personen Eigenschaften zuordnen (*Exam training*)
	Reading: unterschiedlichen Textarten Informationen entnehmen (*Exam training*) • Handlungsstränge einer Geschichte ordnen • Handlungsweisen von Personen beurteilen
	Speaking: sich über wichtige Fähigkeiten für das zukünftige Leben austauschen • über eigene Stärken und Schwächen sprechen • zu Stellenanzeigen Stellung nehmen • Berufswünsche äußern • Bewerbungsgespräche führen (*Exam training*) • Bilder beschreiben
	Writing: Lebenslauf und Anschreiben für eine Bewerbung formulieren • Handlungsweisen einer Person beurteilen • einen Text über eine für das eigene Leben wichtige Person verfassen
	Mediation: individuell interessante Aspekte einer englischsprachigen Stellenanzeige auf Deutsch wiedergeben • zu einer deutschsprachigen Stellenanzeige Notizen für eine Bewerbung in Englisch machen • Antworten aus einem auf Englisch geführten Interview in Deutsch wiedergeben
	Viewing: Stärken und Schwächen von Personen in einer Gesprächssituation erkennen und benennen • Auftreten eines Bewerbers in einem Bewerbungsgespräch beobachten und auswerten
Methodische Kompetenzen	**Lernstrategien:** Texte erschließen • Textaufbau und Bausteine formaler Texte erkennen und anwenden • Texte erstellen und überarbeiten • Bilder strukturiert beschreiben • Umschreibungen beim Vermitteln zwischen zwei Sprachen nutzen • eigene Lernergebnisse auswerten (*Stop! Check! Go!*)
	Kooperative Lernformen: PA • *Partner check* • GA • *Think-Pair-Share* • *Milling-around* • *Info-gap activity* • *Role-play*
Interkulturelle Kompetenzen	Unterschiede zum Deutschen in Aufbau und Inhalt formaler Texte wie Lebenslauf und Bewerbungsschreiben
Dossier	Text zu eigenen Stärken und Schwächen • Lebenslauf

LEAD-IN

Inhalt	Quiz • *Life skills* • *Think-Pair-Share*

S. 44–45

How independent are you?

1 READING Quiz

Wortschatz	**independent of/from • college • training • train •** *pasta* **• tomato sauce • tomato • sauce • takeaway • do the shopping • shopping list • washing machine • wash • vacuum cleaner • iron • responsible for • skill**
Material	KV 9 (halber Klassensatz, als Bild-/Satzkarten bereits vorbereitet), u. U. ein Exemplar als OH-Folie
Einstieg	**SB bleibt geschlossen.** Der neue Wortschatz wird vorab semantisiert (▶ Semantisierung), um ein flüssiges Bearbeiten des Quiz zu ermöglichen. L führt die Wörter in einem Unterrichtsgespräch (mit TA) ein.
	L: *In the near future you will leave this school and go to a new school or get a job.*

L beginnt eine ▶ Mindmap an der Tafel mit *in the near future* als Anfang und ergänzt die Punkte: *go to a new school* und *get a job as a* ...

L: *Tell us about your plans for the future.*
S: *I want to go to (another) school, to the ... -kolleg/Fachoberschule/... .*
I want to work at the .... supermarket/... . I want to be a shop assistant/ ... .

L nimmt die Äußerungen auf, um *college*, *train* und *training* einzuführen und an die Tafel zu schreiben.

L: *At the moment you are responsible for getting good marks at school and I'm responsible for helping you to do this. After you have finished school you will still be responsible for yourselves. What else will you be responsible for then?*
S: *I'll be responsible for getting good marks at the new school / at college / ... . I'll be responsible for finishing my training. / I'll be responsible for my money.*
L: *And you will probably have to do more things on your own. You will be more independent from your parents. You won't have to ask them for everything.*

L fügt *responsible* und *independent* zur Wortliste an der Tafel hinzu.

○ **Differenzierung**   👥 In lernschwächeren Gruppen bzw. heterogenen Lerngruppen verteilt L ▶ KV 9: How independent are you? (einen Satz vorbereitete Bild-/Satzkarten pro S-Paar), die in PA bearbeitet wird. Dadurch können die mündlich eingeführten Vokabeln umgewälzt und gleichzeitig der Inhalt des Quiz vorentlastet werden.

L: *In this worksheet you have two young people who are talking about how responsible and independent they are.*

Work in pairs. One is the girl, the other the boy. Read to your partner, what the boy/girl says and find the matching picture. In the end you can give your opinion: are they responsible teens? Are they independent?

L schreibt die Arbeitsanweisung zur Sicherung an die Tafel. Zur Überprüfung kann L ein S-Paar dazu auffordern, seine Lösung am OHP für alle darzulegen. Zum Abschluss der Arbeitsphase holt L das Meinungsbild zu folgenden Fragen ein:

L: *Please show your hands – do you think Nico is a responsible teen? Yes or no?* (Einfache Abfrage per Handzeichen)

L: *And is he independent too?* (S-Reaktionen abwarten.)
L fragt im Anschluss die Reaktion der S auf Sunitas Verhalten ab.

● **Differenzierung**   In lernstärkeren Gruppen semantisiert L einen Teil des neuen Wortschatzes nur durch ein Unterrichtsgespräch (s. o.). Die neuen Wörter im Quiz erschließen die S selbstständig und mithilfe der Bilder (im SB).

a) Do the quiz on page 44. Note your answers △, ☐ or ○.

L: *Now you can do a little quiz. Don't worry. It's only a bit of fun and not a test. Before you open your books at page 44, write down numbers 1 to 8.*

Lösung	individuelle Lösungen

b) Did you pick mostly △, □ or ○? Read the results below.
Teilaufgabe b) sollte gleich im Anschluss durchgeführt werden. Ist dies nicht möglich, sollte L kurz zu Beginn an das Quiz erinnern und die S bitten, ihre persönlichen Ergebnisse hervorzuholen.

L: *Now find out about your results. Remember it is only a bit of fun.*

Gemeinsam kann die Klasse die Ergebnisse diskutieren. Dabei sollte gleich zu Beginn die Bedeutung des Begriffs *life skill* (= Alltagsfähigkeiten) geklärt und ggf. eine Auswertung für die ganze Klasse versucht werden: Wie selbstständig schätzen sich die S selber ein, deckt sich das mit den Ergebnissen? Welche *life skills* spielen hier eine Rolle? Halten die S die im SB genannten *life skills* auch für wichtig?

Lösung	individuelle Lösungen	▶ INKL p. 44

2 SPEAKING Life skills

Einstieg **SB bleibt geschlossen.** L knüpft an die Auswertung des Quiz in Aufgabe 1 an und lässt die S noch einmal rekapitulieren, was unter *life skills* verstanden werden kann (evtl. auch Beispiele sammeln).

L: *Remember our last lesson? We talked about life skills. What are they?*
S: *Going shopping / Cooking / ...*
L: *That's right. Today we're going to look at some more life skills. We want to find out which ones you really need if you want to be independent. Open your books at page 45, please.*

a) Think: Look at the six life skills for a young person who wants to be independent ...
Die gesamte Aufgabe wird in der kooperativen Lernform ▶ Think-Pair-Share bearbeitet. L gibt Zeit und die jeweilige Sozialform für die Aufgabe an der Tafel vor (▶ Arbeitsanweisung):

Work on your own for four minutes.

▣ Differenzierung Um auch lernschwächeren S die Möglichkeit zu geben, eigene Ideen zu *life skills* beizusteuern, sammelt L nach der *think*-Phase Ideen aus der Lerngruppe an der Tafel, die während des weiteren Verlaufs der Aufgabe für alle sichtbar bleiben und auch von allen genutzt werden können.

b) 👥 Pair: Compare your list with a partner. Agree on your top two skills.
L ergänzt wiederum die Arbeitsanweisung für alle sichtbar an der Tafel:

Work in pairs. You have five minutes. Practise, what you want to say in c).
Tip: Instead of "I ..." use "We ..." in your sentences.
(◉ Give reasons why you think these life skills are the most important.)

▣ Differenzierung Um lernschwächeren S mehr Sicherheit in der Austauschphase c) zu geben, fordert L die S auf, ihre Sätze für c) zu üben, indem sie sie ihrem Partner / ihrer Partnerin vorsprechen (▶ Partner talk).

c) Share: Tell the class what you and your partner think.

◉ Differenzierung Lernstärkere S begründen, warum ihre gewählten *life skills* die wichtigsten sind.

Lösungsbeispiel *We think the top two skills are planning how you spend your money and having a driving licence. You need money to get on in your life. You can't get a flat or buy food without money. It is very important to have a driving licence for your job. Sometimes you need a driving licence to get a job and sometimes you need a car and a driving licence to get to the place where you work.*

Lösungsbeispiel | We think *the top two skills are "planning how you spend your money" and "having a driving licence".*

More practice 1 | p. 96 | **Living independently**

Wortschatz | °shop for sth.

Copy and complete the magazine article with the right verbs from the box.
Diese schriftliche Zusatzaufgabe führt das Thema weiter aus. Die S setzen vorgegebene Verben ein. L kann die Aufgabe auch als HA einsetzen.

Lösung | *1 plan • 2 have • 3 make • 4 order • 5 go • 6 buy • 7 use • 8 decide*

▶ WB 1–2, p.28 ▶ INKL p. 45

Zusatz | Ein S oder L schreibt die Ziffern 1 bis 6 der auf SB-Seite 45 genannten *life skills* an die Tafel. Zusätzlich werden die an der Tafel befindlichen eigenen Ideen der S nummeriert. Alle Paare nennen ihre wichtigsten *life skills* und ein S oder L führt eine Strichliste. Anschließend wird das Ergebnis versprachlicht. Notwendige Redemittel gibt L an der Tafel vor.

> – In our class we think the most important life skill is … .
> – … comes second/third/… .
> – But … is also important.
> – We think … is less important.

THEME 1 What are you like?

Inhalt | Menschen beschreiben (sich und andere) • Stärken und Schwächen in der Berufswelt • Kurzfilm: *Strengths and weaknesses* • *Milling-around* • eigene Stärken und Schwächen beschreiben (DOSSIER)

S. 46–47

1 VIEWING Strengths and weaknesses

Wortschatz | **strength • weakness • Box "-ness"** (SB-Seite 166) • **reliable • punctual** • *be unhelpful (to sb.)*

Material | DVD, ggf. OH-Folie (vorbereitet mit Zusatzfragen)

Einstieg | **SB bleibt geschlossen.** L führt zunächst die Wortpaare *strong – weak* und *strength – weakness* mithilfe einer passenden Zeichnung an der Tafel ein:

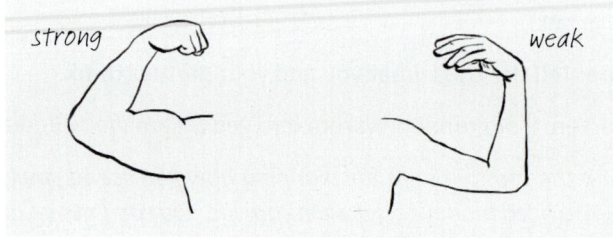

L: *People can be weak or strong (und zeigt dabei auf die Zeichnung). And they can also have <u>strengths</u> and <u>weaknesses</u>. For example, my <u>strength</u> is that I'm always on time. But my <u>weakness</u> is that I like sweets too much.*

a) 👥 Work with a partner. Look at the screenshots.

Bevor sich die S zu zweit austauschen, benötigen sie Zeit, sich die *screenshots* anzusehen.

Lösungsbeispiel

***Screenshot 1: 1** a student, a teacher/coach, some students in the background • **2** on a football field • **3** the boy has played badly. / The boy is late for the game.*

***Screenshot 2**: **1** a woman and a girl • **2** in a kitchen / small cafe • **3** The woman is talking to the girl. Maybe she's asking the girl to help her.*

▶ 🎥 **b) Now watch the film. Did you guess right?**

Die S arbeiten weiter mit ihrem Partner / ihrer Partnerin aus Teilaufgabe a) zusammen (▶ Partner check).

Lösung

individuelle Lösungen

c) ◉ Pick one or two correct sentence(s) for each scene.

Einstieg

Bevor die S entscheiden, lesen sie die Aussagen und klären den neuen Wortschatz mit Hilfe von L oder selbstständig durch das Nachschlagen im Wörterverzeichnis der Unit 3, SB-Seite 167 bzw. im *Dictionary*, SB-Seite 176–196.

Lösung

***A** Neil is polite. • **B** Julie is nervous. / Maggie gives Julie some advice.*

▶ 🎥 **d) Watch the film again and check your answers.**

Unterschiedliche Antworten werden im Plenum diskutiert.

◉ Differenzierung

Während des zweiten Sehens beantworten lernstärkere S, die ohne weitere Hilfen dazu in der Lage sind, folgende Fragen:

> **Scene 1:** The coach says, "If you are late once more for a match, you are out of the team. Is that clear?" – Is that okay?
> **Scene 2:** The waitress says, "You are working as a waitress. It's important to look like a waitress." – Do you agree?

L präsentiert die zusätzlichen Fragen gut sichtbar an der Tafel bzw. am OHP.
Bei der Besprechung von Teilaufgabe d) bringen die lernstärkeren S ihre Antworten ein.

Lösungsbeispiel

***Scene 1:** I think it is okay because the boy is not reliable. You must be reliable when you play football in a team. / I don't think it's okay. The coach shouldn't be that strict. It's only a game.*
***Scene 2:** I agree because I think waitresses should have something like a uniform, so that people know it is the waitress. / I don't agree. It is not important what you wear as a waitress. It is important that you are friendly and patient with the customers.*

2 WORDS Describing people

Wortschatz

°adjective • **confident • dynamic • organize • (well-)organized**

Material

SB-*Dictionary* oder Wörterbuch (gedruckt oder online), OH-Folie

Einstieg

SB bleibt geschlossen. L leitet die neue Aufgabe mit einer Reaktivierung von vorhandenem Wortschatz (*adjectives*) ein.

L: *When we spoke about life skills last time, we learned two very important words that describe people. Do you remember them?*

Wenn sich die S nicht gleich erinnern, gibt L die ersten Buchstaben an der Tafel vor.

S: *Responsible/Independent.*

L: *Do you know any more words that describe people?*
S: *friendly/cool/...*
L: *Write down as many words as you can think of. Make it a very big "wordstar" because we will add a lot more words later on.*

Alternative

Steht genügend Zeit zur Verfügung, kann L als Einstieg eine ▶ Think-Pair-Share-Aufgabe anbieten an. In EA sammeln die S ca. vier Minuten lang Wörter. Dann tauschen sie sich weitere vier Minuten in PA aus und ergänzen ihre Wörter. Abschließend nennen sie ihre Wörter im Plenum, z. B. in einer ▶ Meldekette. L notiert die Wörter in Form eines *wordstar* (▶ Spider diagram) an der Tafel.

L: *Now open your books at page 46, please.*

a) 👥 Work with a partner. Look at the adjectives, then find an adjective for each ...

Die S erarbeiten die Bedeutung der Adjektive selbstständig mit Hilfe eines Wörterbuches, *Wordbank 4*, SB-Seite 153 oder des *Dictionary*-Teils im SB, Seite 176–196. Wörterbucharbeit ist in einigen Bundesländern Teil der Abschlussprüfungen. L verweist auf die relevanten Buchseiten, lässt Wörterbücher verteilen oder lässt die S *online* recherchieren (falls dies in der Schule oder zu Hause möglich ist). Außerdem fordert L die S auf, die Adjektive dem bereits vorhandenen *wordstar* hinzuzufügen.

Lösung

1 relaxed • 2 honest • 3 tidy • 4 polite • 5 independent • 6 punctual • 7 reliable • 8 confident • 9 organized • 10 quiet • 11 dynamic

b) 👥 Which adjectives would you choose for Neil, Maggie and Julie in the DVD?

Lösungsbeispiel

Neil is friendly, polite and honest. He is not punctual and not reliable. • Maggie is friendly and helpful. • Julie is nervous and quiet. She isn't very confident.

c) 👥👥 Compare your answers with another pair of students. Do they agree with you?

Differenzierung

In lernschwächeren Lerngruppen gibt L Redemittel an der Tafel vor.

> – We agree with you. / – We don't agree with you.
> – We think ... is ... . / – We think ... isn't ... .

Lösung

individuelle Lösungen ▶ WB 3, p. 29 ▶ DFF 3.1 ▶ INKL p. 46

Zusatz

Zur Vertiefung kann L mit den S die *Skills file 3*, SB-Seite 123 zum Thema Wortbildungsregeln heranziehen. Dort werden u.a. Aufgaben zur Verneinung von Adjektiven systematisch erklärt und vertieft.

Damit die S im weiteren Gebrauch von Adjektiven Fehler vermeiden, gibt L den Tipp, in Zweifelsfällen auf eine Formulierung mit „*not*" auszuweichen (*not confident, not quiet*).

▶ 🔊 2.01 **3 EXAM TRAINING Listening**

Wortschatz

say sorry • °column

Material

CD

Einstieg

SB bleibt geschlossen. Am Beispiel dieser Aufgabe aktiviert L das Vorwissen der S zum Umgang mit Höraufgaben im kooperativen Verfahren ▶ Think-Pair-Share. Nach der EA tauschen sich die S in PA aus und im Anschluss wird im Plenum (an der Tafel) gesammelt, welche Strategien den Erfolg bei einer Höraufgabe erhöhen. Das Gespräch darüber kann auf Deutsch geführt werden. Die Punkte selbst sollten an der Tafel auch auf Englisch festgehalten werden (s. Vorschläge in Klammern).

Höraufgaben gut bewältigen:	*(Listening skills:)*
– Bilder und Überschriften als Hilfe	*– (Look at pictures and headings.)*
– Aufgabe genau lesen. Was ist zu tun?	*– (Read the task carefully.)*
– Wer spricht? Was für ein Text ist es?	*– (Who's speaking? What kind of text is it?)*
– Worüber wird vermutlich gesprochen werden?	*– (Guess: What is the text about?)*
– Wörter und Sätze im Kopf sammeln.	*– (First think about words and sentences.)*
– Worauf muss ich im Text achten?	*– (What to look for in the text?)*
– Was sagt die Aufgabe?	*– (What's the task?)*

● Differenzierung   Lernstärkere S formulieren ihr Punkte auf Englisch (s. Liste als Hilfe).

👥 Wenn die S sich nur an wenige Strategien erinnern, bearbeiten sie zusätzlich *Skills file 9, 1 und 2a*, SB-Seite 133 in PA und ergänzen im anschließenden Unterrichtsgespräch die Tafelsammlung.

Five young people talk about themselves.

👥 Im Anschluss wenden die S die Strategien auf die Aufgabe im SB an. In PA tauschen sie sich zu Fragestellungen aus, die L an der Tafel vorgibt.

– Was erfahrt ihr durch die Zeile „Five young people …" und die Bilder?
– Was genau ist die Aufgabenstellung in 3a).
– Was tut ihr, bevor ihr die Aufgabe hört?
– Was genau ist die Aufgabenstellung in 3b)?
– Beachtet auch den Tipp.

Ein oder mehrere S-Paare stellen ihre Ergebnisse stellvertretend im Plenum vor.

a) Read statements A–E, then listen. Pick the correct statement for each person.

◯ Differenzierung   In lernschwächeren Gruppen hören die S den Text ein zweites Mal. Die S schreiben die fünf Namen vor dem ersten Hören auf einen Zettel bzw. in ihr Arbeitsheft und brauchen so beim Hören nur noch den korrekten Buchstaben zu schreiben.

Lösung   *Charlotte – C • Tom – A • Max – B • Ruby – E • Summer – D*

b) ◯ Listen again. Pick A or B. // ● p. 96
// ● p. 96 **Listen again. Pick the right weaknesses.**

Diese Multiple-choice-Aufgabe wird auf zwei Niveaus angeboten: Auf SB-Seite 47 wählen die lernschwächeren S aus zwei Möglichkeiten aus, während die Lernstärkeren auf SB-Seite 96 aus drei Möglichkeiten auswählen.

Hinweis: Bei der Besprechung der Lösung kann L die S in beiden Aufgabenteilen darüber sprechen lassen, wie sie zu ihrer Lösung gekommen sind. Lernschwächeren S fällt die Umsetzung von Strategien oft schwer. Die Höraufgabe kann bei Bedarf ein weiteres Mal mit entsprechenden Stopps an den für die Lösung relevanten Stellen vorgespielt werden.

Lösung   *1 A • 2 B • 3 A • 4 B • 5 B*

// ● p. 96   *1 C • 2 C • 3 A • 4 B • 5 B*

4 ACTIVITY About myself

Wortschatz °column

Material KV 10 für lernschwächere S

Einstieg In Lerngruppen, die mit der kooperativen Lernform ▸ Milling-around activity nicht so vertraut sind, erklärt L zu Anfang die Tabelle und die einzelnen Schritte der Aufgabe und notiert sie mit Zeitvorgaben (angepasst an die jeweilige Lerngruppe) an der Tafel.

> Step 1: Copy the table. (3 minutes)
> Step 2: Write at least three sentences. (5 minutes)
>   (● Write more!)
> Step 4: Walk around and ask partners. (8 minutes)
>   Make notes in your table.
> Step 5: Write about your strengths and weaknesses. (10 minutes)

● Differenzierung Lernstärkere S werden ermuntert, mehr als drei Aussagen zu schreiben.

◐ Differenzierung Für lernschwächere S gibt L zwei oder drei Sätze vor – u.a. einen mit *good at -ing* –, schreibt sie an die Tafel und unterstreicht *-ing* in dem entsprechenden Satzbeispiel. Im Anschluss nennen S einige Satzbeispiele mündlich.

Die *Wordbank 4*, SB-Seite 153, bietet eine große Sammlung von *strengths* und *weaknesses*, die die S zur Vorbereitung der ▸ Milling-around activity nutzen können.

a) Copy the table. Write at least three things about yourself in the *me*-column ...
Alle S erhalten einen Hinweis auf den Tipp zur Aufgabe.

◐ Differenzierung Lernschwächere S benötigen oft mehr Zeit zum Schreiben und für organisatorische Vorarbeiten (z. B. eine Tabelle (ab)zeichnen). ▸ KV 10: About myself entlastet sie davon, zumal in den Teilaufgaben b) und c) die mündliche Kommunikation Vorrang hat. Gleichzeitig gibt die KV Redemittel vor, die die S nutzen können, ohne ständig an die Tafel schauen zu müssen. L verteilt die KV, nachdem die Aufgabe erklärt wurde und die lernstärkeren S mit der Erstellung ihrer Tabelle beschäftigt sind.

Lösung individuelle Lösungen

b) 👥 Walk around: Find a partner. Write his/her name in your table and ask your two ...
Alle S werden ermuntert, sich in der Situation zu begrüßen, sich zu bedanken und eventuell die Antworten zu kommentieren. Dazu sammeln sie vorab gemeinsam Redemittel an der Tafel:

Hi ...	Hi ...
May I ask you two questions?	Sure.
What are your strengths?	I'm ...
I didn't know that. / Really? / Are you sure?	
What are your weaknesses?	I'm not ...
I didn't know that. / Really? / Are you sure?	
...	What about you?
I'm ...	...
Thank you.	Thank you.

c) 👥 Do the same with two more partners.

◐/● Differenzierung Lernschwächere S werden immer wieder die Tafelanschrift nutzen müssen oder auch nur die beiden Fragen stellen, wie im Buch vorgegeben. Lernstärkere S werden die Hilfe selten bis gar nicht benötigen.

In Lerngruppen mit einem positiven Lernklima sprechen die S in einer Auswertungsrunde auch über die *strengths* und *weaknesses* ihrer Interviewpartner. Bevor die S ihre Ergebnisse vortragen, macht L auf die Veränderung des Pronomens *I* zu *he/she* und auf das „s" in der 3. Person Sg. aufmerksam.

Lösungsbeispiel   *... says she/he's often good at working independently. He's/She's reliable and works hard. She/He says she/he isn't punctual and is not well organized.*

d) Now write at least two sentences about your strengths and weaknesses ...

◉ Differenzierung   Auch bei der Schreibaufgabe werden die lernstärkeren S ermuntert, mehr als zwei Sätze pro *strengths* und *weaknesses* zu schreiben.

◻ Differenzierung   Lernschwächere S schreiben ihre Sätze auch auf die KV. Eine korrigierte Fassung heften sie in ihrem DOSSIER ab.

Bevor die S ihre Texte in ihrem DOSSIER abheften, überprüfen sie im ▶ Partner check mit Hilfe der *Wordbank 4,* SB-Seite 155 und des Tipps zu Aufgabe 4, ob ihre Formulierungen korrekt sind (Rechtschreibung, *-ing*-Form). Nach *step 5* (s. TA oben) bespricht L mit den S, wie der Schreibtext – Aufgabe 4d) – überprüft werden kann und notiert die Ergebnisse der Besprechung als *step 6* an der Tafel.

> *Step 6:   Check spelling (Words are in ex. 1, 2, 3 and in wordbank 4, page 155)*
> *Check the -ing-form (after good at / not good at / bad at)*

Lösung   individuelle Lösungen   ▶ WB 4, p. 29   ▶ INKL p. 47

THEME 2 What job?

Inhalt   Stellenanzeigen • Sprachmittlung: die wichtigsten Informationen einer Anzeige auf Deutsch wiedergeben • Gespräche über Stellenanzeigen

S. 48–49

1   READING Internet job ads

Wortschatz   **ad, advert (= advertisement)** • *painter* • **the UK (= the United Kingdom)** • **apprentice** • **qualified** • °**decorator** • **(working) hours** • **apply (for)** • **sales assistant** • **communication** • **pay** • **care** • **assistant** °**dog walking** • *stylist* • °**up to** • °**£20K** • **CV (= curriculum vitae)** • °**visa** • ***camp*** • °**whom** • °**ski** • *cleaner* °**ski** • °**snowboard**

Einstieg   **SB bleibt geschlossen.**

L: *We've talked about life skills and strengths and weaknesses. Now we are going to talk about jobs. It won't be long until many of you will train for a job. What job names do you know in English?*
S: *cook, waiter, ...*

In einer ▶ Meldekette nennen S weitere Berufsbezeichnungen und zwei S notieren sie an der Tafel. Anschließend semantisiert L *ad* und *advertisement* anhand der Anzeigen von SB-Seite 48 und aktiviert das Vorwissen der S zum *Scanning*, das in Aufgabe 1a) verlangt wird (▶ Lesetechniken). Bei geringem Vorwissen bearbeiten die S im *Skills file 6,* SB-Seite 126 Abschnitt 2.

◻ Scan the job ads and find as many jobs as you can.

◻ Differenzierung   Lernschwächere S, deren Konzentrations- und Toleranzspanne häufig nur kurz ist, beginnen mit Stellenanzeige 5, da darin Berufsbezeichnungen stehen, die die S schon kennen und sie sofort ein Erfolgserlebnis haben.

☐ / ◉ **Differenzierung**   Sehr lernschwache S bearbeiten nur Stellenanzeige 5. Lernstärkere S bearbeiten Stellenanzeigen 1–4.

Lösung   painter *and decorator • sales assistant • animal care assistant • stylist • camp assistant • hotel worker • cleaner • cook • waiter*

👥 **Compare your list with a partner.**

☐ / ◉ **Differenzierung**   Beim anschließenden Austausch über die gefundenen Berufsbezeichnungen arbeiten lernschwächere S mit lernstärkeren zusammen, je nach Anteil von lernschwächeren und lernstärkeren S in der Lerngruppe in Zweier- oder Dreierteams (▶ Partner check). Die Berufsbezeichnungen werden ergänzend notiert. Lernstärkere S lesen gemeinsam mit den lernschwächeren S die Stellenanzeigen 1–4, helfen ihnen, die Lösung zu finden oder erklären, wo und wie sie ihre Lösungen gefunden haben. Anschließend lesen die lernstärkeren S Stellenanzeige 5 und die lernschwächeren S erklären, wo und wie sie die Lösung gefunden haben.

Lösung   individuelle Lösungen   ▶ DFF 3.2 ▶ INKL p. 48

2   EXAM TRAINING   Reading

Wortschatz   °match • **name**

Material   Kopie SB-Seite 48, vorbereitetes Arbeitsblatt

Einstieg   L greift die *Scanning*-Aufgabe 1 auf, in der die S nach Berufsbezeichnungen gesucht haben. Im Unterrichtsgespräch berichten die S, wie sie ihnen unbekannte Berufsbezeichnungen trotzdem gefunden haben. Welche Strategien haben sie angewendet? Mögliche Ergebnisse:

> – *durch das Layout*
> – *durch word chunks wie: We need a … / We are looking for … / You become a …*
> – *…*

L sammelt die wichtigsten Punkte an der Tafel. Zusätzlich und zur Bestätigung der Strategien gehen die S zu den SB-Seiten 10–11 zurück, um dort die Tipps nachzulesen.
Im zweiten Teil des Einstiegs semantisiert L wichtige *job words* anhand der ersten Stellenanzeige (*apprentice, qualified, painter, apply (for)*) (▶ Semantisierung). Um das *exam training* möglichst realistisch durchzuführen, werden nicht alle unbekannten Wörter semantisiert, da sich einige durch bereits bekannte Strategien erschließen lassen und die S in den Abschlussprüfungen mit unbekanntem Vokabular in Texten umgehen können müssen.

a) Look at the job ads again. Find at least one job in which you:

☐ **Alternative**   Für lernschwächere S kann der Fokus der Aufgabenteile a) und c) stärker auf die Schlüsselwörter gerichtet werden, da vielen die Anwendung von Strategien schwer fällt. L kopiert die hier vorgegebenen veränderten Aufgabenstellungen (s. unten) und SB-Seite 48 für die S. Gemeinsam mit L bearbeiten die lernschwächeren S die Aufgaben. Organisatorisch ist es dazu nötig, dass die lernstärkeren S selbstständig in Stillarbeit an den Aufgaben 2 a)–c) und evtl. *More practice 2*, SB-Seite 96 arbeiten.

Zunächst erarbeiten die lernschwächeren S Teilaufgabe b), um einen einfachen Einstieg in die gesamte Aufgabe zu bekommen.
In Aufgabe 2a) sowie auch in 2c) finden die S Schlüsselwörter in den Aufgabenstellungen der SB-Seite und unterstreichen diese. Im zweiten Schritt suchen sie die Schlüsselwörter in den Stellenanzeigen. In welcher Stellenanzeige sie suchen müssen, ist in Klammern vorgegeben, um die Lesezeit zu verkürzen und schnellere Erfolgserlebnisse zu vermitteln. Die ersten beiden Aufgaben in 2a) und c) werden gemeinsam mit L gelöst. Weitere Unterstützung erfolgt bei Bedarf. Auf der Kopie der SB-Seite 48 unterstreichen die S die gefun-

denen Schlüsselwörter. Ist eine Kopie der SB-Seite nicht möglich, schreiben die S die Schlüsselwörter auf.

👥 Zum Abschluss vergleichen die S in PA die Ergebnisse, wie in Teilaufgabe d) vorgesehen. Bei Unstimmigkeiten stellt L Lösungsmöglichkeiten zur Verfügung.

2a) Step 1: Look at this information. Which words (keywords) do you need to look for in the ads? Underline them.

1 work outside (3, 5)
2 go to school/college (1)
3 train on the job (4)
4 work with animals (3)
5 work with kids (5)
6 work with food (5)
7 work outside Britain (5)
8 must be good at talking to customers (2)

Step 2: Now find the words (keywords) in the ads on your copy or on page 48. Underline or write them down.

Lösungsbeispiel **Step 1: 1** work outside (3, 5) • **2** go to school/college (1) • **3** train on the job (4) • **4** work with animals (3) • **5** work with kids (5) • **6** work with food (5) • **7** work outside Britain (5) • **8** must be good at talking to customers (2)
Step 2: 1 dog walking, camp + picture • **2** go to college one day • **3** full training on the job • **4** animal care assistant • **5** camp assistant, children • **6** cook • **7** Canada • **8** good communication skills

---

2 c) Step 1: Look at these sentences. Which words (keywords) do you need to look for in the ads? Underline them.

1 ask for a CV? (1, 3, 4)
2 name skills which you must have? (1, 2, 3, 4, 5)
3 say that you need experience? (3)
4 ask for a driving licence? (3)
5 the money that you earn at work? (2, 3, 4, 5)
6 describe the work that you have to do? (3)

Step 2: Now find the words (keywords) in the ads on page 48. Underline or write them down.

Lösungsbeispiel **Step 1: 1** ask for a CV? C (1), (3), (4) • **2** name skills which you must have? (2), (3), (4), (5) • **3** say that you need experience? (3) • **4** ask for a driving licence? (3) • **5** the money that you earn at work? (2), (3), (4), (5) • **6** describe the work that you have to do (3).
Step 2: 1 (apply now), send us your CV, (apply today) • **2** work carefully, communication skills, be responsible, be dynamic and reliable, be friendly, polite and helpful • 3 some experience • **4** have a full driving licence • **5** pay £6.75 to £10 per hour, £6.50 per hour, up to £20K, up to C$1700 for 10 weeks • **6** dog walking, feeding, office work, taking animals home

Lösung *1* animal care assistant, camp assistant • *2* painter and decorator/apprentice • *3* stylist, sales assistant • *4* animal care assistant • *5* camp assistant • *6* cook • *7* camp assistant, hotel worker • *8* sales assistant, waiter

b) ⊙ Which ad matches the photo? Why?

Lösungsbeispiel *I think ad 2 matches the photo because I can see a lot of phones (and probably a sales assistant and a customer) and ad 2 is the only ad from a phone shop.*

c) **Which ads:**

Lösung *1: 4 • 2: 2 • 3: 3 • 4: 3 • 5: 2, 3, 4, 5 • 6: 3*

INFO-BOX	Darstellung von Währungseinheiten

Die Formulierung £ 20K (= £ 20,000) ist eine besonders in der Finanzwelt häufig genutzte Möglichkeit, Tausendereinheiten darzustellen.

---

d) 👥 **Compare your answers in a), b) and c) with your partner.**

Gibt es Unstimmigkeiten bei der Lösung, besprechen die S, wie sie zu ihrem Ergebnis gekommen sind. Um nach dieser Aufgabenteilung die Ergebnisse aller S zu würdigen, werden alle Lösungen im Plenum vorgestellt.

Lösung individuelle Lösungen

More practice 2 p.96   **Talking about jobs. Finish these sentences.**

Die Zusatzaufgabe ist für schnell arbeitende und lernstärkere S (ab Satz 6). In den Sätzen 1 bis 5 finden die S Berufsbezeichnungen zu Umschreibungen. In den Sätzen 6 bis 10 schreiben die S selbst den noch fehlenden Teil der Berufsbeschreibung.

Lösung/Lösungsbeispiel *1 painter • 2 vet/an animal care assistant • 3 pilot • 4 sales assistant • 5 hotel worker •*
⦿ *6 A camp assistant is a person who works with children in a camp. • 7 A cleaner is a person who cleans offices, hotels etc. • 8 A cook (is a person who) works in a restaurant or hotel and makes meals. • 9 A waiter (is a person who) serves food in a cafe or restaurant. • 10 An apprentice (is a person who) is still learning a job.*

---

3   Find the words

Wortschatz **document**

Material ggf. Lösungsblatt für die lernschwächeren S

Einstieg Um den Einstieg in die Aufgabe für alle S zu erleichtern, gibt L Beispiele vor. L schreibt *cook, cleaner, communication skills* an die Tafel und bietet den S drei Umschreibungen an, zu denen sie das richtige Wort an der Tafel finden sollen (*a person who cooks meals, a person who cleans rooms and houses, something you need when you work in a phone shop*).

⊡ Differenzierung Lernschwächeren S kann die Aufgabe auf zweierlei Weise erleichtert werden:

1. Sie erhalten den Hinweis, in welcher Stellenanzeige das gesuchte Wort zu finden ist.

1: ad 1 • 2: ads 1, 3 • 3: ad 5 • 4: ad 2 • 5: ads 2, 3, 4 • 6: ad 4

2. Sie erhalten die Lösungswörter in einem Reservoir in ungeordneter Reihenfolge.

pay, apply (for), CV, waiter/waitress, apprentice, sales assistant

In beiden Fällen schreibt L die Hilfen hinter die Tafel oder hat sie auf einem separaten Lösungsblatt auf dem Lehrertisch, wo ihn sich die S bei Bedarf abholen können (▶ Optional help).

● **Differenzierung** Lernstärkere S schreiben zusätzlich selbst einige Umschreibungen, die sich auf Wörter aus den Stellenanzeigen beziehen.

Lösung *1 apprentice • 2 apply (for a job) • 3 waiter(s)/waitress(es) • 4 sales assistant/shop assistant • 5 pay • 6 CV*

Zusatz Wenn die lernstärkeren S die vorgeschlagene Differenzierungsaufgabe bearbeitet haben, werden die Umschreibungen im Anschluss an die Aufgaben vorgelesen und alle S beteiligen sich an der Lösung.

4 👥 MEDIATION The best ad

Wortschatz **translate**

Einstieg L macht die S auf den Tipp aufmerksam und semantisiert *translate* im Unterschied zu *mediation/mediate*.

Pick the job ad that you find the most interesting. Tell …
L leitet im Anschluss auf *Skills file 13*, SB-Seite 137 über, um mit Abschnitt 2 den durch die verschiedenen S-Antworten deutlich gewordenen Aspekt der unterschiedlichen Ergebnisse zu bestätigen und weitere Strategien zur ▶ Mediation wiederholend zu festigen.

Lösungsbeispiel *1 Ich finde Stellenanzeige 1 interessant, weil man dort eine Ausbildung bekommt und in London arbeitet. • 2 Ich finde Stellenanzeige 2 interessant, weil ich dann den ganzen Tag mit Smartphones zu tun hätte. Smartphones sind cool. • 3 Ich finde Stellenanzeige 3 interessant, weil die Arbeit abwechslungsreich ist. Mal drinnen, mal draußen. • 4 Ich finde Stellenanzeige 4 interessant. Man hat mit TV-Stars und Models zu tun und man verdient viel Geld. • 5 Ich finde Stellenanzeige 5 interessant. Das ist in Kanada und man hätte zwei Tage die Woche frei um Ski oder Snowboard zu fahren. Die Bezahlung ist auch nicht schlecht: 10 kanadische Dollar in der Stunde.*

5 SPEAKING A job for me?

Wortschatz **either … or …**

Einstieg In dieser Aufgabe setzen die S u.a. *skills*, die in den auf SB-Seite 48 genannten Berufen benötigt werden, zu eigenen *skills* in Bezug. Zunächst suchen sie in EA die für die einzelnen Berufe in den Stellenanzeigen genannten *skills* heraus und notieren sie (in einer Tabelle). Zusätzlich notieren die S, ob Erfahrungen erwünscht oder nicht nötig sind. Da in Stellenanzeige 1 keine *skills* genannt werden, bearbeitet L diese Anzeige zum Einstieg mit den S gemeinsam. Dazu verweist L auch auf *Wordbanks 5 und 6*, SB-Seite 154–155.

No.	Skills needed	Experience needed
1	• good at working with your hands • good at maths • working in a team • work carefully	no experience asked for
2	• communication skills	no experience needed
3	• be responsible	some experience
4	• be dynamic and reliable	no experience asked for
5	• good with children • be friendly, polite and helpful	no experience asked for

Außerdem nehmen die S ihre Texte zu Aufgabe 4, *About myself*, SB-Seite 47 zur Hand.

Partner A: Either: Pick the most interesting job ad … OR: Tell your partner …
Partner B: Partner A will tell you about a job. Ask him/her …

Bevor die S an ihren Dialogen arbeiten, trägt L beide Dialoge zusammen mit einem/einer S vor, der/die den Dialogteil von Partner B übernimmt.

Die S entscheiden sich entweder für einen der vorgegebenen Jobs von SB-Seite 48 oder wählen einen eigenen (dabei hilft ihnen die Information von *Wordbank 5*, SB-Seite 154).

[⊙]/[●] Differenzierung   Lernschwächere S schreiben ihren Dialog auf und üben ihn (▶ Read-and-look-up technique).
Lernstärkere S sprechen den Dialog frei.

Zum Abschluss tragen S (freiwillig) ihre Dialoge vor.

Lösungsbeispiel   *EITHER*:

Partner A: I'm interested in the job ad with *the animals.*
Partner B: Why?
Partner A: Well, I really like *animals* and I'd like to work in a place where *I can be responsible for animals like dogs.*
Partner B: What skills do you have for the job?
Partner A: Well, I think I'm *reliable and organized.* I'm good *at working in an office with computers and a telephone.* That's useful in this job.
Partner B: Do you have any experience?
Partner A: Yes, last year I worked *at our animal care centre during the summer holidays.*

OR:

Partner A: I'd really like to work *in Canada.*
Partner B: Why?
Partner A: Well, I really like *working with children* and I'd like to work in a place where *I can be outside a lot. And it would be great to go to Canada and work and travel there for some time.*
Partner B: What skills do you have for the job?
Partner A: Well, I think I'm *friendly, helpful and reliable.* I'm good at *organizing activities and looking after people.* That's useful in this job.
Partner B: Do you have any experience?
Partner A: Yes, last year I worked *at the kindergarten near our house. I liked it very much. But you don't need experience for this job.*   ▶ WB 5, p. 30 ▶ DFF 3.3 ▶ INKL p. 49

THEME 3 Applying for a job

Inhalt   einen Lebenslauf schreiben (DOSSIER) • ein Bewerbungsanschreiben verfassen • Inhalt einer Stellenanzeige wiedergeben

S. 50–51

1   Are you dynamic?

Einstieg   L: *The next thing we are going to do is apply for a job. First we need to look at a job ad to find out about the job. Look at the advertisement on page 50, please, and answer the questions.*

Read the job advert.
Die S sollten in der Lage sein, die ▶ Lesetechnik des *Scanning* bei dieser Augabe auch ohne direkten Hinweis von L anzuwenden. U. U. kann L im Rahmen der Auswertung mit den S besprechen, welche Strategien sie für die Lösung der Aufgabe angewendet haben.

Lösung   *1 You have to help customers from all over the world to buy clothes.* • *2 You need good communication skills and good English.*

2 👥 Paul's CV

Wortschatz *layout* · **personal statement** · **personal** · **statement** · **key skills** *(pl)* · **education** · **work experience** · **shelf**, *pl* **shelves** · **petrol station** · **interest** · **reference** · **candidate**

Material Mustervorlage deutscher Lebenslauf

Einstieg L: *You've read the advert. What do you have to do if you want to apply for this job?*
S: *Email a CV in English.*
L: *In this exercise there's already a CV, so you can see how to do it. But first answer a few questions about this CV, written by Paul Schulz.*

a) Read the CV and answer the questions with a partner.
Die Fragen zu den Inhalten der Rubriken des CV können die S beantworten, ohne sich mit der genauen Bedeutung der Überschriften auseinandersetzen zu müssen. Im Anschluss an die Beantwortung der Fragen semantisiert L den neuen Wortschatz der Rubriktitel im CV mithilfe von ▶ Worterschließungstechniken.
Mitte Klasse 9 haben die S in den meisten Bundesländern bereits Erfahrung mit Lebensläufen gesammelt, sodass sie hier vergleichend Unterschiede zu deutschen Lebensläufen nennen können (z. B. Name und Anschrift an anderer Stelle, *personal statement* und *reference* gibt es bei deutschen Lebensläufen nicht). Für Lerngruppen, die noch keine Erfahrungen mit Lebensläufen gemacht haben, besorgt L eine kostenlose Mustervorlage aus dem Internet zum Vergleich.

Alternative L kann alternativ die ▶ Semantisierung des neuen Wortschatzes über den Inhalt des CV anleiten: Bevor die S Teilaufgabe a) bearbeiten, bekommen sie Gelegenheit, die Inhalte jeder Rubrik zu lesen, um daraus auf die Titel rückzuschließen.

Anschließend bespricht L die Unterschiede zu deutschen Lebensläufen (s. o.).

Lösung *1 at the top of the CV · 2 the personal statement and interests · 3 confident, friendly, polite · 4 good communication and telephone skills, good computer skills, good English · 5 filling shelves in a supermarket and washing cars at a petrol station · 6 No. One is the manager of a shop.*

b) Discuss with your partner: Is Paul a good candidate for the job in ex. 1?
Einstieg L gibt zusammen mit einem/einer lernstärkeren S ein oder zwei Beispieldialoge vor, um insbesondere lernschwächeren S Sprechvorbilder zu geben.

Lösungsbeispiel **Partner A:** *I think Paul is a good candidate because he has good communication skills and speaks good English. He's interested in clothes and has his own fashion blog.*
Partner B: *I agree. (I don't agree because he has no work experience in a clothes shop.)*

More practice 3 p. 97 ☐ **Parts of a CV**

What's the right part (A–F) for:
Eine Zusatzübung auch für lernschwächere S. Sie ordnen Aussagen den Rubriken eines englischen Lebenslaufes zu und sichern somit auch das Verständnis für den neu eingeführten Wortschatz.

Lösung *1 B · 2 F · 3 C · 4 E · 5 A · 6 D*

---

3 WRITING Your CV [More help] p. 97

Wortschatz °contact details • °gardening • °Turkish • °floor • °content • °spelling

Material KV 11

Einstieg Die S bearbeiten *Skills file* 7, Abschnitt B, SB-Seite 130, um sich an die verschiedenen Schritte der Texterarbeitung zu erinnern. Im Anschluss geht L auf Abschnitt A, Punkt 5, SB-Seite 129 ein, mit dessen Hilfe die S am Ende des ► Schreibprozesses *layout* und *content* überprüfen können, bevor es in die PA geht.

a) Write your CV.
[More help] p. 97 **This is your CV. Copy and complete it. Use ideas 1–10 on the right or use …**
Lernstärkere S sind in der Lage, mit Hilfe des Modelltextes in Aufgabe 1 ihren eigenen Lebenslauf zu schreiben.
Lernschwächere S nehmen die Hilfen von [More help] auf SB-Seite 97 ganz oder teilweise in Anspruch. Dabei unterstützt L, da die lernstärkeren S selbstständig arbeiten. U.a. klärt L Wortschatz, falls er nicht aus der Situation heraus verständlich wird. Die *Wordbanks 4* (SB-Seite 143), *6* und *7* (SB-Seite 155) können dabei als Hilfe herangezogen werden.

Differenzierung Lernschwächere S, die u.a. sehr langsam im Schreiben sind, erhalten ► KV 11: Your CV als Mustervorlage für ihren Lebenslauf.

b) 👥 **Check layout, content and spelling. Then put your CV in your DOSSIER.**
L entwirft gemeinsam mit den S eine Checkliste für den folgenden ► Partner check oder stellt die folgende Tabelle zur Verfügung.

Differenzierung Lernstärkere S fügen zusätzlich Kommentare bei, die dem Partner / der Partnerin die Überarbeitung des CV erleichtern können.

Checklist: CV	✓ / ✗	⦿ comments
layout: • name (at the top of CV – in the centre) • address(es) • 6 categories in the left margin / on the left hand side		
content: • personal statement • key skills • education • work experience • interests • references		
spelling		

Lösung individuelle Lösungen   ► WB 6–7, pp. 31–32 ► DFF 3.4 ► INKL p. 50

4 WRITING Cover letters

Wortschatz **cover letter • Dear Sir/Madam • *sir* • *madam* • department store • department • cash desk • suitable • (school) subject • be available • attach**

Einstieg L: *When you apply for a job you need a CV. But you also need a letter. This letter is called a cover letter. You are going to read an example of a cover letter on page 51. Have a quick look at the letter: who's appying for the job?*
S: *Lisa.*
L: *And what job is it?*

S: *The job in the ad on page 50. / The job Paul applies for. / The job of a part-time sales assistant.*

L: *Before you do the task, read through the cover letter and look up words you don't understand. Then read it again and answer the question.*

a) Lisa is also applying for the job. Read her email. Do you think that she's a good ...

Die S bearbeiten die Teilaufgabe in EA. L stellt sicher, dass die S die eigenen Vokabelfragen selbstständig lösen. Wenn Fragen offen bleiben, werden sie im Plenum mit allen geklärt. Im Anschluss bespricht L die Hinweise und Tipps zum Aufbau und zu Formalia im Bewerbungsanschreiben, damit den S die folgende Aufgabe gelingt. L kann die unterschiedlichen Antworten der S in Stichpunkten an der Tafel sammeln, sodass das Meinungsbild in der Klasse deutlich wird. Sind die S der Meinung, dass Lisa eine aussichtsreiche Kandidatin ist oder ist sie eher ungeeignet?

Lösungsbeispiel

I think Lisa is a good candidate because she is dynamic and speaks good English. She has already worked in a department store and she enjoys working with people. But she doesn't talk about her communication skills. / I don't think Lisa is a good candidate because she has no work experience in sales.

b) Write a cover letter for Paul Schulz. Use ideas and language from Lisa's letter.

Lösungsbeispiel

Dear Sir/Madam,
I read your online advertisement for part-time sales assistants at your store and I would like to apply for the job.
I am a student and I have some work experience in a supermarket and at a petrol station washing cars.
I am friendly and polite and I have good communication skills. I speak good English, it is one of my favourite subjects at school.
I am interested in clothes and have my own fashion blog, so I think that I would be very suitable for the job. I am available on Saturdays and on one evening every week – Monday or Thursday, if possible.
I attach my CV and I look forward to hearing from you.
Yours faithfully
Paul Schulz

More practice 4 | p. 98 | **Aylin's CV and cover letter**

Wortschatz

°programming • °electrical

Material

Kopie von Aylins Lebenslauf (SB-Seite 98)

a) Read Aylin's CV.

b) Now copy and complete her cover letter for a job in the IT department ...

Diese Zusatzaufgabe ist vor allem für lernstärkere S geeignet, die die Aufgaben auf den SB-Seiten schnell erledigen. Sie erlesen einen Lebenslauf eigenständig und leiten daraus die zu ergänzenden Inhalte des Bewerbungsschreibens ab. Teile der schriftlichen Aufgabe können als HA aufgegeben werden.

Differenzierung

Wenn auch lernschwächere S diese Aufgabe bearbeiten, erhalten sie den CV als Kopie, um die gesuchten Informationen für den *cover letter* unterstreichen zu können. Dann bearbeiten sie die Aufgabe wie vorgesehen. Wenn sie sehr langsam im Schreiben sind, nummerieren sie auf ihrer Kopie die zu ergänzenden Inhalte in der richtigen Reihenfolge.

Lösung   Oberdorfstraße 31a
52220 Rheinheim

Dear Sir/Madam,
I read your online advertisement for an assistant in your IT department and I would like to *apply for the job*.
I am a student and at the weekend I *repair computers in a computer shop*.
Last March I *worked for two weeks at the Rheinrechner company*. I helped *with computer programming*, so I think that I would be very suitable for the job.
I am *reliable and hard working*, and I enjoy working with people. I speak *good English and Turkish*.
I attach my CV and I *look forward to hearing from you*.
Yours faithfully
Aylin Namli

---

5 👥 MEDIATION Two jobs

Material   zweisprachige Wörterbücher (Klassensatz)

Diese Aufgabe besteht aus zwei Teilaufgaben. Zunächst arbeiten die Partner/innen auf zwei unterschiedlichen SB-Seiten (51 und 79). Sie machen sich Notizen auf Englisch zu vorgegebenen Punkten anhand zweier unterschiedlicher deutschsprachiger Stellenanzeigen. Die englischen Bezeichnungen für die beiden Jobs („Aushilfe für Gartencenter" und „Komparse") sind nicht im *Dictionary* des SB verzeichnet und auch nicht in der *Wordbank* enthalten. Die S müssen sie entweder umschreiben oder selbstständig in einem Wörterbuch recherchieren. L lenkt/steuert je nach den Fähigkeiten der Lerngruppe.

Im zweiten Schritt erklären die S ihrem Partner / ihrer Partnerin auf Englisch, was sie zu den Stellenangeboten herausgefunden haben, und sagen, ob sie diesen Job haben möchten oder nicht. Dazu müssen sie aus ihren Notizen Sätze bilden.

Partner A: Go to page 79. a) Read your ad. Make notes in English: …
Partner B: a) Read your ad. Make notes in English:

L nimmt sich genügend Zeit zum ▶ Klären der Arbeitsanweisung. Zur Formulierung der Notizen können die S auf Formulierungen in den Stellenanzeigen auf den SB-Seiten 48 und 49 zurückgreifen.
Skills file 13, Abschnitt 2 (SB-Seite 137) zum Thema Mediation kann die S darin bestärken, Umschreibungen zu wählen, wenn sie ein Wort nicht kennen oder es ihnen nicht einfällt.

◉ Differenzierung   Die Stellenanzeige SB-Seite 79 ist schwieriger und sollte an lernstärkere S vergeben werden.

Lösungsbeispiel   *Partner A:*
*Job title: extra(s) / small role in a reality TV show • **The work:** acting in a reality show about an American family that moves to Berlin • **Skills needed:** fluent German, good English • **Experience:** having already acted would be good • **Where:** Berlin and near Berlin • **When:** December for 6 days (1st–5th).*

Lösungsbeispiel   *Partner B:*
*Job title: help in a garden centre • **The work:** outside with plants and flowers • **Skills needed:** good English, be reliable, careful, hard working • **Experience:** not needed • **Where:** Berlin • **When:** from 1ˢᵗ July*

b) Tell your partner about the job – in English. Would you like it? Say why (not).

◻ Differenzierung   Als Unterstützung für lernschwächere S klärt L gemeinsam mit der ganzen Lerngruppe zu Beginn von Teilaufgabe b) die Redemittel, die die S benötigen, um in Sätzen sprechen zu können. Die Redemittel werden an der Tafel gesammelt.

> – They're looking for …
> – You work with … / You …
> – You must be (good at) …
> – You need (some) … / You don't …
> – It starts …
> – I would like this job because …
> – I wouldn't like this job because …

Alternative 👥 Die S erarbeiten die Aufgabe in der kooperativen Lernform Partnerpuzzle, die ähnlich funktioniert wie das ▶ Jigsaw. Jeweils zwei S bearbeiten eine Stellenanzeige in EA, tauschen sich dazu aus (PA) und berichten dann erst zwei anderen Partnern, wie in b) vorgesehen. Die Austauschphase gibt den S mehr Sicherheit und die gemeinsame Klärung erhöht die Richtigkeit. Die ▶ Aufgabenstellung wird in Einzelschritten an der Tafel geklärt.

> **Step 1:** Groups of 4 (students named A1, A2, B1, B2).
> **Step 2:** A1 and A2 do the task on p. 79. B1 and B2 do the task on page 51.
> **Step 3:** Do your task a) on your own.
> **Step 4:** Compare and correct your notes with your partner.
> **Step 5:** A1 and B1: do your task b). A2 and B2: listen to your partner and correct him/her.
> **Step 6:** Swap roles: A2 and B2 do task b). A1 and B1: listen to your partner and correct him/her.
> **Step 7:** Now swap partners: A1 tells B1 and A2 tells B2 about his/her ad. Then B1 tells A1 and B2 tells A2 about his/her ad.

Lösungsbeispiel *Partner A:* They're looking for extras / someone to play a small role in a reality TV show. You work 6 days for about 2 to 3 hours a day. You must be fluent in German and speak good English. Having acted before is good. It is in Berlin and in December.
I'd like the job because it's exciting to be in a TV show and to work in an international team. / I wouldn't like to do it because I don't think I'm a good actor.
Partner B: They're looking for help in a garden centre. You have to work outside with plants and flowers. You must be reliable, careful, and hard working. You don't need experience. It's in Berlin and you start on 1st July.
I would like the job because I love being outside and working with plants and flowers. / I wouldn't like the job because I don't like working outside. And Berlin is too far away.

6 ⬤ **NOW YOU** More help p. 99

Material Checkliste (Klassensatz)

Diese Aufgabe ist für lernstärkere S ausgewiesen. Zusätzlich wird Unterstützung durch die More help -Aufgabe, SB-Seite 99 angeboten. Die S entscheiden, ob sie ganz zur SB-Seite 99 wechseln oder beim Schreiben nur bei Problemen mit Formulierungen dort nachschlagen.

Einstieg L sammelt als Einstieg mit den S gemeinsam die unterschiedlichen Jobangebote, die sie auf den SB-Seiten 48 und 51 kennengelernt haben. Je ein/e S schreibt einen der 6 (bzw. 7, s. Job auf SB-Seite 79) job titles an die Tafel. Die S ergänzen aus der Erinnerung die wichtigsten Fakten zu jedem Job. Diese Informationen bleiben für alle S sichtbar während des Schreibens.

Write an email and apply for one of the jobs on this page or on page 48.

More help p. 99   **Write an email and apply for one of the jobs on pages 48 or 51.**

Die S wählen einen der vorgestellten Jobs aus und schreiben eine E-Mail als Bewerbung. Lernschwächere S erhalten durch   More help   auf SB-Seite 99 ein Gerüst für eine E-Mail und konkrete Tipps, welche Art von Informationen sie in der E-Mail noch ergänzen müssen.

Hinweis: Zur Technik des Überarbeitens weist L die S erneut auf *Skills file 7*, B, SB-Seite 129 hin. Die *Workbanks 4* (SB-Seite 153) und *6–7* (SB-Seite 155–156) enthalten viel nützlichen zusätzlichen Wortschatz für diese Aufgabe.

👥 Mithilfe der folgenden Checkliste (z. B. als Arbeitsblatt) können die S im ► Partner check das Bewerbungsanschreiben eines Partners / einer Partnerin auswerten.

Checklist: cover letter	✓	✗
Dear Sir/Madam		
where you read about the ad		
job you want to apply for		
experience		
why suitable		
last sentence		
Yours faithfully		
simple present		
simple past (for work experience)		
spelling		
comment(s)		

Die S lesen (freiwillig) ihre E-Mails im Plenum vor.

Lösung   individuelle Lösungen   ► WB 8, p. 32   ► DFF 3.5   ► INKL p. 51

Zusatz   Um den auf den SB-Seite 46–51 eingeführten Wortschatz zur Berufswelt zu sammeln und zu strukturieren, fordert L die S auf, eine Mindmap oder eine Tabelle zum Thema „*The world of work*" anzulegen. Mögliche Zweige der Mindmap bzw. Spalten der Tabelle sind *job names, being good at, strengths, (weaknesses), where to work, job words*. In einem Unterrichtsgespräch werden die Kategorien festgelegt. L gibt ein Beispiel an der Tafel vor (hier als Beispiel in Form einer Tabelle). Eine sauber erstellte Tabelle/Mindmap wird im DOSSIER abgelegt.

The world of work				
job names	being good at	strengths	where to work	job words
painter ...	maths working with your hands ...	confident ...	in a garden centre ...	cover letter ...

TEXT Seashell Motel

Inhalt	adaptierte Kurzgeschichte „Seashell Motel" von Lois Metzger
Storyline	Die 16-jährige Cindy Fisher gibt ihr Alter mit 19 an, um einen Ferienjob in einem Hotel in Atlantic City zu bekommen. Die Arbeit gefällt ihr, aber sie verstrickt sich immer tiefer in ihre Lügen. Als sie den ebenfalls 16-jährigen Cal trifft und sich in ihn verliebt, beschließt sie, ihm die Wahrheit zu sagen.

S. 52–54

1 Before you read

Wortschatz	**look up** a word • °seashell • *motel* • **lie (to sb.)** • **lie** • °put up your hand • °boardwalk • °candy • °program • **application form** • **application** • **form** °turn sth. • °upside down • °front desk • **study** • *management* • **pull back one's hair** • **blouse** • **lipstick** • °cheerful • °curly • **bright** • **credit card** • °wake-up call • **tonight** • °pull back • °trapped • **lie, lay, lain** • **downstairs** • **go for a walk** • °lobby • °flood • **truth**
Material	CD, KV 12, zweisprachiges Wörterbuch (Klassensatz, online oder gedruckt)
Einstieg	**SB bleibt geschlossen** Dieser Text bietet den S Gelegenheit, sich selbstständig mit einem längeren fiktionalen Text auseinanderzusetzen. Zu Beginn steht eine *Pre-reading*-Aufgabe, durch die die S auf den inneren Konflikt der Protagonistin Cindy hingewiesen werden. L beginnt mit einem einleitenden L/S-Gespräch:

L: *We have talked about jobs, about job ads, and about applying for jobs. Next you are going to read a story about a young high school girl named Cindy, who takes a summer job in a motel. The motel is in Atlantic City, New Jersey. Do you know what and where New Jersey is?*

S: *New Jersey is in the USA on the east coast.*

L erklärt, wenn die S nicht wissen, was und wo New Jersey ist.

(L: *New Jersey one of the states in the USA. It's on the east coast and Atlantic City is a city right on the coast.*)

L: *Let's find out more about Cindy and her story. Open your books at page 52, please.*

a) Cindy Fisher wants to work in a hotel. Look at the numbers under her photo ...
Die S spekulieren über die zwei Zahlen. L lenkt die Diskussion, damit die S sich Gedanken darüber machen können, wie alt *high school students* normalerweise sind. Erst 16 oder schon 19? Wie alt müssten die S in Deutschland sein, um in den großen Ferien in einem Hotel jobben zu können? Haben die S evtl. schon eigene Erfahrungen bei der Suche nach Sommerjobs gemacht?

Lösungsbeispiel	*Cindy is 16, but she says that she's 19.*

▶ 🎧 2.02 **b) 👥 Compare your answers with a partner. Then read the story.**
Nach der Auswertung von Teilaufgabe a) im ▶ Partner check, lesen die S den ganzen Text oder hören ihn im ▶ Mitleseverfahren. Je nach Lerngruppe arbeiten die S-Paare auch in dieser Phase weiterhin zu zweit. Die S haben so Gelegenheit, sich selbstständig mit einem längeren fiktionalen Text auseinanderzusetzen. L weist die S vorher auf die Tipps im SB hin, dass sie die unbekannten Wörter erst nach dem Lesen/Mitlesen nachschlagen sollen. Dazu (re-)aktiviert L bei Bedarf (in einem Unterrichtsgespräch, durch eine Tafelsammlung oder mithilfe der *Skills files 3* und *6*, SB-Seite 122–123 und 126–127) Strategien, die die S zur Text- und Worterschließung einsetzen können. Für den Wortschatz stehen die zur Unit gehörenden Vokabelseiten, SB-Seite 166–170 und der *Dictionary*-Teil im SB-Seite 176–196 zur Verfügung. Außerdem kann es sinnvoll sein, ein zweisprachiges Wörterbuch zu nutzen, da die S in einigen Bundesländern Wörterbücher in ihren Abschlussprüfungen nutzen dürfen.

○ Differenzierung   👥 Für einen Lesetext dieser Länge bietet es sich für lernschwächere S an, *wh-questions* zur Texterschließung einzusetzen (s. *Skills file 6*, Abschnitt 5, SB-Seite 127). Dazu kopiert L ▶ KV 12: Seashell Motel (ggf. auf A3-Format), sodass die S ihre Notizen und/oder Sätze auf die Kopie schreiben können. Die S arbeiten abschnittweise zunächst in EA: Texterschließung, Nachschlagen unbekannter Wörter und Beantwortung der *wh-questions*. Im zweiten Schritt tauschen sich die S in PA aus, um durch die gemeinsame Bearbeitung und den Austausch mehr Sicherheit zu gewinnen. Für *paragraph 1* sind Teile der Antworten vorgegeben, um den S den Einstieg zu erleichtern. Der längere Text erfordert intensive Arbeit, eine Herausforderung für lernschwächere S. Die Antworten auf die Fragen zur Texterschließung jedoch sind den S bei den kommenden Aufgabenstellungen zum Text von Nutzen.

Lösungsbeispiel für die ▶ KV 11: Seashell Motel

1 a) Cindy, her teacher, Mrs Kapinsky, her friend Charlotte, her parents b) Cindy wants a summer job at a motel, but Cindy is only 16 and you must be 19 for the job. So Cindy turns the 6 upside down and applies. c) at school, at home d) before the summer • 2 a) Cindy, Tim b) Cindy arrives, talks to Tim and lies about her age and her name c) motel, Atlantic City d) school summer holidays • 3 a) Cindy, Munny (the manager), Cal (a teen, 16 ½) b) Cindy works at the front desk, Tim plays a joke on her; she's scared Munny will fire her c) in the motel d) in the summer • 4 a) Cindy, Cal b) Cal and Cindy have a date and Cal tries to kiss her, but Cindy feels terrible c) at the boardwalk, the Hall of Mirrors d) one afternoon, evening • 5 a) Cindy, Cal b) Cindy and Cal have another date c) on the boardwalk, there's a hurricane d) the next evening • 6 a) Cindy, Cal b) Cindy tells Cal about her lie, she is 16, not 19 c) at the boardwalk d) same evening

Lösung   individuelle Lösungen   ▶ INKL pp. 52–53

INFO-BOX | **Lois Metzger**

Lois Metzger, die Autorin der *short story "Seashell Motel"*, wurde in Queens, New York geboren und lebt heute in New York City. Sie schreibt vorwiegend Romane und Kurzgeschichten für Jugendliche bzw. junge Erwachsene. Die im SB adaptierte Kurzgeschichte ist erschienen in Mazer, Anne (ed.): *Working Days. Short Stories About Teenagers at Work*. New York: Persea Books, 1997. ISBN-089255-224-7.

Zu Beginn ihrer schriftstellerischen Tätigkeit arbeitete Metzger in so verschiedenen Berufen wie Kellnerin, Englischlehrerin, Schreibkraft und Parkwärterin. Ihre Erzählung *Seashell Motel* ist inspiriert von persönlichen Erfahrungen während ihrer Arbeit als Rezeptionistin in einem Hotel in Atlantic City. Metzger beschreibt ihre persönliche Entwicklung vom Kind zur Jugendlichen und später zur jungen Erwachsenen rückblickend als eine Art blitzschnelle, plötzliche *transformation*. Ihre Hingabe an die Jugendliteratur erklärt die Autorin mit dem Bedürfnis, denjenigen Teenagern, welche die eigene Entwicklung als ebenso plötzlich und unerwartet empfinden, in ihren Geschichten und Romanen eine Stimme zu verleihen.

---

2   ○ **Tell the story**   // ● p. 99

Wortschatz   *16-year-old*

Put the sentences in the right order.
// ● p. 99   **a) Find the right endings for the sentences.**
// ● p. 99   **b) Now put sentences A–H in the right order for the story.**

Hier handelt es sich um eine Parallelaufgabe zum Textverständnis. Während die lernschwächeren S auf SB-Seite 54 die vorgegebenen Sätze in die richtige Reihenfolge bringen, ist die Aufgabenstellung für die lernstärkeren S zweischrittig: Zuerst vervollständigen sie die Satzanfänge mit den inhaltlich zutreffenden Enden. Dann erst bringen sie sie in die richtige Reihenfolge.

Lösung   *E • H • A • D • C • G • B • F*

// ● p. 99   *1 E • 2 H • 3 A • 4 D • 5 C • 6 G • 7 B • 8 F*

3 **Lies and the truth**

Wortschatz **react (to)**

a) Answer the questions.

◯ / ◉ Differenzierung 👥 Lernschwächere S arbeiten mit einem/einer (lernstärkeren) Mit-S, um durch den Austausch mehr Sicherheit in der Richtigkeit der Antworten zu bekommen.

Lösungsbeispiel **1 a)** *She said that her sister was 19.* **b)** *She said that 16-year-olds could work in the hotel* • **2** *Because she wanted to go to / live in Atlantic City.* • **3** *First he was surprised / tried to understand. Then he smiled and said that she was brave.*

b) 👥 With a partner check your answers in a). Then pick a paragraph in the story, ...
Damit zu allen Textabschnitten Fragen entstehen, steuert L die Wahl und weist die S zu
(▶ Gruppenbildung).

Lösungsbeispiel ***Paragraph 1:*** *Who told Cindy about the summer job? Why wasn't she suitable for the job? What did Cindy do then? What did Cindy remember about Atlantic City?* • ***Paragraph 2:*** *How did Cindy get to Atlantic City? Was the motel next to the sea? Who was at the front desk? Where was he from? What lie did Cindy tell him?* • ***Paragraph 3:*** *Who was Munny? What did he look like? What did he do? Who was Cal? What did Cal do? What did Cindy do at the hotel? What was Tim's joke? Did Munny like jokes?* • ***Paragraph 4:*** *What did Cal give to Cindy one afternoon? Where did Cindy and Cal go? What did Cal do? How did he react when she pulled back? Why did Cindy feel terrible?* • ***Paragraph 5:*** *What happened the next week? Where was Cindy when the phone rang? Who was on the phone? What did Cal want? How did Cindy feel with Cal? What colour was the sea?* • ***Paragraph 6:*** *Why did Cindy tell Cal the truth about her age? Was Cal angry? Did Cindy feel brave? Was the hurricane over?*

c) Make groups of six students – with one student for each paragraph. Ask ...
L stellt Redemittel zur Verfügung, damit die sechs S ihre Arbeit in der Gruppe auf Englisch strukturieren und auch lernschwächere S sich daran beteiligen können.

– Who has questions for paragraph 1/2/3/...? – I do. / I have.
– Start, please. – ...
– Who can give an answer? – I can.
– Is that answer correct? – Yes, it is. / No it isn't.
– Who's next? – I'm next.
– Here are my questions.

Die Gruppenmitglieder helfen sich gegenseitig beim Beantworten der jeweiligen Frage. Der/Die S, der/die die Frage gestellt hat, gibt der Gruppe ein Feedback, ob die Antwort richtig ist.

Lösung individuelle Lösungen

4 ◉ **What do you think?**

Wortschatz **dishonest**

What do you think of Cindy? Was she brave/silly/dishonest/lucky/independent/ ...?
Diese Schreibaufgabe ist für lernstärkere S geeignet. L weist die S auf *Wordbank 4*, SB-Seite 155 hin.

Lösungsbeispiel *I think that Cindy was brave and independent because she decided to work in another city and live away from her family. I also think that she was silly, because sooner or later her parents or somebody at the hotel would notice that she'd lied, and then she would be in trouble. I think she was lucky that nothing bad happened to her.*

More practice 5 p. 99   **Summaries**

Eine zusätzliche Aufgabe zum Üben von *summaries*.

Einstieg   Die S haben nicht nur aus vorhergehenden *summary*-Aufgaben, sondern auch aus dem Deutschunterricht Erfahrungen mit Inhaltsangaben, die vor der Bearbeitung der Aufgabe aufgefrischt werden. Dazu eignet sich die Tipp-Box neben der Aufgabe und *Skills file 8*, SB-Seite 132.

a) Read the summary of the first paragraph of the story (lines 1–40).

Differenzierung   Haben lernschwächere S bereits bei Aufgabe 1b) mit ▶ KV 12: Seashell Motel (s. HRU-Seite 103ff.) *wh*-Fragen zum Textverständnis erarbeitet, können sie diese Aufzeichnungen als Vorbereitung für die Erstellung ihrer Inhaltsangabe hier nutzen.

b) Now pick one of the other paragraphs of the story and write a short summary.
Hinweis: In den Aufgabenteilen b)–d) arbeiten die S in der kooperativen Lernform ▶ Jigsaw. L steuert die Verteilung der S, damit in den weiteren Gruppenphasen möglichst alle Paragraphen besprochen werden können (▶ Gruppenbildung).

Lösungsbeispiel   ***Paragraph 2:*** *Cindy travels to the motel and finds that it's not as nice as it was in the brochure. She meets Tim, who works at the front desk.* • ***Paragraph 3:*** *Cindy starts working and meets the other people who work there: Munny, the manager and Cal, who fills the drinks machine. Cindy likes Cal very much.* • ***Paragraph 4:*** *Cal invites Cindy for a walk and they go to the Hall of Mirrors. He tries to kiss her, but she pulls back. He thinks it's because he's too young for her. She feels bad because of her lies.* • ***Paragraph 5:*** *A hurricane hits the city and Cal and Cindy go out and look at the sea.* • ***Paragraph 6:*** *Cindy tells Cal the truth about her age. He understands and says that she's brave.*

c) Sit with students who have picked the same paragraph and compare your ...
Als Checkliste nutzen die S die Aussagen in der Tippbox neben der Aufgabe.

d) Now sit in groups of students who have written summaries on different ...
Wenn in jeder Gruppe zu allen Abschnitten der Geschichte Inhaltsangaben geschrieben worden sind, können diese der Reihe nach vorgelesen werden. Die S hören so eine vollständige Inhaltsangabe.

Lösung   individuelle Lösungen

More practice 6 p. 100   **The characters in the story**

a) Copy this table and make notes for the three characters in the story. Use words ...
Die Aufgabe ist für alle S geeignet. Sie scannen den Text und suchen nach Schlüsselwörtern. In der letzten Tabellenspalte müssen sie ihre Schlüsse aus dem Gelesenen ziehen. Wenn das für lernschwächere S zu schwierig ist, ergänzen sie diese Punkte erst, wenn die Ergebnisse besprochen werden. L macht die S auf den Tipp neben der Aufgabe aufmerksam.

Differenzierung   Lernschwächere S arbeiten in der kooperativen Lernform ▶ Jigsaw, sammeln Fakten nur zu einer Person und ergänzen evtl. bisher nicht Gefundenes in der Tabelle durch die Beiträge der Expertengruppe. Anschließend füllen sie die Tabelle in der Stammgruppe mit den Informationen zu den anderen Personen aus der Geschichte aus.

Lösungsbeispiel

Name	From	Age	What sort of a person?	What does he/she look like? (hair, eyes)	Clothes	What do you think of him/her?
Cindy	New York City	16	brave, dishonest	hair pulled back, make up, lipstick	white blouse, dark blue skirt	She's brave and independent.
Cal	Atlantic City	16 1/2	calm, friendly,	long, dark hair, green eyes	bright T-shirts	He's a nice guy. He's friendly, patient, quiet.
Tim	Lousiana	about 22	friendly, funny	short, brown hair	blue jacket, tie	He's friendly and wants to be a manager. And he likes jokes.

b) ◉ **Pick ONE character and write a short text about him/her. Use language from …**
Diese Aufgabe ist für lernstärkere S geeignet. Sie wandeln die Notizen in der Tabelle in ganze Sätze um.

Lösungsbeispiel

Cindy lives in New York City. She is 16. She is confident and brave, but dishonest, too. She pulls her hair back and wears make-up and lipstick. She wears a white blouse and a dark blue skirt. I think she wants the job very much, so she lies about her age. But she feels bad about it. Cal lives in Atlantic City. He is 16 ½. years old and has long, dark hair and green eyes. He's friendly and relaxed and he likes jokes.He likes to wear bright T-shirts. I think he is very patient with Cindy. He likes her and he doesn't think that she is a bad person because she lied.

▶ WB 9–11, p. 33   ▶ INKL p. 54

Zusatz   Die Geschichte weist viel neuen Wortschatz auf. Um sowohl die Aussprache als auch den Wortschatz über die Aufgaben hinaus zu festigen, bieten sich folgende Übungen an:

Aussprache:
- L nennt ein Wort, die S finden einen Satz mit dem Wort und lesen ihn vor. Das kann auch in einer ▶ Meldekette geschehen. Damit dabei auch der neue Wortschatz abgefragt wird, schreibt L die entsprechende Wortliste an die Tafel.
- L buchstabiert ein Wort, die S nennen es. Das kann auch in einer ▶ Meldekette geschehen.
- L liest einen Satzanfang vor, die S finden ihn und beenden den Satz.
- L liest ein Satzende vor, die S finden es und lesen den Satz ganz vor.
- Die Wörter an der Tafel müssen in der Geschichte gesucht und mit Zeilenangabe genannt werden (z.B.: "*downstairs*" is in line 113). Das kann in Form eines Wettbewerbs geschehen.

Bedeutung:
- L nennt Be-/Umschreibungen von Wörtern aus dem Text, die S nennen das Wort.
- In einer ▶ Meldekette nennt ein S ein Wort, ein anderer übersetzt.
- Die Verantwortung wird in PA gegeben: Ein lernstärkerer und ein lernschwächerer S arbeiten zusammen. Sie erarbeiten gemeinsam zum neuen Wortschatz der Story (SB-Seite 168–169) ein Arbeitsblatt mit drei Spalten – Wort, Übersetzung und Satz oder Umschreibung zum neuen Wort. Die S nutzen dieses Arbeitsblatt, um gemeinsam den neuen Wortschatz zu lernen und sich gegenseitig zu testen.

FOCUS ON LANGUAGE

Inhalt	*questions*
Storyline	Fragen zur Schauspielerin Emma Watson

S. 55

1   Emma Watson

Wortschatz   **rights** · *model*

Material   OH-Folie mit den Fotos von SB-Seite 55, Website über Emma Watson, Internetzugang

Einstieg   **SB bleibt geschlossen.** L kopiert die beiden Fotos von Emma Watson (s. SB-Seite 55) auf OH-Folie und deckt zunächst das rechte Bild ab.

L: *Do you know who this person is?*

Wenn die S keinen Namen nennen können, deckt L das rechte Foto auf.

L: *Her name is Emma Watson. Now do you know who she is?*

Wenn die S auch mit dem Namen nichts anfangen können, gibt L Informationen in zwei Sätzen und geht dann zur Aufgabe im SB über.

L: *She is an actress. She became very famous when she played Hermione in the Harry Potter films. Open your books on p. 55, please. There you'll find some more information about her.*

Alternative   L zeigt eine zuvor recherchierte Internetseite mit Fotos und Informationen zu Emma Watson, zu der sich die S anhand von L-Fragen äußern:

L: *Do you know who she is? What's her job? What else do you know about her?*

a) Can you answer the questions?
Die Aufgabenstellung lässt unterschiedliche Bearbeitungsmöglichkeiten zu:
- Die S lesen die Fragen, suchen die Antworten in der Box, schreiben aber nicht.
- Die S lesen die Fragen und antworten schriftlich.

Lösung   **1** *In Paris.* · **2** *No, she's English.* · **3** *When she was five.* · **4** *She played Hermione.* · **5** *Seven.* · **6** *Fashion shops.* · **7** *Her style as a model.* · **8** *Because she spoke at the United Nations in New York about equal rights for women.*

b) 👥 Work with a partner. Ask your partner questions 1–4. Can your partner answer …
Bevor die S sich gegenseitig fragen, schauen sie sich Fragen und Anworten intensiv an, um sie sich einzuprägen. Nur, wenn die gegenseitige Befragung ins Stocken gerät, schauen sie ins Buch. Durch Zeichen, Körpersprache und einzelne Wörter können sich die S bei den Antworten gegenseitig unterstützen (z. B. Kopfschütteln, Ziffern zeigen, *United Nations* sagen etc.). S tragen ihre Fragen und Antworten im Plenum vor (freiwillig).

Lösung   individuelle Lösungen

● Zusatz   👥 Lernstärkere S interviewen Emma Watson. Dazu wandeln sie selbstständig die Fragen und Antworten für das direkte Gespräch um und finden einleitende Worte und einen Gesprächsabschluss. Beide Partner übernehmen beide Rollen. Sie tragen ihr Interview vor (freiwillig), z. B.:

Interviewer:	*Ms Watson. My name is … and I am a reporter for our school magazine at …. Could I do an interview with you?*
Ms Watson:	*Oh, for a school magazine. Sure.*
Interviewer:	*Where were you born?*
Ms Watson:	*In Paris.*
Interviewer:	*Are you French?*

Ms Watson:	*No, I'm English.*
Interviewer:	*When did you move to England?*
Ms Watson:	*When I was five.*
Interviewer:	*Who did you play in the Harry Potter films?*
Ms Watson:	*I played Hermione.*
Interviewer:	*How many Harry Potter books are there?*
Ms Watson:	*Seven.*
Interviewer:	*Which shops do you love?*
Ms Watson:	*Fashion shops.*
Interviewer:	*What do your fashion fans love about you?.*
Ms Watson:	*My style.*
Interviewer:	*What makes you a great role model. What do you think?*
Ms Watson:	*I think because I spoke at the UN in New York about equal rights for women.*
Interviewer:	*Thanks very much for the interview. This will help the younger pupils to understand who you are.*
Ms Watson:	*You're welcome.*

2 🔘 **Making questions**

Hinweis: Alle Frageformen in diesem *Focus on langua*ge und dem *Language file 19*, SB-Seite 148, sind bereits in voraufgegangenen *Language files* unter anderer Fokussierung (*tenses*) eingeführt worden.

Copy and complete the FOCUS-Box with the missing verbs.
Im Anschluss an die Überprüfung der Ergebnisse bespricht L Regeln zur Fragebildung mit Hilfe des *Language files 19*, SB-Seite 148. Da die Fragebildung seit Klasse 5 immer wieder in den *Language files* aufgegriffen wurde, ist den S die Regelsprache vertraut. Die Fragebildung ohne Fragewort beim Verb *be* wird im *Language file* nicht aufgegriffen, weil sie schon seit Klasse 5 bekannt ist. Die Regelbildung kann, wenn notwendig, mit einigen weiteren Satzbeispielen an der Tafel reaktiviert werden. Durch unterschiedliche Farben bzw. Unterstreichungen lässt sich die Satzstellung in Aussage und Frage visualisieren.

Peter <u>is</u> ten.	<u>Is</u> Peter ten?
They <u>are</u> at school.	<u>Are</u> they at school?
She <u>was</u> in town last week.	<u>Was</u> she in twon last week?
The books <u>were</u> on the table yesterday.	<u>Were</u> the books on the table yesterday?

Alternative Um den S die Gelegenheit zu geben, einige Regeln zur Fragebildung selbst herauszufinden, schreibt L nach der Überprüfung der Ergebnisse zunächst Teil I der FOCUS-Box zusammen mit einigen Sätzen aus Aufgabe 1 wie folgt an die Tafel.

> Questions with is/are and was/were
>
> Where was Emma born? Is Emma French?
> How many Harry Potter books are there?

Folgende L-Fragen leiten die S in einem Unterrichtsgespräch an, sich Gedanken über die Fragebildung (Fragen mit und ohne Fragewort; Fragen mit einer Form von *be* im Präsens und Präteritum) zu Teil I des FOCUS zu machen:

L: *What is the same in all of the sentences?* (L zeigt auf Fragezeichen.)
S: *They are all questions.*
L: *What is different in each sentence?*

L zeigt auf den Satzbeginn und lässt *where / how many* und *is* unterschiedlich farbig unterstreichen.

L: *What's different between are/is and was?*

L formuliert Sätze im *present* und *past* mit Signalwörtern, wenn die S nicht antworten können.

L: *Is/are/was are all from one verb. Do you know which one?*

L gibt den Hinweis auf SB-Seite 122 (*irregular verbs*), wenn die S nicht antworten können.

L: *Now talk to your partner about what we've found out and collect some more ideas.*

L notiert als Ergebnis an der Tafel:

> – Is / are / was / were stehen am Anfang des Satzes bei Fragen (ohne Fragewörter).
> – Sie sind alle Formen von be.
> – Bei Fragen mit Fragewörtern und einer Form von be steht das Fragewort am Anfang.

Im zweiten Schritt schreibt L Teil II der FOCUS-Box wie folgt an die Tafel:

> Questions with do/does and did
>
> Which shops does Emma love?
> What do her fashion fans love?
> When did Emma move to England?

Folgende L-Fragen leiten die S in einem Unterrichtsgespräch an, sich Gedanken über die Fragebildung (Fragen mit Fragewort; Fragen bei Vollverben) zu Teil II des FOCUS zu machen.

L: *What is the same in all of the sentences.* (L zeigt auf Fragewörter.)
L: *Do we have is/are/ .... here?* (L zeigt auf *does/do/did*.)
S: *No, we don't. It's does/do/did.*
L: *What's the difference between do/does/did?*

L gibt den Hinweis auf SB-Seite 122 (*irregular verbs*), wenn die S nicht antworten können.

L: *And is there a verb in the sentences?* (S nennen und unterstreichen die Verben.)
L: *Which form of the verb is it?*

Auch hier gibt L den Hinweis auf SB-Seite 122 (*irregular verbs*), wenn die S nicht antworten können.

L: *Now talk to your partner about what we've found out and collect some more ideas.*

Als Ergebnis notiert L an der Tafel:

> Das Fragewort steht am Satzanfang.
> Bei Verben gebraucht man do/does im present tense und did im simple past.
> Das Verb steht in der ersten Form (present tense).

Lösung

FOCUS
Questions with is/are and was/were Where *was* Emma born? *Is* Emma French? How many Harry Potter books *are* there?
Questions with do/does and did When *did* Emma move to England? Which shops *does* Emma love? What *do* her fashion fans love?

3 ⊙ **More about Emma** //●‾p.100‾

Eine Parallelaufgabe zur Vertiefung der Fragebildung. Die lernschwächeren S bleiben für den a)-Teil der Aufgabe auf SB-Seite 55, die lernstärkeren gehen auf SB-Seite 100. Für die anschließenden Teilaufgaben b) und c) arbeiten wieder alle S gemeinsam.

a) The red words are missing in these questions. Put the red words in the right place.
//●‾p.100‾ **Write the correct questions.**

Lernschwächere S setzen die vorangestellten Wörter an die richtige Position im vorgegebenen Fragesatz. Lernstärkere S müssen die richtige Position der durcheinander gewürfelten Satzfragmente finden.

Hinweis: Die Richtigkeit der Satzstellung in beiden Aufgaben wird durch die *Listening*-Aufgabe 3b) überprüft, sodass eine Ergebnisprüfung nach 3a) entfällt.

Lösung *1 Why are there eight films? • 2 When did Emma finish the last Harry Potter film? • 3 Are Harry and Ron Emma's friends in real life? • 4 When was Emma born? • 5 Does Emma speak French? • 6 Where did she live in England? • 7 When did she start acting? • 8 Is Emma a good actor? • 9 Do you think she is a good role model?*

► 🎧 2.03 **b) Now listen to an interview about Emma Watson. Listen for the questions and ...**

Lösung individuelle Lösungen

c) 👥 MEDIATION   Listen again. Partner A listens to answers 1–5 ...
Die Aufgabe ist zweigeteilt und anspruchsvoll. Die S müssen die Informationen aufnehmen und sich entweder auf Deutsch oder Englisch Notizen machen. Anschließend nutzen sie die Notizen für die Sprachmittlung. Der Hörtext sollte für alle S zweimal vorgespielt werden, um ihnen die Möglichkeit zu geben, ihre beim ersten Hören gemachten Notizen zu ergänzen. Nach dem Hören benötigen sie Zeit, ihre Notizen anzuschauen, um sich auf die Sprachmittlung vorzubereiten. Außerdem macht L sie bei Bedarf auf *Skills file 13*, SB-Seite 137 aufmerksam. Dort können sie nachlesen, was es bei *mediation* zu beachten gilt. Für das bessere Verständnis im Gespräch mit dem Partner / der Partnerin lesen die S einander jeweils auch die Frage vor.

⊙ Differenzierung Für lernschwächere S kann die Aufgabenstellung verändert werden. Partner A nimmt die Fragen 1, 3, 5, 7, 9 und Partner B die Fragen 2, 4, 6, 8, 10. Die S haben so länger Zeit zwischen den Fragen für ihre Notizen.

Lösungsbeispiel **Partner A: 1** *The Harry Potter books are very long and the last book was filmed in two parts. •* **2** *In 2010 •* **3** *Yes, they are. •* **4** *In 1990 (in Paris) •* **5** *No, she can't speak French.*
Partner B: 6 *In Oxford (with her mum) •* **7** *When she was six years old. •* **8** *Yes, she is. She has worked with the best British actors and she has learnt from them. •* **9** *Yes, she is. She's very popular, but she's normal and serious too. She's interested in politics.*

‾More practice 7‾ p.100‾ **Questions with *is/are* and *was/were***

Wortschatz °follow-up

Material *prompt cards*

Read the statements and ask follow-up questions
Diese Zusatzaufgabe bietet weitere Übungsmöglichkeiten zur Fragebildung. Sie ist für alle S geeignet. Durch die den Einsetzübungen vorausgehenden Aussagen ist die Entscheidung über Zeitform und Singular oder Plural vorgegeben, sodass auch lernschwächere S die Aufgabe bewältigen können. L semantisiert *follow-up*.

⊙ Differenzierung 👥 Eine weitere Unterstützung für lernschwächere S ist die Zusammenarbeit in PA, um sich bei Unsicherheiten austauschen zu können.

Lösung   *1* Why *is she* your role model? • *2* Where *was he* born? • *3* Why *are they* unhappy? • *4* How long *were you* on work experience? • *5* Why *are you* worried about it?

More practice 8 p. 101 **Questions with *do* and *did***

Wortschatz   °abroad

Diese Zusatzaufgabe bietet weitere Übungsmöglichkeiten zur Fragebildung. Die S müssen aus dem Satzzusammenhang und aufgrund von Signalwörtern die richtige Entscheidung treffen. Vor der Bearbeitung der Aufgabe semantisiert L *abroad*.

a) Copy and complete the questions.

□ Differenzierung   Lernschwächere S können auf unterschiedliche Weise unterstützt werden:
- 👥 Sie arbeiten mit einem lernstärkeren Partner zusammen, der mit ihnen bespricht, wie sie zur richtigen Entscheidung für die Fragebildung kommen.
- L bespricht vor der Bearbeitung der Aufgabe mit der Gruppe der lernschwächeren S, welche Zeitform jeweils anzuwenden ist.
- L gibt die Zeitform vor (1. *present, past* 2. *present* 2x, 3. *present* 2x, 4. *present, past* 5. *past* 2x)

Lösung   *1* Where *do* you *live* now? *Did* you *live* in the same place when you were a child? • *2* How many languages *do* you *speak*? *Do* you *speak* them well? • *3* What sports *do* you *like* watching? *Do* you *enjoy* doing sport? • *4* *Do* you *watch* a lot of TV? What *did* you *watch* on TV last night? • *5* *Did* you *go* abroad last year? What countries *did* you go to?

b) Now use questions 1–5 and interview a partner.
Diese Aufgabe ist für alle S geeignet.
Für alle S werden Sprechmittel für Einstieg und Beenden der Kommunikationssituation gesammelt.

Partner A	Partner B
– Hi, I'd like to interview you.	– Okay. / Fine
– Well, let's start then.	
– Thank you for the interview.	– You're welcome.

□ / ● Differenzierung   Lernstärkere S geben Antworten, lernschwächere stellen die Fragen.

Um auch lernschwächeren S die Möglichkeit zu geben, der/die Interviewte zu sein, werden Sprechmittel für die Antworten an der Tafel gesammelt:

1 I live in … . • Yes, I do. / No I don't.
2 I speak … languages. • Yes, I do. / No, only one/… .
3 I like watching … . • Yes, I do. I play … . / No, I don't.
4 Yes, I do. /No, I don't. • Last night I watched … .
5 Yes, I did. / No, I didn't. • I went to … .

Um möglichst viele Interviews mit wechselnden Partnern/Partnerinnen durchführen zu können, bietet sich die kooperative Lernform ▶ Double circle an. Dafür ist es sinnvoll, dass die lernschwächeren S die Sätze von der Tafel abschreiben und mit in den *double circle* nehmen, damit sie in der Situation nicht immer zur Tafel schauen müssen.

Alternative   Alternativ kopiert L die vorgeschlagene Tafelanschrift als ▶ Prompt card, um eine lange Schreibvorbereitung durch die S zu vermeiden.

Lösung   individuelle Lösungen

▶ WB 12–17, pp. 34–35   ▶ DFF 3.6   ▶ INKL p. 55

● / ○ Zusatz   Lernstärkere S erstellen mit Hilfe von Internetseiten ein Quiz zu Emma Watson. Dazu geben sie Suchwörter wie *50 things / 50 facts (about)* und *Emma Watson* in eine Suchmaschine ein. Die *facts* sind in relativ einfacher Sprache formuliert, zu denen die S ein Quiz mit z. B. zehn Fragen erstellen können und so die Fragebildung üben. Lernschwächere S finden mit Hilfe der Fragen die Antworten auf der entsprechenden Internetseite.

👥 Gemeinsam (ein lernschwächerer und ein lernstärkerer S) formulieren die S einen kleinen ergänzenden informativen Text über Emma Watson aus den Antworten, der anschließend vorgelesen/-getragen werden kann. Da die lernstärkeren S unterschiedliche Quizfragen stellen, sind auch die Texte unterschiedlich und keine langweiligen Wiederholungen. Wenn sich die Lerngruppe für die *Harry-Potter*-Schauspieler interessiert, so kann z. B. auch zu Daniel Radcliffe eine Internetseite mit den o. a. Suchwörtern für ein Quiz genutzt werden.

SPEAKING COURSE (3) Doing well in job interviews

Inhalt   Bewerbungsgespräche • Kurzfilm: *Interview stress*

Storyline   Der Kurzfilm *Interview stress* besteht aus zwei Teilen. In Teil 1 bestreitet ein Jugendlicher ein Bewerbungsgespräch, bei dem aus seiner Sicht alles schief läuft. Am Ende wird klar, dass er das Interview nur geträumt hat. In Teil 2 – dem wirklichen Interview – bekommt er eine zweite Chance.

S. 56–57

▶ 🎥   **1   VIEWING Interview stress**

Wortschatz   **job interview** • *stress* • *smart* • °tick • °cross

Material   leere OH-Folie

Einstieg   **SB bleibt geschlossen.** Um die S auf die Inhalte des Filmclips vorzubereiten, aktiviert L den bisherigen Wortschatz zum Thema *jobs*. L schreibt *job interview* an die Tafel.

L: *What's that?*
S: *When you apply for a job you often have an interview. / It's an interview for a job. / …*
L: *A job interview is important if you want to get a job.*

L schreibt „*What is important in a job interview?*" an die Tafel.

Alternative   Alternativ verwendet L eine OH-Folie, um die gesammelten Daten zu sichern.

Die S arbeiten in der kooperativen Lernform ▶ Think-Pair-Share.

L: *Your task is: think about job interviews and write down important things (about 4 min.). Then talk to a partner (about 4 min.). At the end we will collect your ideas on the board / on the OHP.*

Die Ergebnisse werden an der Tafel oder auf dem OHP gesammelt. Das kann in einer ▶ Stafettenpräsentation geschehen, wenn die S darin geübt sind. Zwei S nennen ihre Ergebnisse und schreiben sie an die Tafel, weitere Paare ergänzen Neues.

> *Job interview*
> *What's important for a job interview?*
> *– be confident, friendly, polite, punctual*
> *– wear good clothes*
> *– know something about the company*
> *– talk clearly, slowly, make eye contact*
> *– …*

3 SPEAKING COURSE

a) Read and copy the form.

Wenn das SB geöffnet ist, machen sich die S mit den Aussagen in 1a) vertraut und schreiben die Liste in Form einer Tabelle ab. Die Tabelle umfasst die Spalten *tick* und *cross* und zwei weitere Spalten *feedback for part 2* für Aufgabe 1 d) und *feedback for your partner* für Aufgabe 2b). Die Zeilen der Tabelle umfassen drei bis vier Schreiblinien der Heftseite, damit die S ausreichend Platz für die Feedbackangaben haben. Bei den Erklärungen zur Tabelle semantisiert L *tick* und *cross* durch Visualisieren (✓ / ✗) an der Tafel.

The candidate ...	✗ or ✓ in part 1	Feedback for part 2	Feedback for your partner
1 looks smart			
2 smiles			
3 has good body language			
4 talks about strengths			
5 talks about weaknesses			
6 gives well-prepared answers			

b) Watch part 1 of the film. Give the candidate a tick or cross for 1–6 on your form.

☐ Differenzierung   In lernschwächeren Gruppen sehen die S den Film ein zweites Mal.

Lösung   *1 ✗ • 2 ✗ • 3 ✗ • 4 ✓ • 5 ✓ • 6 ✗*

c) 👥 Compare with a partner. Did you give the same ticks and crosses?

☐ Differenzierung   Da es bei Seh-/Höraufgaben organisatorisch schwierig ist, nur einigen lernschwächeren S einer insgesamt heterogenen Lerngruppe den Filmclip ein zweites Mal zu zeigen und deshalb darauf verzichtet wird, sollten hier ein/e lernstärkere/r und ein/e lernschwächere/r S ein Paar bilden, um im Austausch zu besseren Ergebnissen für die lernschwächeren S zu kommen.

Lösung   individuelle Lösungen

d) Watch part 2 of the film. What does Mike do better this time? Make notes for ...

☐ / ● Differenzierung   Lernschwächere S sehen den Film, *part 2*, ein zweites Mal, um weiter an 1d) zu arbeiten, während die lernstärkeren S bereits Teilaufgabe e) bearbeiten.

Lösungsbeispiel

The candidate ...	Feedback for part 2
1 looks smart	*good clothes that fit, good trousers and jacket, clean shoes, hair styled*
2 smiles	*smiles when talking to interviewer*
3 has good body language	*makes eye contact, is confident, smiles*
4 talks about strengths	*talks about his strength: punctual, well-organized*
5 talks about weaknesses	*talks about his weaknesses: avoids difficult things, but does something about it*
6 gives well-prepared answers	*can give answers quickly, knows what to say*

e) Watch part 2 again. What's true?

Lösung   *1 A • 2 B*

2 SPEAKING You're the candidate

Wortschatz **work on sth.** · °typical (of) · **criticism** · **make sure that …** · *team player* · **project**

Material verkürztes Lösungsbeispiel als Arbeitsblatt

Einstieg L bespricht die Aufgabe im Plenum und weist ausdrücklich auf die Tipps zum Nachschlagen und zur Bearbeitung hin. Dazu gehört auch *Wordbank 4*, SB-Seite 153. L ermuntert alle S, so viel zu schreiben, wie ihnen einfällt.

a) Read these three typical interview questions. Write your answers – as much as …

◫/◉ Differenzierung Lernschwächere S können wie folgt unterstützt werden:
- Zu jeder Interviewfrage werden vor dem Schreiben mündlich Beispiele von lernstärkeren S formuliert.
- Lernschwächere S arbeiten mit einem lernstärkeren S zusammen, um modellhaft von den Sätzen des lernstärkeren S zu profitieren.
- L kopiert das folgende verkürzte Lösungsbeispiel zu dieser Aufgabe, sodass die S einen Modelltext haben, an dem sie sich orientieren können. Sie schreiben den Text ab und ersetzen die unterstrichenen Teile.

> 1 How would you describe yourself? Well, I'm punctual and reliable.
> 2 What are your strengths and weaknesses?: I think I'm good at talking to people. For example when I did my work experience in a clothes shop. My weaknesses? Well, I'm not always well organized, but I have done something about it to get better.
> 3 Are you a good team player?: Yes, I am. I play basketball in a club and in a team.

Lösungsbeispiel **1** Well, I'm punctual and reliable. And I *think I'm always friendly.*

2 I think I'm good at *talking to people. For example when I did my work experience in a clothes shop, I often chatted with the customers. And I also have a weekend job at a supermarket when I help customers with their shopping.*
My weaknesses? Well, I'm not always well organized, but I have done something about it to get better. When I have to do some work I always think first about what I have to do. And then I do it.

3 Yes, I am. *I play basketball in a club and in a team. You have to be a team player if you want to play well. I am also a coach in my club for 10–12 year-olds. We work together in a team of three coaches. And I play in a band. You have to be a good team player if you want to play good music.*

b) 👥 Work with a partner. Partner A says his/her answers – as confidently as he/she …
Die S üben ihre Antworten laut, bevor sie in die PA gehen. L macht die S darauf aufmerksam, dass der jeweilige Partner B sein *feedback* in die zu Aufgabe 1 erstellte Tabelle einträgt.

Lösung individuelle Lösungen ▶ WB 18, p. 36 ▶ DFF 3.7 ▶ INKL p. 56

Exam training

3 YOUR TASK Who will get the job? More help p. 101

Wortschatz *fast-food restaurant* · °individual · **offer** · **employee** · °enthusiastic · °act out · °assessor · **greet** · **pleased** · *interviewer*

Material ggf. Kopie Tafelanschrift, KV 13 (Teil 1)

You're going to take part in an interview for a part-time job in a restaurant.

Die folgende Aufgabe ist komplex und daher in mehrere Teilaufgaben (*step 1–3*) aufgeteilt. Zur Unterstützung für lernschwächere S bietet das SB bei *step 1* eine `More help`-Aufgabe an.

Einstieg **SB bleibt geschlossen.** L kann mit den S zur Einstimmung noch einmal an das allgemeine Thema *job interview* erinnern und die Gruppe im Plenum sammeln lassen, was ein gut vorbereitetes Interview ausmacht. Dabei kann L die S auch noch einmal an den Film *Interview stress* erinnern, in dem genau das vorgeführt wurde.

Gemeinsam notieren die S die ihnen wichtigsten Punkte an der Tafel (u. U. als Teil einer ▶ Meldekette).

L: *Now you are going to have a job interview too. Open your books at page 57 and look at the ad for the job you want to apply for.*

Step 1: Prepare. Read the job ad carefully. What skills ...
`More help` `p.101` **Step 1 Prepare. Before you answer the questions, read the ad carefully ...**
Die S schlagen neuen Wortschatz eigenständig im SB nach. `More help` auf SB-Seite 101 unterstützt die lernschwächeren S durch eine farbliche Hervorhebung der wichtigsten Punkte, auf die die S in ihren Bewerbungsgesprächen reagieren und auf die sie vorbereitet sein sollen.
Hinweis: Eine Ergebnisüberprüfung im Plenum oder in PA direkt nach *step 1* ist notwendig für die korrekte Weiterarbeit.

Lösung *hard-working and dynamic, have good communication skills, be positive and enthusiastic, be a good team player*

Step 2: Look again at your answers in ex. 2. Are they OK for this job? Or should you ...
L lässt sowohl PA wie EA zu. Die S sollen ihre Antworten aus Aufgabe 2 bei der Vorbereitung auf diese Teilaufgabe zur Hand haben.
PA gibt lernschwächeren S mehr Sicherheit. Die S lesen ihre Ergebnisse (freiwillig) vor. Das gibt den anderen S die Gelegenheit, ihren Text nachzubessern.
Wordbank 7, SB-Seite 155 bietet weitere Unterstützung für das Bewerbungsgespräch.

Lösung individuelle Lösungen

Step 3: The job interviews: Choose A or B
A 👥 Work with a partner. Look together at the role cards below. Partner A is the ...
Einstieg L sammelt zusätzlich zu den ▶ Role cards im SB Redemittel an der Tafel, die alle S nutzen können. Wahlweise kopiert L die Tafelanschrift (s.u.) als Arbeitsblatt um die Schreibzeit einzusparen:

The interviewer	The candidate
– Hello, pleased to meet you. My name is ...	– Hello. I'm ...
– So you are here for the job interview. Please, sit down.	– Yes, I am. Thank you.
– Well, then. Can you describe yourself?	– Yes, I can. ... (my text)
– What are your strengths and weaknesses?	– Well, ... (my text)
– (⏺ Can you give me an example?)	
– And are you a good team player?	– I think I am. ... (my text).
– (⏺ Can you give me an example?)	
– Okay. Thank you very much for coming.	– Thank you very much. Goodbye.

◫ / ◉ Differenzierung Lernstärkere S sind durch die Aktivierung der Redemittel in der Lage, das Bewerbungsgespräch ohne weitere schriftliche Unterstützung und auch mit eigenen Worten zu führen. Lernschwächere S notieren die Redemittel und nutzen sie als Unterstützung.

Außerdem kann zumindest in der ersten Gesprächsrunde der lernstärkere der beiden S die anspruchsvollere Rolle des Interviewten und der lernschwächere die des Interviewers übernehmen.

Unsichere S üben das Interview mehrfach (z. B. mit Hilfe der ▶ Read-and-look-up technique). Nachfragen, die der Interviewer gegebenenfalls stellt, entfallen für lernschwächere S.

B 👥 **Work in a group of three. Look together at the role cards below and the assessor's …**
Der Einstieg wie zu Teilaufgabe A. Zusätzlich schreiben die S die *assessor's card*, SB-Seite 80 ab bzw. L verteilt Teil 1 von ▶ KV 13: Assessor card / Answers to STOP! CHECK! GO! mit der vorbereiteten Karte. L weist die S darauf hin, genügend Platz für Notizen einzuplanen.
Es gibt drei Gesprächsrunden. Das schriftliche ▶ Feedback sollte immer unmittelbar nach dem Gespräch erfolgen.

◉ / ◫ Differenzierung Lernstärkere S ergänzen *comments* auf der *assessor's card* und geben Tipps, was der Kandidat positiv verändern kann.

Die folgenden Redemittel unterstützen bei der Auswertung:

> – *You smiled. That was good / okay / needs work.*
> – *Your body language was good/okay. / Your body language needs work.*
> – *You spoke clearly. That was good/okay. / Speaking clearly needs work.*
> – *You described yourself well. / Describing yourself needs work.*
> – *You named strengths and weaknesses. / Naming strengths and weaknesses needs work.*
> – *You did well when you said you were a good team member. / You didn't say enough about being a good team member.*
>
> *Comments:*
> – *You should smile more/speak more clearly. You should make eye contact / sit straight / …*
> – *You should describe yourself better. Use more positive words.*
> – *You should give more examples of your strengths.*
> – *You should say how you're working on your weaknesses.*
> – *You should give more examples of being a good team member.*

Lernstärkere S sind durch die Aktivierung der Redemittel in der Lage, das Feedback ohne weitere schriftliche Unterstützung zu führen. Lernschwächere S notieren die Redemittel und nutzen sie als Unterstützung.

Step 4: Who gets the job? Agree which candidate did best. Then tell the class who …
Auch hierfür sollten Redemittel zur Verfügung stehen.

> *Agreeing which candidate did best:*
> – *I think … did best, because … / I agree. / I'm sorry, I don't agree. / I don't think … / In my opinion …'s interview was the best because … .*
> – *But … didn't … and that is important.*
> – *They want a …. person. … didn't say he/she was … .*
> – *… was very good answering questions quickly. …*
> – *… didn't say enough about being … . That's the most important thing here.*
>
> *Telling the class:*
> – *We think … did best because he/she …*

Lösung individuelle Lösungen

▶ WB 19, p. 37 ▶ DFF 3.8 ▶ INKL p. 57

STOP! CHECK! GO!

Inhalt   Allgemeine Hinweise zu den *Stop! Check! Go!*-Seiten befinden sich im Vorwort. Bei den geschlossenen Aufgabenformaten (Unit 3: *Exercises 1, 3 und 4* können die S ihre Ergebnisse mithilfe des Lösungsschlüssels auf ▶ KV 13: Assessor card / Answers to STOP! CHECK! GO! (Teil 2) überprüfen (auch als ▶ Partner check). Für *Exercises 2 und 5* gibt es individuelle S-Lösungen. Hier sollte L unterstützen.

S. 58–59

1   🔘 WORDS   Writing a cover letter

What are the missing words in Nele's cover letter? Use words and phrases from the box.
In dieser Aufgabe wenden die S in der Unit gelernten Wortschatz zum Thema *work* und *cover letter* an.

Lösung   ▶ KV 13: Assessor card / Answers to Stop! Check! Go!

2   👥 SPEAKING   Talking about jobs

a) Talk about photo A with your partner. Partner A: Ask your partner question ...
Partner B: Tell your partner about the photo and your plans.
Hinweis: In dieser Aufgabe sind zwei Aspekte miteinander verknüpft. Zum einen beschreiben die S je ein Bild, auf dem Personen zu sehen sind, die ihren Beruf ausüben, zum anderen äußern sie sich zu dem Berufsbild, auch in Bezug auf ihre eigenen beruflichen Vorstellungen. Die Partner/innen sprechen sich ab, wer zu Bild A und wer zu B spricht.

Einstieg   **SB bleibt geschlossen.** Bei Bedarf L aktiviert mit drei Fragestellungen Wortschatz/Strukturen zur Bildbeschreibung (Tafelanschrift). Für Antworten nutzt L Bilder/Photos aus der Unit (z. B. SB-Seite 48, 52).

– What can you see	– I can see a / three / a lot of / a few / ... .
– What is he / she / the man / the woman / the dog... doing? – What are they / the girls / the dogs / ... doing?	– He / She / The man / The woman / The dog is ... ing. – They / The girls / The dogs are ... ing.
– Where is he / she / the dog / ...? – Where are they?	– He / She / The dog / ... is on the left / on the right / in the middle / between / in / on / under

Zusätzlich verweist L auf *Skills file 10*, SB-Seite 134. Dort schlagen die S bei der Bearbeitung der Aufgabe nach, wenn sie weitere Unterstützung benötigen.

⬤ Differenzierung   Nach dem Einstieg oder der Alternative zum Einstieg arbeiten die lernstärkeren S eigenständig. Partner A wird ermuntert, über die genannten Fragen hinaus weitere zu stellen, um Partner B auch zu spontanen Äußerungen herauszufordern.

🔘 Differenzierung   Unterstützung für lernschwächere S:
- Sie sind im ersten Durchgang Partner A.
- Sie stellen und beantworten (nur) die vier im SB gestellten Fragen.
- Sie machen sich Notizen oder schreiben ganze Sätze für ihr Gespräch.

b) Swap roles. Talk about photo B.
S. Erläuterungen zu Teilaufgabe a).

Lösungsbeispiel   ***Bild A:*** *I can see four people. On the left there are two girls. On the right there is a boy. Between them there is a man. I think he's a teacher. They are all laughing and the teacher is giving a yellow card to one of the girls. In front of the girls there are some numbers on pieces* *of paper. The girls and the boy are wearing T-shirts. The teacher is wearing a hoodie. In this job you have to be good with children. You should also be friendly and helpful. I would like to do this job because I like children and I am very patient and friendly. And I like teaching people. / I wouldn't like to do this job because I'm not good at working with children. I prefer working with my hands and on my own.*

Bild B: *I can see two people. They are young women. The woman on the left is writing something. The other woman (on the right) is phoning someone. In the background I can see a car and a house. Both women are wearing police uniforms. In this job you must be confident and patient. You should also be good at talking to people. I would like to do this job because I'm very friendly and I like helping people. / I wouldn't like to do this job because it can be very dangerous.*

3   Questions for a pop band

Read a reporter's notes for an interview with a new pop band. Write the questions.
In dieser Aufgabe müssen die S aus Notizen acht Fragen ableiten. Dazu bekommen sie bis zu Satz 4 Unterstützung durch Redemittel. L macht auf die Hilfen durch *Language file 19*, SB-Seite 146 aufmerksam.

Lösung   ▸ KV 13: Answers to Stop! Check! Go!    ▸ INKL p. 58

4   READING Catherine Cook: A teenage millionaire

Wortschatz   °millionaire • °user • °university • °run (a business) • °multimillionaire • °financial

a) Complete these sentences with phrases from the text.

Lösung   ▸ KV 13: Assessor card / Answers to Stop! Check! Go!

b) Are these statements true, false or not given in the text?

Lösung   ▸ KV 13: Assessor card / Answers to Stop! Check! Go!

c) How has Geoff been a good example to Catherine?

Lösung   ▸ KV 13: Assessor card / Answers to Stop! Check! Go!

5   WRITING Who is important in your life?

Material   vorbereitetes Arbeitsblatt (Klassensatz)

Die Schreibaufgabe greift auf, worüber sich die S in der vorhergehenden *Reading*-Aufgabe 4c) Gedanken gemacht haben.

Write at least 60 words about a person who is important in your life.

● Differenzierung   Lernstärkere S sind in der Lage, mit Hilfe der Textvorgaben unter der Aufgabenstellung eigenständig einen Text zu schreiben. Sie werden ermuntert mehr als die 60 Wörter (s. Aufgabenstellung) zu schreiben.

◉ Differenzierung   Lernschwächere S erhalten in der folgenden Aufgabenstellung die Möglichkeit die vorgegebenen Sätze zu bearbeiten. L kopiert folgendes Arbeitsblatt (s. u.).

> Copy and write your ideas.
> A person who is very important in my life is _____ _____ . She/He is always
> there _____ . She/He helps me with my homework / my CV / my
> problems with my friends /... . Last month she gave me advice. I had a problem with
> _____ . She/He gave me ideas about what to do. She/He is a good example
> for me, because she/he always _____ .
> Last year she/he did something special. I was having more problems with _____
> _____ . She / He went _____
> with me and then everything was okay again.

Lösungsbeispiel A person who is very important in my life is *my best friend Laura. She's always there when I need help. We have the same interests and laugh about the same things. She makes me laugh when I feel sad and she gives me advice when I don't know what to do. She often helps me with my school work because she's good at maths. Last year, when I got a bad mark on a test, she worked with me before the next test and explained the difficult things. She's a good example because she's always helpful, reliable and friendly.* (100 words)

▶ WB (Learner Log), p. 38 ▶ WB (Revision) p. 39 ▶ INKL p. 59, pp. 86–89

REVISION

Hinweis Allgemeine Hinweise zu den *Revision*-Seiten befinden sich auf der HRU-Seite 44 und im Vorwort.

Inhalt Wiederholung des *will-future* • unterschiedliche Zeitformen in einer Aufgabe üben (Präsens, Zukunft und Vergangenheit) • Interviews über die eigenen Zukunftspläne führen

S. 60–61

Plans for the future – using the future or other tenses

1 Life after school

Wortschatz °probably • °train as... / to be • °garage

Material leere OH-Folie, vorbereitetes Arbeitsblatt

Einstieg **SB bleibt geschlossen.** L schreibt *Life after school* an die Tafel und fordert die S zu einem Brainstorming auf. L oder freiwillige/r S schreibt Schlüsselwörter auf die Tafel.

L: *Now we've collected a lot of your own ideas and plans for "life after school". Let's find out what other students' plans for the future are. Open your books at page 60, please.*

a) Read the text. What is the big change in the title?
Unbekanntes Vokabular sollte erst nach dem Lesen geklärt werden. In Lerngruppen, die daran gewöhnt sind, können die S das eigenständig oder in PA mithilfe des *Dictionary* im SB (s. SB-Seite 176–196) durchführen, andernfalls gemeinsam mit L im Plenum.

Lösungsbeispiel *The end of school. / Starting a new job / training / college. / Leaving home.*

b) The future
In dieser Aufgabe müssen die S sechs Verben in der Zukunftsform, drei Verneinungen, sowie drei Fragen in der Zukunft im Text identifizieren. L schreibt jeweils den in blau gehaltenen Satz aus dem SB zur Erinnerung an die Tafel und macht die S auf die Hilfen durch *Language file 6*, SB-Seite 142 aufmerksam. Die S können in EA oder PA arbeiten. Ggf. kann ein/e S freiwillig seine/ihre Ergebnisse auf eine OH-Folie schreiben und später für alle sichtbar als Korrekturfassung präsentieren.

1 Copy six examples from the text.

Lösung   *You'll meet • (your lifestyle) will change • I'll leave • I'll start • I'll find • I'll go*

2 Copy three examples from the text.

Lösung   *You won't come back to the same school in September. • (I hope) I won't have to leave home. • (I hope) it won't be too difficult to find a room.*

3 Copy three examples from the text.

Lösung   *Will you start training? • Will you leave home? • Will I be able to live independently?*

4 Copy four phrases that mean: ...

☐ Differenzierung   Für lernschwächere S gibt L an, in welchem Absatz im Text die jeweiligen *phrases* erscheinen.

Lösung   *First I want to have a holiday and then... • I hope it won't be too difficult... • If I'm lucky... • I'm looking forward to it.*

c) Answer the questions about the text. Write full sentences.

Einstieg   Als Einstieg fragt L die S, welchen der drei Zukunftspläne, die im Text vorgestellt werden, sie sich für sich selbst am ehesten vorstellen können.

L: *You've read about Ella's, Yilmaz's and Dan's plans for their life after school. Which plan did you like best?*

(L holt per Handzeichen ein kurzes Meinungsbild der Klasse ein. Ggf. kommentieren die S ihre Wahl.)

Lösung   *1 She'll leave school the year after next. • 2 She'll start training to be a car mechanic. • 3 No, her training will be at college (two days a week) and in a garage (three days a week). • 4 Yilmaz will leave school in a year. • 5 He'll start working as an apprentice. • 6 Dan hopes it won't be too difficult to find a room in Leeds.*

d) ◑ Look at the answers in blue. Then write the questions for Ella.

Einstieg   Diese Aufgabe richtet sich an lernstärkere S und ▶ Fast finishers, die die vorherige Teilaufgabe bereits schneller beendet haben als der Rest der Gruppe.

☐ Differenzierung   Lernschwächere S erhalten in der folgenden Aufgabenstellung weitere Hinweise auf die Verben sowie die Satzstruktur. L kopiert die Hilfen auf ein zusätzliches Arbeitsblatt:

2 Where _____ (go) on holiday?
3 Who _____ (go) with?
4 _____ (go) to a hotel?
5 When _____ your training _____ (start)?

● Differenzierung   Lernstärkere S denken sich weitere Fragen aus, die sie Ella gerne stellen würden und schreiben sie auf.

Lösung   *1 Will you be sad when you leave school, Ella? • 2 Where will you go on holiday? • 3 Who will you go with? • 4 Will you stay in a hotel? • 5 Where will your training be? • 6 When will your training start?*   ▶ INKL p. 60

Zusatz   Aus dieser Aufgabe kann eine Sprechaufgabe abgeleitet werden, indem sich die S gegenseitig die Fragen stellen und antworten.

2 Past experiences, future plans

a) Texts often use more than one tense. Find the following tenses in the sentences ...
L macht die S auf die Hilfen auf SB-Seite 42 und SB-Seite 24 aufmerksam, auf denen das *simple present* und das *simple past* wiederholt werden.
Diese Teilaufgabe sollte zum Auftakt im Plenum besprochen werden. Die S schreiben (freiwillig) ihre Lösungen an die Tafel, damit sie für alle sichtbar sind und als Beispiele für die folgenden Teilaufgaben dienen können. Die S übernehmen die Tabellenform in ihre Arbeitshefte und ergänzen die Tabelle in den folgenden Arbeitsschritten.

1 future	2 simple past	3 present
I'll work	I worked	I have
...	...	...

Lösung
left picture: 1 I'll work • **2** I worked • **3** I have
right picture: 1 (leaving home) won't be... • **2** I spent • **3** I often stay

b) Look again at the text on page 60. Copy four examples of the simple past ...
Einstieg
L erinnert S daran, dass Verben im *simple past* Ereignisse beschreiben, die in der Vergangenheit geschehen sind, meist zu einem feststehenden Zeitpunkt. L fordert die S dazu auf, in einer ▶ Meldekette Beispiele auf Englisch zu nennen und nennt als *prompt* z. B. folgenden Satz:

L: *Yesterday after school I went shopping. I bought a new shirt. And what did you do?*
S1: *Yesterday after school I met my friends. And what did you do?*
S2: *...*

L schreibt den eigenen Beispielsatz als Erinnerung für alle sichtbar an die Tafel.

Lösungsbeispiel
Simple past: *We asked three teenagers about it. • I did work experience in a garage last year ... • I joined a football club last year ... • Last year I went camping with friends ... • I didn't find it hard to be away from home.*
Simple present: *I have some experience. • I have one more full year at school. • I like playing with them (the football club). • All my friends live here.*

c) 👥 Now work with a partner and pick the right form of the orange verbs.

Lösung
1 'll start • did • liked • **2** 'll have • 'll have • cooked • camped • **3** visit • 'll move • **4** 'll do • go • won't be

2 NOW YOU Choose A or B

Wortschatz
°record

Material
vorbereitetes Arbeitsblatt, Aufnahmegeräte (z. B. MP3-Player oder Smartphones), ggf. Beamer

Einstieg
L klärt zum Einstieg die ▶ Arbeitsanweisungen mit den S und zeigt die Unterschiede in den Aufgabenvarianten A und B auf. Aufgabe A ist eine schriftliche Aufgabe, die erst in einem zweiten Schritt als ▶ Partner check ausgewertet wird. Aufgabe B ist ein Interview, in dem sich zwei Partner/innen gegenseitig befragen und dann ihre Rollen tauschen.

A Your plans for life after school.
a) Write as many sentences as you can. You can write about your plans for – ...

◻ Differenzierung
Lernschwächere S erhalten in der folgenden Aufgabenstellung die Möglichkeit, vorgefertigte Sätze mit mehreren Verbformen zu vervollständigen.

Last month I _____ (pass) my exams, so next year I _____ (start) my training as a _____ .
Yesterday I _____ (look) at a flat in the city because I _____ (live) away from home next year.
Perhaps my best friend _____ (live) with me then! That _____ (be) great!
We _____ (have) the same hobbies too. We both _____ (like) _____ (playing football / going shopping / playing games / ...). So, I'm really looking forward to next year.

Zusätzlich kann L lernschwächere S darin unterstützen, den vorgegebenen Mustertext für ihre Zwecke abzuwandeln, indem sie in einem ersten gemeinsamen Durchgang im Text die Passagen unterstreichen, die die S durch eigene Inhalte ergänzen bzw. abwandeln können.

Lösungsbeispiel | *Next year I'll train to be a sales assistant. My training will be at the City Shopping Centre and it will start in September. I'll learn how to talk with customers and answer their questions. I'll work from 9am to 5pm every Monday, Tuesday and Friday. On the other days of the week, I'll go to my volleyball training. I'm going to play in a big competition next year and I hope that I'll be the team captain. But first, after I leave school, I'll go on a holiday in Spain with my family. I think that I'll miss them a lot because I'll be living alone in a flat closer to the city. But I'll visit them at the weekends when I don't have training.*

b) ♟ Exchange texts with a partner and check your texts: Are the verbs correct? ...
Abschließend präsentieren die S ihre Texte z. B. durch einen ▶ Gallery walk. Die S lesen (freiwillig) ihre Texte vor.

Lösung | individuelle Lösungen

⦿ Maybe you can also write one or two sentences with other tenses, for example: ...

Lösung | individuelle Lösungen

B Partner interviews.
a) Partner A interviews Partner B about his/her future plans. Then Partner B ...
L sollte mit den S, die diese Variante gewählt haben, die ▶ Arbeitsanweisungen sehr kleinschrittig besprechen, damit allen S-Paaren klar ist, dass sie zwei unterschiedliche Arten von Interviews vorbereiten und durchführen sollen. Die beiden Partner/innen sollen ihre Interviewfragen daher auch gemeinsam planen und sich einigen, welches das interessantere und welches das eher langweilige Interview werden soll.

◻ Differenzierung | Für lernschwächere S kann L folgende mögliche Interviewfragen für die Fassung mit den kurzen Fragen bereitstellen:

What is your dream job?
What will you do next year?
How did your exams go?
Why do you want to be a _____ ?
How will you get to work/college in the morning?
How long will your training be?
Why do you want to live alone / with your parents?

b) Record your two interviews, and play them to the class. Can the students in your ...
Die S-Paare können hierfür ihre Smartphones nutzen und so auch das eigene Vorsprechen überprüfen und ggf. mehrere Aufnahmen machen, von denen sie die beste auswählen. Je nach vorhandener Technik/Ausstattung können die fertigen Videos/Aufnahmen auch per Beamer präsentiert werden.

Lösung   individuelle Lösungen   ▶ INKL p. 61

Storyline	In dieser Unit beschäftigen sich die S mit (digitalen) Medien und sozialen Netzwerken, die sie täglich wie selbstverständlich nutzen, von denen sie umgeben sind und beeinflusst werden. Sie diskutieren Vor- und Nachteile der Nutzung und nehmen Stellung zu ihrem eigenen Nutzungsverhalten und dem anderer. Sie beschäftigen sich mit auf Jugendliche abgestellter Werbung und deren Wirkung. In einem fiktionalen Text, der in der Zukunft spielt, wird die Realität des Lebens einiger Jugendlicher mit der virtuellen Welt von Computerspielen verwoben.
Sprachliche Mittel	**Wortfelder:** digitale Medien • Stellungnahmen • Werbesprache • Diskussionen • Kleidung • Kleidung kaufen
	Strukturen: *if*-Sätze (Typ III)
Kommunikative Kompetenzen	**Listening:** Hörtexten zu unterschiedlichen Themen Informationen entnehmen • einem Einkaufsgespräch folgen und diesem nützliche Redemittel entnehmen
	Speaking: sagen, was man für *cool* hält und was nicht, und sich dazu austauschen • Bilder beschreiben • Vor- und Nachteile digitaler Medien diskutieren • Einkaufsgespräche (Kleidung) führen
	Reading: unterschiedlichen Textsorten Informationen entnehmen • Textteile sinnvoll ordnen • in Texten genannte Vor- und Nachteile auffinden • Wirkungsabsichten von Werbung herausarbeiten
	Writing: einen Ablaufplan für einen Text schreiben • in einem Text Vor- und Nachteile eines Themas diskutieren / eine Erörterung schreiben • Fragen zu einem Text beantworten • eine E-Mail vervollständigen • eine Bewerbung für die Teilnahme an einem Projekt schreiben • einen eigenen Standpunkt zu einem Thema formulieren
	Mediation: wesentliche Informationen eines englischsprachigen Textes auf Deutsch formulieren • vergleichende Aussagen eines englischsprachigen Textes auf Deutsch notieren
	Viewing: aus Szenenausschnitten *(film stills)* auf Personen und Handlungen schließen • eine Diskussion verfolgen • Redemittel der Diskussion erkennen
Methodische Kompetenzen	**Lernstrategien:** Texte erschließen • Textaufbau erkennen und anwenden • Texte erstellen und überarbeiten • Bilder strukturiert beschreiben • Umschreibungen beim Vermitteln zwischen zwei Sprachen nutzen • eigene Lernergebnisse auswerten • Wirkungsabsichten von Texten erkennen • einen Test eigenverantwortlich auswerten *(Stop! Check! Go!)*
	Kooperative Lernformen: PA • *Partner check* • GA • *Think-Pair-Share* • *Role-play*
Interkulturelle Kompetenzen	Einblicke in unterschiedliche Aspekte der persönlichen Lebensgestaltung Jugendlicher in unterschiedlichen Kulturen (D, GB, ...) gewinnen (z. B. Interessen, Umgang mit Moden und Trends, Chancen und Risiken der modernen Medien und Kommunikation, digitale Gewohnheiten, Werbung, ...)
Dossier	Erörterung zu Vor- und Nachteilen von Tätowierungen

LEAD-IN

Inhalt	Austausch über Abbildungen (technische Geräte, Mode, Personen, Filme, Kunst) aus der zweiten Hälfte des 20. Jahrhunderts bis zur Gegenwart • *Think-Pair-Share*

S. 62–63

1　🔘　What's cool and what's not?

Wortschatz	**generation • likes and dislikes** • °camper • ***trendy*** • ***hipster*** • ***tablet*** • °ear stretcher • ***selfie*** • °bell-bottom trousers • °onesies
Material	Arbeitsblätter wie Vorlage HRU-Seite 126 und eine Kopie als OH-Folie, Internetzugang
Einstieg	**SB bleibt geschlossen.** L beschriftet zwei DIN-A4-Blätter jeweils mit *cool* und *not cool* und legt sie in angemessener Entfernung voneinander auf einer gedachten Linie im Klassenraum oder vor dem Klassenraum aus. Anschließend nennt L Begriffe zu Dingen (technische Geräte, Mode, Filme, ...) oder Situationen, die die S mutmaßlich kontrovers einschätzen. Die S positionieren sich im *line up*-Verfahren auf der gedachten Linie zwischen *cool* und *not cool*. Mögliche Begriffe z. B.: *trainers, hoodie, messenger bag, piercing, chatting,*

texting, social media (like ... = Wortschatzvorentlastung für SB-Seite 64), cartoons on TV (like ...), going to bed at 9 o'clock, going shopping with friends, taking the dog for a walk, ...

L: *Sit down again and open your books at pages 62 and 63. Look at the photos and decide what's cool and what's not. (Take notes.)*

Alternative 👥 L kopiert die folgende Tabelle auf ein Arbeitsblatt oder erstellt das Arbeitsblatt nach dieser Vorlage selbst.

Die S füllen das Arbeitsblatt zu den von L vorgegebenen Begriffen mit einem Partner, der ihnen gegenüber sitzt, aus. Zunächst beginnt ein Partner mit *cool*, der andere mit *not cool*, anschließend drehen sie das Blatt und ergänzen umgekehrt. Danach tragen sie ihre Ergebnisse vor: *We think .... is/are cool and ..... is/are not cool.*

L: *Write down what's cool and what's not cool.*

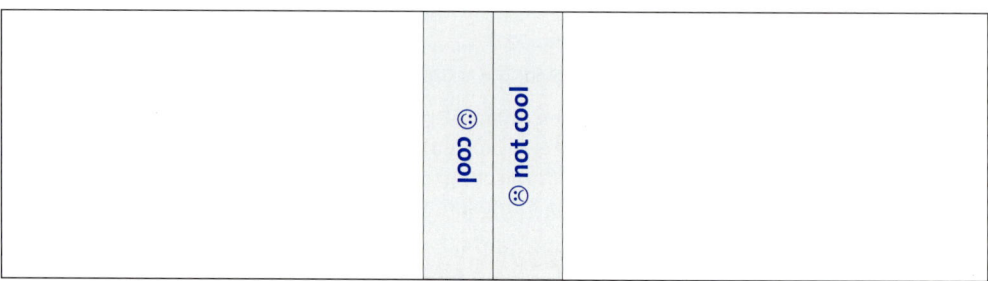

L: *Open your books on pages 62 and 63. Look at the photos and decide what's cool and what's not. Take notes.*

a) Think: Which images do you like / don't you like?

Anschließend erarbeiten die S die Teilaufgaben 1a)–c) in der kooperativen Lernform ▶ Think-Pair-Share.

Lösung individuelle Lösungen

Hinweis: Im Anschluss an Aufgabe 1a) kann der neue Wortschatz semantisiert werden, auch wenn die Aufgabe ohne die Semantisierung erfüllt werden kann. Es gibt den S aber die Möglichkeit, statt des Buchstabens für das *image* die Bezeichnung zu sagen, ohne sie falsch auszusprechen. Zu allen Begriffen finden sich im Internet Erklärungen und/oder weitere Bilder.

b) 👥 Pair: With a partner pick your three coolest and least cool images.

🔲/🔘 **Differenzierung** L notiert insbesondere für lernschwächere S Redemittel für den Einigungsprozess an der Tafel. Lernstärkere S geben auch eine Begründung für ihre Wahl.

> *Useful phrases for exercise 1 b), page 62:*
> *I think image ... is/isn't (very) cool. What about you?*
> *I agree. / I don't agree.*
> *I think image ... is/isn't (very) cool (because ...).*
> *I think image ... is cooler/less cool than ... (because ...).*

Lösung individuelle Lösungen

c) Share: Report to the class. Which images got the most *likes* and the most *dislikes*?

Differenzierung 🔘 Lernstärkere S begründen auch hier ihre Auswahl (siehe Ergänzungen in blauen Klammern im Lösungsbeispiel).

Lösungsbeispiel *We found that image M (= selfies) got the most likes (because we all take selfies and it is a very good way to show other people where you are, what you are doing and who you are* *with). And image D (= the early mobile phone) got the most dislikes (because you can only make phone calls with it and that's boring and not what we can do with a smartphone today).*

Zusatz Wenn die S an einzelnen *images* besonderes Interesse zeigen, recherchieren sie dazu im Internet (z. B. als freiwillige Hausaufgabe) und präsentieren ihre Ergebnisse in einem ▶ Short talk. Fragen, die L zur Verfügung stellt, helfen, den Rechercheprozess zu strukturieren, z. B.:

– *When was it/were they invented? / When did people use/wear/listen to/watch/ ... it/ them? / Why did/do people take/use/... it/them?*
– *When was the group/singer successful? / What is the name of the singer/drummer/ guitarist/...? / What songs did/do they/she/he sing? / Why/with which song were they / was she/he successful? / ...*
– *When was the film made? / Who is in it (actors/main characters)? / ...*

Vor der Präsentation klärt L, welche Fragen die S bei ihrer Recherche verfolgt haben, und schreibt sie an die Tafel. Die Zuhörer geben mit Daumen – hoch, waagerecht, nach unten – ein kurzes Feedback, ob sie Antworten auf diese Fragen bekommen haben.

▶ 🎧 2.04 | **2** | **LISTENING Teens react**

Material Internetzugang, KV 14 (Klassensatz)

Einstieg L thematisiert die Aufforderung in Aufgabe 2a), die Tabelle abzuschreiben und welche Teilaufgabe zu erfüllen ist. Damit sensibilisiert sie die S für das genaue Lesen der Aufgabe und macht deutlich, wie wichtig die Vorentlastung vom Schreiben/Zeichnen für den Hörprozess / während des Hörprozesses ist.

a) Copy this table. Listen and note which five images on pages 62–63 ...
Hinweis: Die Zweiteilung der Aufgabe in a) und b) ist eine Erleichterung für lernschwächere S. Um den S Schreibarbeit zu ersparen, kann L den Tabellenvordruck auf ▶ KV 14: Generation like (*Part 1: LISTENING Teens react*) verteilen.

b) Listen again. Note if the teens think the things are cool (✓) or not (✗).
L macht die S darauf aufmerksam, dass die Jugendlichen bei den fünf *images* nicht immer in der gleichen Reihenfolge befragt werden.

◻ / ◼ **Differenzierung** Für lernschwächere S wird der Hörtext nach jeder Befragung zu einem *image* gestoppt, damit sie das Gehörte überdenken und sich auf die nächste Gesprächsrunde einstellen können. Lernstärkere S erhalten den Auftrag, sich zusätzlich auf eine Person zu konzentrieren und Begründungen für die Aussagen dieser Person zu notieren, siehe blaue Ergänzungen in der Lösungstabelle.

Lösung

	1	2	3	4	5
Which image?	B	O	F	N	K
Amelia	✗	✓	✗	✗	✓
Why (not)?	not a camping person	onesies are odd; the guys are cool, especially one boy	hates graffiti	not her kind of fashion	films are fun; likes Daniel Craig
Scarlett	✓	✗	✓	✓	✗

Why (not)?	loves old stuff; thinks of lazy sunny days with friends	doesn't like them	funny; amazing; clever	would love to wear them; especially with the red boots	violent, aggressive; doesn't like the character; hates the films
Mohammed	✓	✓	✓	✗	✓
Why (not)?	could go to festivals in that	dumb music; but: likes it	it's clever	not for him	calm; professional; a bit scary
Thomas	✗	✗	✓	✗	✗
Why (not)?	loves fast cars; kind of hippy; flowers – not his kind of thing	clothes are stupid; music is terrible	funny; makes you laugh	hates them; they look stupid	a bit boring; there are cooler heroes

Bei der Überprüfung der Ergebnisse nennen die lernschwächeren S ihre Ergebnisse zu den einzelnen Personen (*cool/not so cool*) und die lernstärkeren ergänzen die Begründungen.

▶ INKL p. 62

Zusatz ⦿ 👥 Die S geben *youtube* und *teens react* in eine Suchmaschine ein und finden eine Liste mit Videosequenzen, in denen verschiedenen Jugendlichen Videoclips z. B. zu Sängern / Bands / zum Thema Rauchen/Mode / ... vorgespielt werden, auf die diese Jugendlichen positiv oder negativ reagieren. Die Partner einigen sich auf einen Inhalt, den sie anschauen wollen, und berichten der Lerngruppe anschließend, was sie gesehen haben. Dazu kann L Redemittel als Tafelanschrift oder Papierkopie zur Verfügung stellen, z. B.:

> We watched a video clip about ... / with the singer / the band / ...
> Four / Five / ... teens watched the clip.
> Most / Three / ... of them think it's cool / great / ...
> Two / ... of them think it's not cool / bad / boring / ...
> We think / I think ... but ... thinks ...

Mögliche Lösung: *We watched a video with the singer Lorde. She sings "Royals". Six teens watch it. Three think it's cool. Three think it isn't cool. We think it's cool. / I think it's cool, but ... thinks it's not cool.*

3 👥 YOUR TASK A survey in your class

Wortschatz °gadget • °label

Material Bilder / Poster / Photos von Filmen, Musikgruppen, Mode, technischen Geräten usw., Internetzugang, Kopie der Redemittel als OH-Folie, HRU-Seite 129

Einstieg Bevor sich die S an die Aufgabe begeben, erfolgt das ▶ Klären der Arbeitsanweisung. Da die S als Partner zusammenarbeiten, empfiehlt sich die Klärung durch die Partner untereinander mit anschließender Bestätigung/Korrektur durch L.

Hinweis: L setzt Zeiten für die einzelnen *Steps* fest: *Step 1* und *2* ca. 10 Minuten (s. dazu Text zu den Steps), *Step 3* ca.15 Minuten, *Step 4* (zweiteilig) ca. 10 Minuten.

Step 1: Work in pairs. Collect images of things that you think people …
Hinweis: Wenn das für die Aufgabe notwendige Material von den S mitgebracht werden soll, müssen sie dazu einen längerfristigen Auftrag bekommen (ca. eine Woche) und die Bilder müssen vorliegen, wenn die Aufgabe erarbeitet wird. Ist ein Internetzugang vorhanden, kann die Bildrecherche und -auswahl alternativ auch im Unterricht erfolgen. Auslegen und Beschriften der Bilder s. *Step 2*.

Step 2: Copy the table.
Hinweis: Ein Paar benötigt nur eine Tabelle. Arbeitsteilig werden die Bilder *(Step 1)* ausgelegt, mit Ziffern versehen und die Tabelle gezeichnet.

Step 3: Partner B walks around, looks at the images of other pairs and gives his/her …
Während ein S an anderen Tischen Bewertungen der dort ausliegenden *images* abgibt, notiert der am Tisch verbliebene S die Bewertungen der S, die zu ihm kommen (ca. 10 Minuten).

Alternative
Nach fünf Minuten wechseln die Partner ihre Aufgabe, um beiden die Chance des Kommentierens und Notierens zu geben.

Step 4: Look at the ticks in your table. Which were your most popular and …
Step 4 ist eine zweiteilige Aufgabe. Zunächst müssen die S ihre Tabelle auswerten und dann die Ergebnisse vortragen.
Hinweis: Beide S sollten einen Teil der Präsentation übernehmen.
Um allen Paaren die Möglichkeit der Präsentation ihrer Ergebnisse zu geben, teilt L die Lerngruppe bei entsprechenden räumlichen Voraussetzungen in drei Großgruppen auf. Zeitgleich können somit drei Paare berichten.

◻ / ● Differenzierung
Für die Auswertung der Tabelle notieren sich die lernschwächeren S Sätze, die sie für ihre Ergebnispräsentation benötigen, und nutzen dabei die Redemittelvorgaben des Buches. Für die Ergebnispräsentation üben sie ihren Text, indem sie ihn dem Partner vorsprechen, z. B. mithlife der ▶ Read-and-look-up technique.

Die lernstärkeren S werten die Tabelle mündlich aus und werden ermuntert, die Rangfolge ihrer Bilder ausführlicher zu beschreiben (nicht nur das erste und letzte Bild) und dabei mehr Redemittel zu nutzen, als das SB vorgibt (siehe blaue Ergänzungen im Lösungsbeispiel). L kopiert die *Speaking tips* (s. unten) und hält Kopien am Pult als ▶ Optional help bereit. Um eine angemessene Nutzung und das Verständnis der Zuhörer zu gewährleisten, werden die Redemittel auf einer OH-Folie gezeigt und besprochen.
Hinweis: Bei der Formulierung „*this*" wird das Bild gezeigt.

Speaking tips: Reporting the results of the survey (ex.2, Step 4, page 63)

This image was the most popular / the least popular.
Nearly all students said this image was cool / boring / …
This image came in second / third / … / This was our second / third / … most popular image.
More than half said that this image was cool / …
More than a quarter said this image was not cool.
… % said this image was the coolest / the least cool.
About half the students said this image was cool / not cool.

Lösungsbeispiel
We talked to 14 students. Our most popular image was this. Nearly all students said it was cool. This image came in second. Eight students said it was cool. This image was the third

coolest. About half of the students said it was cool. Our least popular image was this. Ten students said it wasn't cool.
▶ WB 1, p. 40 ▶ DFF 4.1 ▶ INKL p. 63

THEME 1 Screenagers

Inhalt   Vor- und Nachteile der Nutzung digitaler Medien

S. 64–65

1 Before you read

Wortschatz   **average · *video chat* (v) · at the same time · *free time* · at least · media · *account* · the pros and cons · addicted (to) · *net* · share · connect (to) · be / feel comfortable (with) · digital · *surf the (inter)net* · °screenager**

Material   unlinierte Blätter im A3-Format, 10–12 fette Textmarker, Pinnwandnadeln/Klebestreifen/ Reißzwecken

a) 👥 The word *screenager* comes from *screen + teenager*. Tell a partner ...
Wortschatzvorentlastung und gemeinsames Lesen und ▶ Klären der Arbeitsanweisung im Plenum; dann Bearbeitung der SB-Frage im ▶ Partner talk.

L: *We looked at photos of old-fashioned things like early mobile phones (that we don't use anymore) and of modern things like tablets (that we still use today). In Theme 1 we are going to look at some more gadgets that you might use yourselves – and at the pros and cons of modern media (= what's good and what's bad about digital °gadgets). Look at page 64 first – the title is an interesting word. What is it?*
S1:   *Screenager – it probably comes from screen + teenager.*
S2:   *So maybe it's a word for teenagers who watch lots of TV.*
S1:   *But teenagers also look at other screens, e. g. their smartphones.*

(usw.)

b) Read the radio reporter's words and find out if you were right.
Hinweis: Der kurze Text bietet Gelegenheit, die S in Hinblick auf Abschlussprüfungen eigenständig Wort- und Texterschließungsstrategien anwenden zu lassen und Unbekanntes mithilfe der Vokabelseiten der Unit, SB-Seite 170 / 171 zu klären. Zur Erfüllung der Aufgabe lesen die S nur den *report*, nicht die Argumente der Jugendlichen in den Sprechblasen. Nach der Ergebnissicherung zu a), z. B. durch ▶ Meldekette im Plenum, lesen die S dann die Aussagen der Jugendlichen in der *radio show* (still in EA oder reihum im Plenum), um Aufgabe 2 bearbeiten zu können.

Lösungsbeispiel   *Screenagers are young people who look at the screens of different gadgets like smartphones, tablets, computers, etc. very often. / We have many screens (TV, computer, ...). / We all have mobiles and we use them all the time. And they have screens. / We even use screens at school, e.g. whiteboards and computers. / ...*
▶ DFF 4.2 ▶ INKL p. 64

Alternative Um die S beim späteren Lesen zu entlasten und das Thema zu ihrem zu machen, erarbeitet L Aufgabe 1a) bei geschlossenem Buch. Davon ausgehend kann L auch Wortschatz für Aufgabe 1b) semantisieren.

SB bleibt geschlossen. L schreibt *screenager = screen + teenager* an die Tafel, die S spekulieren zunächst in EA oder/und im ▶ Partner talk dazu und notieren sich ihre Ideen im Heft.

L: *Talk to a partner and tell him/her what this word could mean.*

Im Anschluss nennen die S in einer ▶ Meldekette ihre Ideen dazu im Plenum.

S: *Screenager comes from screen + teenager. Maybe it's a word for teenagers who look at screens all the time. / We have many different screens (TV, computer, ...). / We all have mobiles and we use them all the time. And these things have screens. / We even use screens at school, e.g. whiteboards and computers. / ...*
L: *And what other things that have screens do you use?*
S: *Smartphones / computers / tablets / ...*

Entsprechend der Nennungen beschriftet L jeweils ein A3-Blatt mit einem der Begriffe. Je nach Räumlichkeiten hängt L mithilfe der S die Blätter an verschiedenen Stellen im Klassenraum auf oder legt sie auf Tischen aus mit jeweils einem Textmarker dazu.

L: *Now please write down how you use your smartphones, computers, etc.*

Die Lerngruppe wird entsprechend der Anzahl der Blätter in Kleingruppen aufgeteilt. Bei wenigen Begriffen und großen Lerngruppen werden zwei Blätter jeweils mit dem gleichen Begriff beschriftet. Ein Satz Blätter wird in einer Hälfte des Klassenraumes verteilt, der andere in der anderen Hälfte. Die S arbeiten aufgabengleich.

L: *Stay in your groups and walk from poster to poster. On the first poster, write down what you do with this gadget. On the next posters, add more ideas to what the other groups wrote. I'll clap my hands / ring the bell to let you know when to move on to the next poster.*

Anschließend werden die Poster an der Tafel / Pinnwand in einer Reihe ausgehängt. Jeweils ein S einer Gruppe liest die Ergebnisse auf einem Poster vor. Wenn *video chat, surf the (Inter)net / social media account* nicht schon auf den Postern stehen, werden sie ergänzend durch L eingeführt, z. B. indem L die Einträge auf den Postern kommentiert. *Digital technology, addicted to* und *connected* können durch Umschreibungen oder Beispiele eingeführt werden, z. B.: *We call things like smartphones, computers, etc. digital technology. / Some people surf the net for hours and can't stop because they are addicted to it. It's like taking drugs. / You are connected to people everywhere. You can talk / have video chats with them, write emails or text them, ... Average* und *at least* können mit Zahlenbeispielen erklärt werden. *At least* ist auch aus Schreibaufgaben bekannt. Die verbleibenden Wörter werden bei der Bearbeitung des Textes eingeführt.
Hinweis: Die Poster verbleiben im Klassenraum, damit sie in folgenden Lerneinheiten nutzbar sind.

L: *You explained what you think the word screenager could mean and what screenagers can do with digital gadgets. Open your books on page 64 and find out if you were right.*

2 READING Working with the text

Wortschatz **up to**

Material Kopie Redemittel *survey*, HRU-Seite 133, KV 14 (Klassensatz)

a) Copy this table and make notes from the radio show on page 64.

Lösungsbeispiel

the pros of being a screenager	the cons of being a screenager
• do lots of things at the same time • *get information very fast* • *share information* • *chat with lots of people at the same time* • *connected to people all over the world* • *help other people who are not comfortable with digital technology*	• don't sleep enough • *stop doing homework to answer messages* • *get addicted* • *always games on your mind* • *don't go out/outside often enough*

b) True or false? People on the show say that …

◉/◎ Differenzierung In lernstärkeren Lerngruppen semantisiert L *up to* und macht die S auf den Tipp aufmerksam. Dann bearbeiten die S die Aufgabe weitgehend eigenständig und korrigieren ggf. die falschen Aussagen (siehe blaue Ergänzungen in der Lösungszeile).

In Lerngruppen mit überwiegend lernschwächeren S geht L erneut auf den *radio report*, SB-Seite 64 ein und fordert die S zunächst auf, die Bezeichnungen für Mengenangaben herauszuschreiben *(average, about, seven, a lot of, … %, at least)*. Anschließend werden die Begriffe besprochen und ggf. auch übersetzt. L ergänzt *up to*. In einem zweiten Schritt ergänzen die S Bezeichnungen für Mengenangaben, die sie bereits kennen *(a lot of, many, more, …)*.

Lösung **1** *false (about means + or − seven hours)* • **2** *false (they look at more than one screen)* • **3** *false (a lot of their free time)* • **4** *false (at least 20 hours)* • **5** *true*

Zusatz Um den Wortschatz anzuwenden, führen die S in der Lerngruppe eine Befragung zum Medienverhalten durch. Ausgangspunkt sind Aussagen im *radio report*, SB-Seite 64, aus denen die S mit Unterstützung von L Fragen ableiten. Die Fragen werden an die Tafel geschrieben.

> *A survey in our class …*
>
> 1 *How many hours per day do you spend in front of a screen?*
> 2 *Do you look at different screens at the same time?*
>   *(yes, always – yes, sometimes – no, never)*
> 3 *How much time per day do you spend in your bedroom in front of a screen?*
>   *(no time – some time – a lot of time)*
> 4 *How many hours of TV do you watch per week?*
> 5 *Do you have a social media account? (yes – no – more than one)*

In Gruppen à vier bis sechs S befragen die S einander und werten ihre Ergebnisse aus. Gemeinsam werden Sätze zur Ergebnispräsentation formuliert.
◎ Lernschwächere S schreiben vollständige Sätze, ◉ lernstärkere S notieren sich lediglich Stichworte. In der Gruppe wird die Ergebnispräsentation paarweise geübt. Anschließend trägt ein S jeder Gruppe (Auswahl nach dem Zufallsprinzip) die Ergebnisse vor. Um mehr S einer Gruppe Gelegenheit zum Sprechen zu geben, empfiehlt sich eine Abwandlung der kooperativen Lernform *One stays – three / the others stray*: Ein S bleibt als *present-*

er am Tisch, die anderen verteilen sich auf die Tische der anderen Gruppen (im Uhrzeigersinn geht Person 1 einen Tisch weiter; Person 2 geht zwei Tische weiter und Person 3 geht drei Tische weiter). Der am Tisch gebliebene S präsentiert die Ergebnisse der Befragung, die hinzugekommenen S berichten von ihren Ergebnissen und nehmen dabei Bezug auf das Gehörte. (L kopiert die Redemittel bzw. *Speaking tips* unten als *prompt card* für die S.) Die Gruppen können mehrfach gewechselt werden. Auch der *presenter* kann ausgetauscht werden. Auch einige der *Speaking tips, ex.2, Step 4, page 63,* HRU-Seite 129 sind zur Unterstützung einsetzbar.

Speaking tips: Survey (pages 64–65)

Here are the results of our survey.
There are … students in our group.
Most of us … / We all …
At least … / More than … students / …
Those were our results.
Thank you for listening.

We have the same result for question … .
Our result for question … is different. …

Mögliche Lösung: *Here are the results of our survey. There are six students in our group. Most of us spend more than five hours per day in front of a screen. At least 50% usually look at different screens at the same time. We spend lots of time in our bedrooms in front of screens. Most of us watch more than 15 hours of TV per week. We all have social media accounts. Those were our results. Thank you for listening.*

Alternative ▶ KV 14: Generation like (*Part 2: Find someone who …*) ist weniger zeitaufwendig, aktiviert alle S und ist gut geeignet als Einstieg in das Thema oder die Unterrichtsstunde, um die Thematik *digital technology* zu reaktivieren. Auf ein Startzeichen hin gehen die S durch den Raum und befragen ihre Mit-S. Wenn sie jemanden gefunden haben, auf den die Frage zutrifft, notieren sie den Namen. Ein Name darf nicht doppelt erscheinen. Soll es ein Wettspiel sein, stellen die S solange Fragen, bis ein S zu jeder Frage einen Namen hat. Soll der Wettspielcharakter vermieden werden, bricht L nach einer angemessenen Zeit ab, auch wenn nicht alle S zu allen Fragen einen Namen notieren konnten.

Im Anschluss können die S die interessantesten Ergebnisse ihrer Befragung in einer ▶ Meldekette nennen *(Ayshe watches … / Dan looks at …)*.

c) ◉ **Are you a screenager? Why (not)? Write as many sentences as you can.** `More help` `p.102`

Einstieg Die S sammeln in einer Mindmap oder Tabelle, welche Medien sie wie lange und wie häufig nutzen, um Ideen für ihren Text zu bekommen.

Alternative ◉ Wenn L für den Einstieg in *Theme 1* die Alternative gewählt hat (Poster: Nutzung digitaler Medien, HRU-Seite 131), können die S die Inhalte der Poster als Ideen für ihren Schreibtext nutzen.

Die S haben die Wahl, ihren Text ohne oder mit Hilfen zu schreiben. Lernschwächere S erhalten umfangreichere Hilfen und Anregungen zur individuellen Anpassung der Textvorlage von SB-Seite 64 unter `More help` `p.102`. Für lernstärkere S reicht es oft, durch den dort unter 1 vorgegebenen Satzanfang einen Einstieg in den Text zu bekommen. Sie werden von L ermuntert, so viele Sätze wie möglich zu schreiben.

Lösungsbeispiel ◎ *I think I'm a screenager because I really like using my digital gadgets. I spend about two/ three / … hours a day in front of my smartphone screen, computer screen or TV screen. Digital technology is / isn't part of my world. I spend a lot / some of my free time in my bedroom – in front of my screens. I watch at least 20 hours / 9 hours of TV per week. And I have three / … social media accounts.*

⬤ I think I'm a screenager because I really like using my smartphone and my computer. I take my smartpone wherever I go. Every ten minutes I check my messages. And when I am with my friends I look at my phone and check things while we're talking. I often show them things on my phone and they show me things. We take lots of selfies and post them on social media. I use chat apps a lot. All my friends do.

Another point is my computer. I play games on it whenever I am in my room. It's only when my mum comes in that I stop and do my homework. There are so many interesting games. And I can play them with friends. I often do that at night because some of my gaming friends are in the USA and in Japan.

I don't think I could live without these two things. And I use them all the time. So I think I'm a screenager.

I don't think I am a screenager. I have a smartphone and a computer. When I want to meet my friends or find out where they are and what they are doing, I use a chat app. And I love selfies. I use my computer mostly for getting information and doing homework. That's only about an hour a day.

I love sports, so I am outside and at my sports club a lot. I play in a team at the weekend. A smartphone is very important/helpful for that, because you need to know where and when to meet or who is ill and can't play. So I really need my phone, but I don't think I am a screenager. I don't really look at screens a lot.

▶ 🎧 2.05 | **3** **LISTENING Digital habits** // ⬤ p.102

Wortschatz **habit · few**

Einstieg L macht den S bewusst, was sie vor dem Hören tun müssen, um sich beim Hören zu entlasten und auf das Wesentliche zu konzentrieren (Aufgabenstellung und Text der Aufgaben lesen, Satznummern bzw. Satzanfänge 1–5 im Heft notieren).

🔘 Differenzierung Um lernschwächeren S bei beiden Teilaufgaben die Möglichkeit zu geben, sich in Ruhe auf den nächsten Abschnitt vorzubereiten, stoppt L nach jeder Aussage.

a) 🔘 **People at a high school are talking about digital habits. Read sentences 1–5 ...**
Die Parallelaufgabe auf SB-Seite 102 ist für lernstärkere S geeignet. Sie müssen sich zwischen drei Auswahlmöglichkeiten (A–C) entscheiden. Daher weichen auch die Lösungsbuchstaben zu Satz 3 und 5 ab (s. u.).

Lösung // 🔘 p.65 *1 B · 2 A · 3 B · 4 A · 5 B*

// ⬤ p.102 *1 B · 2 A · 3 C · 4 A · 5 C*

b) 🔘 **Now read these sentences. Then listen again and complete the sentences.**
Die S notieren die Sätze 1–5 mit Lücken im Heft.
Die Parallelaufgabe auf SB-Seite 102 ist für lernstärkere S geeignet. Sie haben geringere Textvorgaben und müssen somit zusätzliche Informationen ergänzen (siehe blaue Satzteile in der Lösungszeile).

Lösung *1 Kumar says videos are funny and entertaining / interesting. • 2 Oscar doesn't have any time for sport. • 3 Devon can't have her phone in her bedroom at night. • 4 Devon's mum tells Devon to stop sending messages. • 5 Mr Davis says digital technology can be used for getting information and for help with homework.*

4 👥 SPEAKING Then and now

Material KV 15 A/B

Partner A: Stay on this page. Partner B: Go to page 80. …

Das ▶ Klären der Arbeitsanweisung erfolgt in PA mit anschließender Bestätigung/Korrektur durch L. Um die Strukturierung und Redemittel der Bildbeschreibung zu reaktivieren, bearbeiten die Partner/innen gemeinsam *Skills file 10*, SB-Seite 134, Abschnitte 1–4.

a) Work alone. Answer these questions: …

◻/◼ Differenzierung Lernstärkere S werden aufgefordert, sich möglichst nur Notizen für den Bericht an den Partner zu machen.

Für lernschwächere S kopiert L ▶ KV 15 A/B: Describing a picture *(Partner A / Partner B)*. Die S erhalten darauf zu den Fragen im SB *(What can you see? / What are they doing?)* weitere Fragen, die sie beantworten, indem sie vorgegebene Satzmuster ergänzen.

b) Listen to Partner B. Then describe your picture and compare the two pictures: …

Lösungsbeispiel **Partner A:** *In my picture I can see five young people, three girls and two boys. They are in a living room. I can see a notebook, a tablet and some smartphones. On the left there is a girl with a smartphone. On the sofa there is a boy with a laptop and a girl with a smartphone. There is a boy with a smartphone next to the sofa. There is a girl with a tablet on the right. I think it is a picture of today. The people know each other, because they are in a house together, and communicating with their gadgets. Everybody is looking at their screens. Nobody is talking. They are surfing the net, posting photos and/or sending messages.*

Partner B: *In my picture I can see five young people, three girls and two boys. They are in the street. I can see a radio / CD player. One of the boys has it on his shoulder. There is a girl near him. I can see a telephone box. I think it is a picture of the past. I think the people know each other because they are in the street together and talking and laughing. They are probably listening to music (on the radio). The girl near the boy with the radio / CD player is dancing.*

▶ WB 2–5, pp. 41–42 ▶ DFF 4.3 ▶ DFF 4.6 ▶ INKL p. 65

Zusatz Im SB wird an dieser Stelle auf das *Text file 3, Music in your life*, von SB-Seite 119 verwiesen. In dem Blog einer 16-Jährigen geht es u. a. um ihre Lieblingsmusik.

Zusatz Der Vergleich der Bilder von Jugendlichen kann zu einem weiteren Vergleich führen: Nutzung von Medien der Jugendlichen heute und ihrer Eltern-/Lehrergeneration. L kopiert die Aufgabenstellung (s. u.). Das ▶ Klären der Arbeitsanweisung erfolgt gemeinsam. L setzt Bearbeitungszeiten fest: *Step 1* ca. zehn, *Step 2* ca. drei, *Step 3* ca. zehn Minuten.

Step 1: *Think about when your parents were young. Answer the following questions:*

1 *How / Where did they listen to music?*
2 *Did they have smartphones?*
3 *Did they use the internet as much as you do?*
4 *What were their mobile phones/computers like?*
5 *Did they have as much technology as you have?*

Step 2: *Talk to a partner about your answers.*

Step 3: *Talk to other people in a double circle.*

Mögliche Lösung: *My parents listened to music on the radio, cassette recorder, CD player and on TV. They didn't have smartphones. They didn't use the internet as much as I do. With their mobile phones they could only make phone calls and send text messages. They could only play a few boring games on their computers. They could write texts but they couldn't chat. They didn't have as much technology as we have now – they probably only had their phones, a radio or a CD player / cassette recorder, a big computer (no tablets or laptops!) and their TV.*

THEME 2 Selfies and tattoos

Inhalt   Erörterungen zu *selfies* und *tattoos*

S. 66–67

1 Selfies

Wortschatz   general · argument · conclusion · hate · arrogant · app · improve · post *(v)* · depressing · artist · *modern-day* · self-portrait · definitely · head · tooth, *pl* teeth

Material   KV 16 (Klassensatz)

Einstieg   **SB bleibt geschlossen.**

L: *Let's talk about selfies. Can you describe what selfies are?*
S: *You take a photo of yourself. / You take a photo of yourself and your friends. / You take the photo with your smartphone. / There is a camera in the front, so that you can see what you are doing.*

a) Discuss: Which of these pictures would you call a selfie? Why do people take selfies?
Die Diskussion kann im Plenum geschehen. Wenn die S aber mit einem Partner und dann erst im Plenum diskutieren, haben mehr S eine Sprechmöglichkeit.

Lösungsbeispiel   *I think A is a selfie, because you can see that the person took the picture himself. Maybe he wants to show the world where he is / that he is in space and what he looks like in his work clothes / space suit. I think B could be a selfie too, but it could also be a photo of people who are taking a selfie. C is a photo of a painting, not a real person. It isn't a typical selfie.*

b) Read paragraphs A–D and then put them in the order of the green box.

Einstieg   **SB bleibt geschlossen.** Mithilfe der Fragestellung *Do you like selfies (why/why not?)* kann L in einem fragengeleiteten Unterrichtsgespräch einen Teil des neuen Wortschatzes semantisieren. Verbleibender Wortschatz klärt sich beim Lesen. Außerdem beinhalten die Begründungen *(why/why not)* pros und cons und erleichtern das anschließende Textverständnis.

L: *Do you sometimes improve your selfies / self portraits for example by using photo apps to make yourself look better (whiter teeth, …)? (…) / Do you post your selfies (= put them on social media)? (…) / What did people do before they could take selfies with their smartphones? (they asked others to take photos of them) / In the old days, artists painted portraits of important / rich people (just their head and shoulders) and sometimes they also painted self-portraits. So do you think we could call selfies modern-day self-portraits? (…).*

L notiert die neuen Begriffe (ggf. mit Umschreibungen) an der Tafel: *improve photos (= make yourself better-looking), white teeth, apps, post, artist, head, self-portraits, modern-day.*

Bei geöffnetem Buch erklärt L anhand der Übersicht in der grünen Box den Schreibplan für eine Erörterung in einem kurzen Vortrag und semantisiert dabei den notwendigen Wortschatz. Da die S dieser Jahrgangsstufe Schreibpläne für erörternde Texte auch aus anderen Fachbereichen kennen, können sie an Bekanntes anknüpfen.

L: *In the radio report about screenagers, young people talked about the pros and cons of being a screenager. Instead of pros and cons you can say arguments for or arguments against something. When you want to structure your arguments for a written discussion, you usually begin with an introduction. You tell people about what you are going to write about and some general things that everybody might know. At the end of your text you give your opinion. You say whether you are for or against something. And that's the conclusion. Look at the plan in the green box first. Then do exercise b).*

Hinweis: Die Ergebnisse der Aufgaben 1b) und 1c) werden gemäß SB (siehe 1d) in PA abgeglichen.

Lösung   *Paragraph 1: D • Paragraph 2: A • Paragraph 3: B • Paragraph 4: C*

c) Written discussions are based on a plan. Copy and complete the plan of this text.

In dieser Aufgabe setzen sich die S inhaltlich detailliert mit den vier Textteilen auseinander und leiten daraus den zugrunde liegenden Textplan ab. L macht auf den Tipp in der grünen Box aufmerksam.

Differenzierung   Lernschwächere S bekommen Hinweise (▸ Optional help), um die relevanten Textstellen schneller finden zu können. Dazu kopiert L die Aufgabe (s. u.). Die S können die linke Spalte mit den zusätzlichen Vorgaben abschneiden oder umknicken und ihre Lösung entspricht dann dem Layout im Buch.

Optional help: Exercise 1c), p. 66		
The introduction – something general on selfies	Paragraph 1:	what a selfie is – why popular
Find two arguments against Firstly, Secondly,	Paragraph 2:	1 _____ 2 _____
Find two arguments for On the other hand … And they're often …	Paragraph 3:	1 _____ want to _____ . 2 _____
Conclusion – the writer's opinion: He/she thinks taking selfies is … Does he/she like or hate selfies? They're …	Paragraph 4:	_____

Lösungsbeispiel   *Paragraph 1: what a selfie is – why popular • Paragraph 2: 1 arrogant, 2 make you feel bad • Paragraph 3: 1 OK / not negative if people want to look good, 2 often funny • Paragraph 4: it's normal to take selfies, doesn't hate them, takes them because they're fun*

d) 👥 Work with a partner. Did you have the same answers …

Die Ergebnisse von 1d) können zusätzlich im Plenum besprochen werden, da die S inhaltlich ähnliche aber unterschiedliche Formulierungen gewählt haben können.

More practice 1 p. 103   **Working on the text**

Material   Kopie HRU-Seiten 137 und 138 *(optional help)*

a) ☉ Find the words in the selfies-text on page 66.

Diese Aufgabe eignet sich gut zur Wortschatzsicherung. Die S finden im Ausgangstext auf SB-Seite 66 das passende Wort zur vorgegebenen Umschreibung.

Differenzierung   S, die sehr langsam lesen, erhalten nähere Hinweise, in welchem Text das jeweilige Wort zu finden ist. L schreibt die Angaben verdeckt an (z. B. hinter die Tafel) oder kopiert die Zeilen unten auf Papierstreifen und die S nutzen sie bei Bedarf als ▸ Optional help.

> *Optional help: More practice 1a), p. 103*
>
> *1 A, 2 A, 3 A, 4 D, 5 D, 6 D, 7 B, 8 B*

Lösung | **1** *hate* • **2** *arrogant* • **3** *improve* • **4** *head* • **5** *everyone* • **6** *adults* • **7** *artists* • **8** *self-portraits*

b) True or false? What does the text on page 66 say?

Differenzierung | Lernschwächere S erhalten nähere Hinweise, in welchem Text die jeweilige Aussage zu finden ist. L schreibt die Angaben verdeckt an (z. B. hinter die Tafel) und die S oder kopiert die Zeilen unten auf Papierstreifen nutzen sie bei Bedarf als ▶ Optional help.

> *Optional help: More practice 1b), p. 103*
>
> *1 D, 2 D, 3 A, 4 A, 5 B, 6 C*

Lösung | **1** *true* • **2** *false* • **3** *true* • **4** *true* • **5** *false* • **6** *true*

c) 👥 **Do you agree with the writer's conclusion about selfies? Why (not)? Tell your …**
Diese Aufgabe gibt konkrete Beispielsätze dafür, wie eine persönliche Stellungnahme lauten könnte. Wenn sich die S eine Aussage angeeignet haben, versuchen sie, sie möglichst frei sprechend dem Partner mitzuteilen.

Differenzierung | Lernstärkere S formulieren mündlich ein bis zwei weitere Beispiele für ihre Meinung zum Thema.

Zusatz | Um eine weitere Übungsmöglichkeit für eine Erörterung zu schaffen und die Struktur des Aufbauplans zu sichern, verteilt L die ▶ KV 16: A written discussion mit einem *jumbled text* zum Thema *Smartphones – are they a good idea?* Da alle S inhaltlich in der Lage sind, sich damit auseinanderzusetzen, sollte ihnen die Sortieraufgabe relativ leichtfallen.

Die S zerschneiden die Tabelle und ordnen den Text entsprechend dem vierteiligen Bauplan, den sie in Aufgabe 1, SB-Seite 66 kennengelernt haben. Anschließend überprüfen sie ihre Lösung anhand der Musterlösung (s. u.) und kleben die Textteile in der richtigen Reihenfolge in ihr Heft.
◉ Lernstärkere S fügen weitere Argumente hinzu oder schreiben einen eigenen Text ohne die KV, aber mit der Unterstützung des Bauplans und der Satzmuster im SB.

Musterlösung (zum Kopieren und Verteilen bzw. Aushängen im Klassenraum):

Paragraph 1:	Introduction	(K), (E),
Paragraph 2:	Arguments against	(B), (D), (F),
Paragraph 3:	Arguments for	(I), (A),
Paragraph 4:	Conclusion	(C), (H), (G)

▶ INKL p. 66

2 **EXAM TRAINING Writing (…): Tattoos – are they a good idea?**

Material | Kopie HRU-Seite 140

Einstieg | Die Teilaufgaben a) bis e) greifen die Strategie der „vier Schritte beim Schreiben" auf, s. auch *Skills file 7B*, SB-Seiten 130–131. Deshalb sollte L vor der Bearbeitung der Aufgabe dieses Vorgehen bei den S aktivieren, um auf diesem Hintergrund die verschiedenen Arbeitsschritte zu besprechen. In Aufgabe 2d) werden die Auswertungskriterien für den Text genannt, sodass Transparenz über die Anforderungen herrscht. Dazu kopiert L ggf. eine Tabelle für den Textcheck (s. HRU-Seite 140).

a) Collect ideas about tattoos:
Auf SB-Seite 128, *Skills file 7.2* haben die S zusätzlich Hilfen, ihren Schreibplan umzusetzen.

Differenzierung Um lernschwächeren S mehr Ideen zu geben, werden einige *pros* und *cons* gemeinsam an der Tafel gesammelt (s. Lösungsbeispiel).

Lösungsbeispiel *Tattoos are images that people have on … their arms, their legs, their bodies. Many people have them.*
Lots of people like tattoos because … they are cool/trendy/… / they think they look good / lots of famous people have them / they want to show what they like, e.g. some people get tattoos of the names of their boyfriends/girlfriends / …
Others don't like them because … they are expensive/bad for your skin / it hurts to get them / you might not like them after a few years / they don't look nice after some time / …
In my opinion, tattoos are a bad idea because they are bad for the skin / they're too expensive / it might be difficult to get a job / …

b) Make a plan. Choose the sort of plan that you find useful. …

Lösungsbeispiel **1** *(Introduction) images on your body, very popular, lots of people have them, adults and young people*
2 *(Arguments against) expensive, bad for your skin, don't look nice after some time, it hurts to get them*
3 *(Arguments for) they are cool/°individual, look good, show what you like (names of friends/favourite bands/…; pictures of comic characters/animals/…)*
4 *(Conclusion) don't like them, bad for the skin, too expensive, …*

c) Write your text. You can use phrases from the text about selfies on page 66.
Die Aufgabe eignet sich durch ihren kleinschrittigen Aufbau auch gut für lernschwächere S, da sie anhand der Satzvorgaben in c) ihre in a) und b) gesammelten Ideen und Inhalte ausformulieren können. Weitere Hilfen können sie durch den Text auf SB-Seite 66 bekommen.

Differenzierung Lernstärkere S führen ihre Argumente weiter aus und/oder nennen so viele Argumente wie sie können. Dafür finden sie Anregungen im Text, SB-Seite 66 (siehe blaue Ergänzungen im Lösungsbeispiel).

Lösungsbeispiel *Many people like to have images on their skin. Today lots of people have tattoos.*
So why do some people hate tattoos? Firstly they say that tattoos are expensive. A small one costs about … euros and you might want to have more than one. Secondly they often don't look nice after some time. Sometimes you can't really see what kind of image it once was.
For example you get a cat tattoo on your arm because you like cats. After some years you can't really see the smaller parts of the cat's face. It's like a bad photo. That's not very nice. Another thing is that it hurts, especially when the tattoo artist isn't very good.
On the other hand we shouldn't be too negative about tattoos. Tattoos are cool/modern/trendy. And they can look very good, for example on your arm when you wear a T-shirt. You can also get tattoos to show people your feelings, for example by having the name or face of your boyfriend/girlfriend.
On the other hand, it can be embarrassing if you have your boyfriend's/girlfriend's name or face on your shoulder and after some time you're not together anymore. You have a new boyfriend/girlfriend – and you have to explain your tattoo to them.
To sum up, I think it is a bad idea to have tattoos because they are expensive and you might not like them after some time.
And it hurts to get them. I wouldn't like that.

d) 👥 Partner check: Exchange your texts with a partner. Check: the structure …
L kopiert die folgende Tabelle, die die S für die Auswertung des Partnertextes nutzen.

Alternative Anstelle des ▶ Partner check kann auch ein ▶ Correcting circle durchgeführt werden. Vier S tauschen ihre Texte untereinander aus. Jeweils ein/e S ist Spezialist/in für einen Teil des

Textchecks, z.B.: S1 = *introduction* und *arguments against*, S2 = *arguments for* und *conclusion*, S3 = *spelling*, S4 = *grammar*. ⊙ Der/Die lernschwächste S der Gruppe übernimmt den übersichtlichen *spelling check* (vorausgesetzt er/sie hat kein Rechtschreibproblem).

A checklist for written discussions name:	✓	✗	comment
introduction something general (e.g. on what tattoos are)			
arguments against			
1			
2			
3 ⊙			
4 ⊙			
arguments for			
1			
2			
3 ⊙			
4 ⊙			
conclusion			
spelling			
capital letters at beginning of sentences			
words taken from pages 66/67 correct?			
grammar			
simple present			
sentences (word order) used from pages 66/67 correct?			

e) Improve your text and write it again. Put it in your DOSSIER.

Mithilfe der *comments* zum Text durch den/die Partner können die S ihre Texte überarbeiten, ggf. illustrieren und abschließend im Dossier ablegen.

Lösung   individuelle Lösungen   ▶ DFF 4.4 ▶ INKL p. 67

THEME 3 Targeting teens

Inhalt   Werbeanzeigen und ihre Wirkungsabsichten

S. 68–69
---

1 👥 You and ads

Wortschatz   **target** · **influence** · **one in three** · **product** · **repeat** · **leather** · **carry** · **escape (from)** · **soft drink** · °**preservative** · ***trend*** · **vlogger** · vlog

Material	unlinierte A4-Blätter

Einstieg **SB bleibt geschlossen.** Wortschatzvorentlastung im gelenkten Unterrichtsgespräch im Plenum.

L: *When we talked about "looking forward"/the world of work, we looked at some ads. What were they for?*

S: *For jobs.*

L: *That's right. But there are other kinds of ads as well. What for?*

S: *For clothes. / For computers. / ... .*

L: *Companies want to sell their products like clothes, computers, cars, soft drinks, ... So they make ads to make you buy their products. Some of these ads are made especially for young people like you. They are targeting you so that you buy what the companies are selling. To influence you, they make ads with trendy people who are using/wearing their product and/or they repeat its name/slogan (= say it over and over again). – Open your books and do exercise 1a) with a partner.*

Im Laufe der Einführung in die Aufgabe schreibt L die Wörter *product, target, repeat* und *influence* an die Tafel. Der verbleibende Wortschatz kann während des Arbeitens am Text im zugehörigen *Vocabulary*, SB-Seiten 171/172 oder dem *Dictionary*, SB-Seite 176ff individuell nachgeschlagen werden.

a) 👥 **Talk about these questions with a partner: ...**

Die S tragen ihre Ergebnisse mithilfe der vorgegebenen Satzmuster vor.

Alternative Einstieg durch L-S-Dialog wie oben. Die S bilden Dreiergruppen. L teilt je ein unliniertes A4-Blatt an eine Gruppe aus. An der Tafel demonstriert L, wie das Blatt eingeteilt wird (s. Vorlage rechts). In jedes Drittel des Blattes schreiben die S eine der drei Fragen aus Aufgabe 1a). Zunächst beantwortet jeder S eine Frage (Notizen). Dann wird das Blatt zweimal gedreht und die anderen S ergänzen ihre Ideen. Anschließend 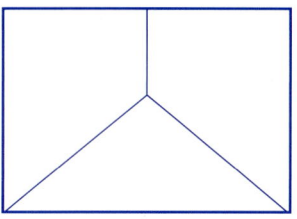 tragen sie ihre Ergebnisse mithilfe der vorgegebenen Satzmuster vor. Je ein S der Dreiergruppe übernimmt eine Antwort. Die S bekommen Zeit, sich ihren Vortragsteil gegenseitig vorzusprechen, um mehr Sicherheit zu gewinnen.

Lösung individuelle Lösungen

b) Read the article for more information on ads. What do you find surprising?

Bevor die S den Text lesen, geht L auf den Aufbau ein (sechs Abschnitte, alle mit *Do you know* eingeleitet, Abschnitt A als Einstieg). Beim Lesen des Textes machen sich die S Notizen, wenn sie etwas überraschend finden.

Lösungsbeispiel *I find it surprising that companies give products to vloggers so that they talk about them in their vlogs.* ▶ INKL p. 68

Alternative Da die S in den kommenden Aufgaben (2–5) Details des Textes kennen müssen, sollten sie sich bereits hier intensiver damit auseinandersetzen und ggf. schriftlich Notizen zu den einzelnen Abschnitten machen. Dies kann mit der Frage *What do you find surprising?* verbunden werden. Die Aufgabe wird in der kooperativen Lernform ▶ Jigsaw erarbeitet. Zunächst lesen alle S Abschnitt A, um zu verstehen, dass ihnen in den Abschnitten B bis E Wirkungsmethoden der Werbung vorgestellt werden. Nach dem gemeinsamen Einstieg arbeiten die S an ihrem Expertentext (Abschnitt B, C, D oder E) und gleichen ihre Notizen in der Expertengruppe ab (alle B, alle C, ...).

⦿ Die lernstärksten S bearbeiten den umfangreichen Abschnitt C, ⦾ die lernschwächsten den Abschnitt B. In ihrer Vierer-Stammgruppe (je ein S mit jeweils Abschnitt B, C, D, E) tragen sie sich gegenseitig ihre Notizen vor und schreiben mit, sodass jeder S anschließend zu allen Abschnitten Notizen hat. Dazu fertigen sie sich am besten eine Tabelle an, in die sie die Notizen zu ihrem Expertentext bereits eintragen. Mögliche Lösung (in Tabellenform):

Paragraph / Group	I find it surprising that …
A	ads have a big (negative) influence on teens, if you know how they work, they're less dangerous for you
B	many ads target teens because they have money, teens watch up to 3000 ads in one day
C	there are so many different tricks in ads, e.g.: – music in ads – you hear it, you think of the product – ads use a product name many times – so you remember the name – ads show rich/successsful people with the product – you want to be like them – ads promise: if you buy the product – then you are popular – when stars use the product – you want it too – ads don't say anything about the downsides of products
D	people get money to go out and find out about trends/new styles by meeting teens
E	vloggers get products from companies for free to talk about them in their vlogs (so that people buy them)

2 Headings

Wortschatz   **heading · advertising strategy**

Einstieg   L semantisiert *heading* und *advertising strategy*.

Pick the right heading for each paragraph on page 68 …

Lösung   *1 C · 2 E · 3 A · 4 D · 5 –* (Distraktor) *· 6 B*

3 EXAM TRAINING Words

Wortschatz   **opposite**

Find words and phrases in paragraphs A–E on page 68 that mean: …
Hinweis: Dieses Aufgabenformat wird in einigen Bundesländern auch in Abschlussprüfungen eingesetzt. Die S erhalten in der Aufgabe eine Hilfe, nämlich den Hinweis auf den Abschnitt, in dem sie ihre Antwort finden. Das grenzt für leseschwache S den Lese- und Zeitaufwand ein.

⊡ Differenzierung   👥 Eine weitere Unterstützung für lernschwache S ist die Arbeit mit einem Partner, um sich beim Suchprozess austauschen zu können.

Lösung   *1 influence · 2 repeat · 3 products · 4 rich · 5 teeth · 6 escape · 7 leather · 8 carry ·*
9 companies · 10 vloggers

4 MEDIATION The ad industry

Einstieg   Die S müssen bei dieser Aufgabe zunächst die deutsche Aussage verstehen, den englischsprachigen Abschnitt im Text finden, auf den sich die Aussage bezieht, und dann die geforderte Information auf Deutsch formulieren. Das bespricht L vorab mit den S. Satz 1 wird gemeinsam erarbeitet, um die einzelnen Schritte an einem Beispiel zu zeigen. Wenn sich die S in Aufgabe 1 schriftlich Notizen gemacht haben (s. Alternative, HRU-Seite 141), sind diese eine wertvolle Hilfe, weil sie bereits das Wesentliche der einzelnen Abschnitte beinhalten.

Eine Freundin interessiert sich für den Artikel auf Seite 68. Teile ihr mit: …

Differenzierung | Für lernschwache S schreibt L den zugehörigen Absatz zu den Aufgaben 1–5 als ▶ Optional help hinter die Tafel *(1 A, 2 B, 3 C, 4 D, 5 E).*

Bei der Ergebnisüberprüfung erklären die S, wie sie zu ihrem Ergebnis gekommen sind, um anderen S die Möglichkeit zu geben, ihr gedankliches Vorgehen nachzuvollziehen (▶ Metakognition).

Lösungsbeispiel | *1 Jugendliche sollten besser über Werbung Bescheid wissen, weil ein großer Prozentsatz der Werbung auf sie zielt. Jugendliche können negativ beeinflusst (z.B. zum Alkohol trinken verführt) werden, wenn sie die Absichten der Werbung nicht verstehen. • 2 Weil sie Geld haben. • 3 Musik, die gespielt wird, wird mit dem Produkt verbunden. / Der Produktname wird häufig wiederholt, damit man ihn behält. / Ein Lebensstil wird vorgegaukelt, den man nachahmen möchte. / Versprechen: Wenn man das Produkt kauft, ist man angesehen. / Stars werden bezahlt, Produkte zu empfehlen, die man dann auch haben möchte. / Negativ: Werbung gibt keine Auskunft über Gefahren/Schwächen eines Produkts. • 4 Leute werden dafür bezahlt, sich unter jungen Leuten nach neuen Trends umzusehen und umzuhören, die dann für Produkte und Werbung genutzt werden. • 5 Jugendliche Vlogger bekommen kostenlos Produkte zugeschickt, über die sie in ihren Vlogs sprechen. Ziel ist es, dass ihre Leser dann diese Produkte kaufen.*

4 ACTIVITY Ads, ads, ads

Material | Werbeanzeigen aus Zeitschriften und Zeitungen, Photos von Werbeanzeigen, Ausdrucke von Internetwerbeanzeigen, Internetzugang , Kopien HRU-Seiten 144.

Einstieg | Die S entscheiden sich für eine der beiden Aufgabenstellungen. Die Aufgabe *Ads and you* ist ohne Material durchführbar. Für die Aufgabe *Ad report* ist Material notwendig. Soll es von den S mitgebracht werden und für die entsprechende Unterrichtsstunde vorliegen, müssen die S dazu einen längerfristigen Auftrag bekommen (ca. eine Woche). Auch die Klärung, wer welche Aufgabe bearbeiten will, muss vorzeitig stattfinden, damit die entsprechenden S wissen, wofür sie im Vorfeld Material sammeln, Photos machen und ausdrucken oder im Internet recherchieren. L stellt in der Unterrichtssituation Material zur Verfügung, falls keines vorhanden ist. Oft haben S zu Hause keine Ausdruckmöglichkeit, sodass dies in der Schule geschehen muss.

Pick one of these activities:
Die Aufgabe *Ads and you* ist als EA gedacht, der *Ad report* kann EA oder GA sein.
Nach dem ▶ Klären der Arbeitsanweisungen im Plenum gehen die S in ihre Gruppen bzw. an ihre EA.

Ads and you
a) Work alone. Think about ads that you see every day. Make notes: …
b) Tell the class about your ad experience.

Differenzierung | **1** 👥 Die S tauschen sich aus, auch wenn sie individuelle Notizen zu unterschiedlichen Schwerpunkten machen.

2 Für sehr lernschwache S verteilt L eine Tabelle mit Vorgaben für Notizen zu jeder Frage (s. nächste Seite). Die S haben aber auch die Möglichkeit, eigene Ideen zu ergänzen (linke Spalte der Tabelle). Für die Präsentation ergänzen die S vorgegebene Satzmuster (rechte Spalte), da sie häufig überfordert sind, nach Notizen frei zu sprechen. Anschließend üben die S ihren Text mithilfe der ▶ Read-and-look-up technique ein und tragen ihn dann zunächst einem Partner vor, bevor sie zur Lerngruppe sprechen. Für ihre Präsentation bitten sie die Lerngruppe um Feedback nach Kriterien, die in der Tabelle stehen.

Questions:	Notes:	Presentation: My ad experience
	Cross out what you don't need and add your own ideas.	*Complete the sentences for your presentation.*
– How many ads do you see or hear?	more than _____ , about _____ , _____	Now I want to tell you something about my ad experience. Every day I see ____ _____ _____ .
– Where do you see them?	on the internet, in the street, on TV, in town, in shops, at the supermarket, in magazines, at my sports club, _____	I see them _____ _____ _____ _____ .
– What are they for?	For clothes, computers, smartphones, video games, apps, sports equipment, _____	They are _____ _____ _____ _____ .
– How do they target teens?	for products that are cool, they show good-looking young people in nice clothes, they use cool music, _____	They _____ _____ _____ _____ .
– Which ads do you find interesting?	ads with cool pictures or photos, ads with good music, _____	I find ads _____ _____ _____ very Interesting.
– Which ads aren't interesting for you?	ads for food, clothes, video games, _____	I don't find ads for _____ very interesting. / Ads for _____ and _____ aren't very interesting for me.
After you have told your class about your ad experience, ask them for questions and feedback on your presentation:		– This is the end of my presentation. Do you have any questions? – Please give me feedback: Did I speak clearly? Did I speak loud enough? Did I make eye contact? – What else can I do to make my presentation better?

3 Eine weitere Differenzierungsform ergibt sich, wenn L die rechte Spalte der kopierten Tabelle abschneidet und die S ihre Präsentation selbstständig vorbereiten. Eine gute Alternative für die S, die vor dem Umfang der Fragen in Aufgabenstellung a) kapitulieren, aber sehr wohl in der Lage sind, zu Notizen zu sprechen.

Lösung   individuelle Lösungen

Ad report
a) **Work alone or in a group ...**
b) **Look at your ads and find examples of the tricks in paragraph C on page 68.**
c) **Do a poster presentation for the class. Talk about the tricks that you've found.**

Einstieg Bei dieser Aufgabe ist es möglich, sich bewusst für EA zu entscheiden. Zu einer Präsentation gehören ein guter Einstieg und ein Abschluss. Gemeinsam aktivieren die S (mündlich) ihr Vorwissen dazu, äußern Ideen und berücksichtigen diese beiden Aspekte in ihrer Präsentation. Sowohl für die EA als auch für die GA kann es ein Feedback geben. L kopiert ggf. das folgende Feedbackgerüst und bespricht die Kriterien mit den S.

Differenzierung Lernstärkere S sammeln selbst mögliche Kriterien an der Tafel, die anschließend in Tabellenform abgeschrieben werden, damit sie darin ihre Auswertungen vornehmen können.

Ad report: Feedback on poster and presentation

	Presenter / Group 1:			Presenter / Group 2:			Presenter / Group 3:		
	☺	☺	☹	☺	☺	☹	☺	☺	☹
You had a good introduction.									
You presented interesting ads (pictures) / tricks on your poster.									
You explained the pictures / tricks well.									
You spoke clearly and fluently.									
You spoke loud enough.									
You made eye contact.									
You didn't look at your notes too often.									
Your presentation was easy to understand.									
You had a good ending.									

Alternative Wenn es organisatorisch und technisch möglich ist, erstellen die S statt eines Posters eine Computer-Präsentation. Die Auswertung kann nach den o. g. Kriterien erfolgen.

Lösung individuelle Lösungen

More practice 2 p. 103 **WRITING Your opinion**

"Teenagers are influenced by all sorts of ads." Do you agree with this statement ...
In dieser Aufgabe äußern die S ihre Meinung zu einer vorgegebenen Aussage. Bevor sie schreiben, schauen sie ggf. nochmals auf den Schreibplan auf SB-Seite 66 *(introduction, arguments for statement, arguments against statement, conclusion: own opinion)*, um die Struktur des Textes zu durchschauen. Die S bekommen in der Aufgabe viele Hilfen, sodass auch lernschwache S einen Text schreiben können, indem sie diejenigen Satzanfänge übernehmen und ergänzen, die zu ihrer Meinung passen.

L ermuntert lernstärkere S, verstärkt eigene Formulierungen zu verwenden sowie mehr Beispiele zu finden und diese näher auszuführen.

Lösung individuelle Lösungen

▶ WB 6–8, pp. 43–44   ▶ DFF 4.5   ▶ INKL p. 69

TEXT Gamer

Inhalt   adaptierter Ausschnitt aus dem Jugendroman *Gamer* von Chris Bradford

S. 70–72

1 👥 Before you read

Material   OH-Folie: Bilder SB-Seite 70–72, z. B. von KV 17

Look at the pictures on pages 70–72. Then talk about these questions with a partner.
Die beiden Fragen sind ein gebräuchliches *Pre-reading*-Format, das den S einen Einstieg in den Text ermöglicht.

L: *On pages 70 to 72 we are going to read a part of a °novel. There are some pictures that help us to understand the story. So, please look at these pictures first and do the task.*

Die Bilder geben keine klare Auskunft darüber, ob die Geschichte in der Gegenwart oder Zukunft spielt, sodass die S diesen Punkt diskutieren können/müssen. In Frage 2 gibt es unterschiedliche Antworten zu den jeweiligen Bildern. Zur besseren Übersichtlichkeit nummerieren die S im Plenum die Bilder 1–7, sodass bei der Ergebnisvorstellung alle S wissen, von welchem Bild die Rede ist. Satzmuster an der Tafel zusammen mit den zentralen Begriffen in den Fragen (*past, present, future* sowie *friendly, violent, frightened*) unterstützen die S bei ihren Antworten. Zusätzlich weist L auf *Wordbank 2*, SB-Seite 151 und *Wordbank 4*, SB-Seite 153 hin. Mögliches Tafelbild:

I think this story happens in the …	past present future	because	– picture 1 / 2 /… shows something that we have / don't have now: … – in picture 1 / 2 /… we can see very modern buildings / … – things like that could happen now.
I think the people in this story are …	friendly violent frightened	because	– in picture 1 / 2 /… they / some boys /… are bullying sb. / stealing sth. / fighting / … – the boy in the green sweatshirt is helping sb. / running away / … – the boy on the left / right / in the middle / the kids in the foreground / background looks / look friendly / shy / scared / angry / dangerous / mean / scary / …

● Differenzierung   Lernstärkere S werden ermuntert, eigene Formulierungen zu nutzen.

Alternative   **SB bleibt geschlossen.** Um vor dem Lesen eine klare Trennung von Bild und Text zu haben, kopiert L die Bilder der Geschichte auf eine OH-Folie. Aufgabe und Text wie oben.

Lösungsbeispiel   *1 I think this story happens in the future because the city in the background looks very modern. But there are also lots of things that we have now, e. g. in picture one: public viewing. The pictures of the young people who are fighting also show something that could happen now. In the last picture (picture seven) we can see something special that we don't have yet: it looks like a modern game station or a quiz show that takes place on a truck.*

2 *The people in this story are frightened and violent. The kids in picture two are frightened because the bigger boys are bullying them / stealing their bread. The young people in pictures three and five are violent and mean / dangerous. One of them has a knife. The boy in the green sweater looks friendlier. He's trying to help the smaller kids.*

Die Ergebnisse werden in einer ▶ Meldekette ausgetauscht.

Chris Bradford *Gamer*

Chris Bradford, Autor des Jugendromans *Gamer*, wurde 1974 in Aylesbury, England geboren und lebt heute mit seiner Familie in West-Sussex. Er hat bereits mehr als ein Dutzend Romane für Jugendliche veröffentlicht und ist Vollzeitschriftsteller. Er ist auch Musiker und hat erfolgreich in einer Band gespielt. Seit seiner Kindheit hat er sich außerdem mit Kampfsportarten beschäftigt, die in seinen Büchern eine große Rolle spielen. Neben *Gamer* sind *Ninja* (Serie) und *Young Samurai* (Serie) sehr beliebt bei den jugendlichen Lesern. Mehr zu seinen Büchern erfährt man auf seiner Website.
Der adaptierte Text *Gamer* im Lehrbuch gibt verkürzt die Handlung der Kapitel 1–5 des Romans wieder, die für sich genommen einen Handlungsstrang bieten. Der Roman spielt in der Zukunft, in der viele Jugendliche wie Scott, einer der Hauptcharaktere des Buches, auf der Straße leben, weil sie ihre Eltern durch eine tödlich verlaufende Viruserkrankung verloren haben. In den nachfolgenden Kapiteln lernt Scott ein Mädchen kennen, das wie er ein *Gamer* in einer *Game Show* ist. Das Mädchen verschwindet nach einiger Zeit, und bei Scotts Suche nach ihr verschwimmen die Grenzen zwischen der realen und der virtuellen Welt der *Game Show* immer mehr.
Gamer wird zu den *dystopian novels* gerechnet, in denen oft zukünftige Gesellschaften als totalitär, menschenverachtend und abschreckend dargestellt werden.

▶ 🎧 2.06   **Gamer**

Wortschatz   *gamer* · °novel · *fighter* · *logo* · onto · virtual · combat · lane · backstreet · *unwanted* · *killer* · virus, *pl* viruses · strange · realistic °reading log · eat: I've eaten · be on · *bin* · hold, held, held · tough · leave *sb.* alone · °sis · °Finders keepers, losers weepers. · creep up (on sb.), crept, crept · turn around · metal · drop · till · sth. is bad news · °stare · twins *(pl)* · gang · grin (at sb.) · roof · ladder · floor · disappear · square · *game station* · *tester* · *come over* · keep, kept, kept · frightening · *die of* sth.

Material   CD, KV 17

Einstieg   Im Anschluss an den Austausch über die Ergebnisse zu Aufgabe 1 schauen die S auf die Überschrift und äußern sich im Unterrichtsgespräch dazu.

> L: *Okay. You've looked at the pictures in the story. Let's look at the title now. It's Gamer. What do you think it means?*
> S: *Somebody who plays games.*
> L: *What kind of games?*
> S: *Computer games. / Video games.*
> L: *So, does this tell you something about whether the story happens in the present, the past or the future?*
> S: *No. / I don't think so, because we have gamers now. It could be present or future.*

Alternative   Wenn L bei Aufgabe 1 die Alternative gewählt hat, kann wie folgt an die Aufgabe angeschlossen werden:
SB bleibt geschlossen. L/S-Dialog wie oben. L schreibt *Gamer* an die Tafel; die S äußern sich gelenkt dazu (s.o.).

Im Anschluss erfolgt das ▶ Klären der Arbeitsanweisung bzw. der Hinweise zur Texterschließung in der gelben Tipp-Box: Dieser Text bietet den S Gelegenheit, sich selbstständig mit einem längeren fiktionalen Text auseinanderzusetzen, eine Kompetenz, die in Abschlussprüfungen von ihnen verlangt wird. L aktiviert (im Unterrichtsgespräch oder/und durch Tafelsammlung) mithilfe der *Skills files 3* und *6*, SB-Seiten 122/123 und 126/127) Strategien, die S zur Text- und Worterschließung einsetzen sollten. Für den Wortschatz stehen das

Dictionary, SB-Seiten 176–196, sowie die zum Text selbst gehörenden Vokabelseiten, SB-Seiten 172–174, zur Verfügung. Außerdem kann es sinnvoll sein, ein für die Abschlussprüfungen zugelassenes Wörterbuch einzusetzen, da die S in einigen Bundesländern in der Prüfung Wörterbücher nutzen dürfen.

Die S lesen den Text zunächst erst einmal durch, ggf. im ▶ Mitleseverfahren. Danach schlagen sie die für sie wichtigen Wörter nach.

Alternative **SB bleibt geschlossen.** L präsentiert den Romanausschnitt zunächst als reines Hörspiel. Dazu erhalten die S die ausgeschnittenen Bilder von ▶ KV 17: Gamer – a picture story und bringen sie während des ersten Hörens in die richtige Reihenfolge (B–A–F–D–G–C–E). Überprüfung durch erstes Lesen der Geschichte; dann Bearbeitung der *Reading logs* wie im Folgenden beschrieben.

Im Anschluss arbeiten die S anhand der *Reading logs 1–6* fragengeleitet am Textinhalt. Die Fragen sind auf unterschiedlichem Schwierigkeitsniveau:

1. Fragen, deren Antworten sich direkt im Text finden lassen und „abgeschrieben" werden.
2. Fragen, für deren Antworten mehrere Textstellen zusammen genommen und eigene Worte gefunden werden müssen.
3. Fragen, die nicht nur aus Textstellen heraus zu beantworten sind, sondern auch verlangen, dass der S sein bisheriges Wissen über den Text einsetzt.
4. Fragen, für deren Beantwortung der S seine eigenen Erfahrungen und sein Weltwissen in Bezug zum Text setzen muss.

Im Hinblick auf das Trainieren für Abschlussprüfungen bietet sich EA an. Für einen besseren Austausch über die Arbeitsergebnisse nummerieren die S die einzelnen Fragen der *Reading logs* durch (1)–(17). Alternativ kann L einen Tabellenvordruck mit nummerierten Fragen sowie einer ▶ Optional help-Spalte zum Wegknicken verteilen, siehe auch Lösungsbeispiel.

Differenzierung Lernschwächere S bekommen in der ▶ Optional help-Spalte in zweierlei Hinsicht Unterstützung: a) beim Umfang des zu Lesenden (durch konkrete Zeilenangaben), b) bei der Strategie (durch individuelle Tipps). Die Angaben erfolgen in Deutsch. L kann die Lösungstabelle mit der *Optional help*-Spalte als Unterstützungsangebot kopieren (Antworten verdecken!, s. u.):

Lösungsbeispiel

Reading log	Question/s	Answer/s	**Optional help**
RL 1	(1) Why are all the kids on the streets?	*Because they lost their parents to a killer virus.*	Zeilen 8–12: Du musst mehr als einen Satz für deine Antwort lesen und daraus einen Antwortsatz mit Because … bilden.
	(2) How would you feel in this situation?	*I would feel sad / helpless / worried (about my future) / …*	Zeilen 8–18: Versetze Dich in Scotts Lage. Wie würdest Du dich fühlen?
RL 2	(3) What do the teens take away from the girl?	*A bag (with some bread in it).*	Zeilen 34–35. Du musst die Antwort auf die Frage What … finden.

Lösungsbeispiel

Reading log	Question/s	Answer/s	⊡ Optional help
	(4) What are your feelings about the two teens?	*I am angry and shocked. / I don't like them because they're violent and mean and they bully younger children.*	Zeilen 32–44. Hier musst du viele Zeilen lesen, weil du dir ein Urteil über die *teens* bilden sollst. *Wordbank 2*, SB-Seite 153 kann dir helfen, deine Gefühle in Englisch auszudrücken.
RL 3	(5) Who has the bread now? How did he get it?	*The boy in the green hoody. He crept up and took the bread from the teenagers.*	Zeilen 46–47. Mit *Who ...* wird nach einer Person gefragt, die du nennen musst. • Die Antwort auf die Frage *How ...* findest du auch hier.
	(6) What do you think: Is the narrator an idiot?	*No, I don't think so. He's brave.*	Zeilen 50–60. Hier musst du viele Zeilen lesen, damit du dir ein Urteil erlauben kannst. Du sollst sagen, was du meinst.
RL 4	(7) Do Tommy, Tammy and Shark like Scott? Why (not)?	*Tommy and Tammy like Scott because he helped them. The girl gives Scott some of their bread. She smiles. Shark doesn't like Scott because he fought Stick and Juice (= members of his gang). Shark wants to fight / hurt Scott with a knife.*	Zeilen 61–85. Die Fragen kannst du gut zusammen beantworten. Woran erkennst du, ob Tammy, Tommy und Shark Scott mögen oder nicht? Sie sagen es nicht mit Worten. Sie tun etwas Nettes oder Böses. Wenn du die Textstellen gefunden hast, kannst du antworten.
	(8) What do you think will happen next?	*I think Shark and Scott will fight. Shark has a knife and two helpers. Scott is in big trouble.*	Was passiert nach dieser letzten Szene deiner Meinung nach weiter in der Geschichte?
RL 5	(9) Where is Scott? How did he get there?	*Scott is on a roof. He ran away from Shark. Then he jumped onto a bin, then onto a fire escape ladder and climbed onto the roof.*	Zeilen 90–91. Du musst die Antwort auf die Frage *Where ...* geben. In Zeilen 87–90 liest du, was Scott gemacht hat, um dorthin zu kommen.
	(10) Is the VK music good for Scott? Why (not)?	*The VK music is good for Scott because when Shark hears it, he disappears.*	Zeilen 98–101. Du beantwortest beide Fragen zusammen. Schau dir an, was passiert. Dann weißt du die Antwort.

Lösungsbeispiel

Reading log	Question/s	Answer/s	⊙ Optional help
RL 6	(11) What does Tommy do for Scott?	*He gives him his seat on the VK truck.*	Zeilen 117–123. Was genau tut Tommy?
	(12) Is the danger now over?	*No, the danger isn't over yet because Shark said "I'll get you later". So I think he'll fight Scott after the game is over.*	Hier musst du wieder urteilen. Du musst bedenken, was bisher passiert ist und was jetzt noch passieren kann.
	(13) Which person would you like to be in this story?	*I would like to be Shark because I want to be a bad boy and a gang leader. // I would like to be Scott because he is a good boy / °character. He helps Tommy and Tammy to fight against the gang. He is brave.*	Du findest im Text, wie die Personen handeln. Daraus kannst du für dich eine Antwort finden.

More practice 3 p.104 **Which part (1–4) …**

In dieser Aufgabe ordnen die S vier Kurzbeschreibungen (in Frageform) den entsprechenden Abschnitten der Geschichte *(Part 1–4)* zu. Als Hilfestellung verweist L ggf. auf die Antworten in den *Reading logs* und die Bilder.

Lösung   *1 Part 2 • 2 Part 1 • 3 Part 4 • 4 Part 3*

More practice 4 p.104 **Information in the text**

Complete the following sentences with information in the text.
In dieser Aufgabe ergänzen die S die im Satz fehlenden Informationen. Als Hilfe steht jeweils der Hinweis auf den Textabschnitt dabei, in dem die S ihre Antwort finden. Schlüsselwörter/Schlüsselstellen sind jedoch nur in wenigen Sätzen wortwörtlich im Text zu finden. L weist die S ggf. darauf hin.

⊙ Differenzierung   L unterstützt lernschwächere S, indem er vor der Bearbeitung der Aufgabe mögliche Schlüsselwörter in den Satzvorgaben bespricht, z. B.: *1 killed / 2 play (virtual) games / 3 eat in restaurants / 4 from Shark's gang / 5 he practised / 6 Tammy, Tommy, give / 7 climb up to / 8 become a game tester.* Außerdem weist L darauf hin, dass Schlüsselwörter nicht wortwörtlich im Text vorkommen müssen.

Lösung   *1 their parents. • 2 boring / depressing / unhappy / tough / … • 3 rich people • 4 happy. • 5 with his father. / in a video game called 'Street fighter 7'. • 6 him some of their bread. • 7 the roof. • 8 food every day, a bed, school – a chance of a normal life.*

2 ◯ WORDS An email to Scott `// ● p.104`

Wortschatz	**frightening · *die of sth.***
Material	Kopie Beispieltabelle HRU-Seite 151 auf OH-Folie, Kopien Tabellen JIGSAW Worterschlie-ßungstechniken (A–C), HRU-Seiten 152/153
Einstieg	L semantisiert den Wortschatz zur Aufgabe im Plenum.

Pick the suitable words.
`// ● p.104` **Pick the correct word for each gap.**

Dies ist eine Parallelaufgabe. Die S ergänzen die Lücken 1–10 in einer E-Mail an eine der Hauptpersonen des Romanausschnitts. In der Übung auf SB-Seite 72 wählen sie jeweils aus zwei im Text vorgegebenen möglichen Wörtern die passende Lösung aus. Lernstärkere S erhalten auf SB-Seite 104 den reinen Lückentext und wählen aus einer darunter abgedruckten Tabelle mit jeweils vier angebotenen Wörtern pro Lücke das richtige aus.
Die Ergebnisüberprüfung erfolgt zunächst im Tandem. So können sich die S über unterschiedliche Antworten austauschen und gemeinsam zum richtigen Ergebnis kommen. Bei Uneinigkeit werden das Plenum und L einbezogen.

Lösung	*1 about · 2 frightening · 3 happy · 4 died · 5 gang · 6 helped · 7 escaped · 8 win · 9 games · 10 from*

Zusatz	Der Wortschatz zu dieser Geschichte kann genutzt werden, um daran Worterschließungstechniken zu üben. Gleichzeitig setzen sich die S intensiv im Kontext mit dem neuen Wortschatz auseinander. Die S arbeiten nach einem gemeinsamen Einstieg in der kooperativen Lernform ▶ Jigsaw.

L kopiert die untenstehende Beispieltabelle auf OH-Folie und die drei unterschiedlichen Tabellen für die Lerngruppe (siehe Folgeseiten) in entsprechender Anzahl auf Papier.
Zunächst aktiviert L das Vorwissen zu Worterschließungstechniken. *Skills file 3*, SB-Seiten 122–123, unterstützt dabei.

L: *Here are some new words from the text 'Gamer'. What helps you to find the meaning of these words? Which words do you definitely have to look up in a dictionary? Let's look at some examples.*

Anhand der Beispiele (Tafel/Folie, siehe Tabelle) können die S gemeinsam nachvollziehen, welche Techniken bei den Beispielwörtern angewandt wurden:

Word	picture	similar to German word	English word in German language	know part of the word	the sentence / text around it helps	structure of the word	dictionary	German meaning
realistic		x						realistisch
gamer			x			game / gamer x		Spieler/in
turn around				turn + around x				sich umdrehen
till					x		x	bis
grin (at sb.)	x				x			angrinsen

Anschließend arbeiten die S in der kooperativen Lernform ▶ Jigsaw. In Dreierstammgruppen erhalten sie je eine Kopie mit unterschiedlichem Wortschatz (A, B, C) aus der Story. (Alternativ entwerfen S und L im Einstieg gemeinsam eine Tabelle an der Tafel, die die S abschreiben. Anschließend übernehmen sie in ihrer Dreiergruppe je eine unterschiedliche Wortliste, die L auf einer OH-Folie präsentiert – Wortlisten s. u.) Die S bearbeiten zunächst in EA ihre Wörter/Tabelle, gehen dann in die Expertengruppen und vergleichen dort ihre Ergebnisse. Anschließend stellen sie in ihrer Stammgruppe ihre Ergebnisse/Erschließungstrategien vor.

- **JIGSAW: Mögliche Tabellenvorgabe für A:**

A What helps you to understand the meaning of these words from the text 'Gamer'? Which words do you have to look up in a dictionary?								
word	picture	similar to German word	English word in German language	know part of the word	the text around it helps	structure of the word	dictionary	German meaning
fighter								
logo								
onto								
virtual combat								
lane								
backstreet								
unwanted								
killer								
virus								
strange								

- **JIGSAW: Mögliche Tabellenvorgabe für B:**

B What helps you to understand the meaning of these words from the text 'Gamer'? Which words do you have to look up in a dictionary?								
word	picture	similar to German word	English word in German language	know part of the word	the text around it helps	structure of the word	dictionary	German meaning
be on								
bin								
hold, held, held								
tough								
leave sb. alone								
creep up (on sb.)								
metal								
drop								
… is bad news								
twins								

- **JIGSAW: Mögliche Tabellenvorgabe für C (siehe nächste Seite):**

C What helps you to understand the meaning of these words from the text 'Gamer'? Which words do you have to look up in a dictionary?								
word	picture	similar to German word	English word in German language	know part of the word	the text around it helps	structure of the word	dictionary	German meaning
gang								
roof								
ladder								
floor								
disappear								
square								
game station								
tester								
come over								
keep								
frightening								

More practice 5 p. 105   **An email to Chris Bradford**

Write an email to the writer of *Gamer*, Chris Bradford. Tell him: …
Diese Schreibaufgabe eignet sich besonders für lernstärkere S. Sie setzt sich aus vier Abschnitten zusammen, zu denen es jeweils Unterstützung gibt. L weist auf *Wordbank 2*, SB-Seite 151 hin. Außerdem erinnert L an *Skills file 7*, Abschnitt 1, SB-Seite 128ff. Dort finden die S Hinweise zum Schreiben von E-Mails und werden an die vier Schritte des Texteschreibens einschließlich der Korrektur erinnert.

● Differenzierung   Besonders lernstarke S werden ermuntert, möglichst unabhängig von den Satzvorgaben Ideen zu den vier genannten Spiegelstrichen zu sammeln. Zur Korrektur der Texte empfiehlt sich ein Tandem oder ein ▸ Correcting circle. Kriterien der Textkorrektur werden vor dem Schreiben gemeinsam festgelegt, z. B.:
- Inhalt: Sind die Hinweise hinter den vier Spiegelstrichen erfüllt, sind Einleitung und Abschluss der E-Mail korrekt formuliert, …
- Rechtschreibung: Sind die Satzanfänge groß geschrieben, sind aus der Wordbank oder aus dem Text übernommene Wörter/Wendungen richtig abgeschrieben, …
- Grammatik: Ist der Text im Präsens: „s" bei der 3. Prs. Sg., sind Satzstrukturen aus dem SB richtig übernommen, …

Die S erstellen eine Tabelle mit den Kriterien, die an der Tafel gesammelt werden, und werten auf dieser Basis die Texte ihrer Mit-S aus.

Lösung   individuelle Lösungen

▸ WB 9–11, p. 45   ▸ INKL p. 70–72

Zusatz   **SB bleibt geschlossen.** Zum Abschluss rekapitulieren die S nochmals bildgestützt den Handlungsverlauf. Dazu erhalten die S die ▸ KV 17: Gamer – a picture story mit den Bildern der Geschichte und vorgegebenen Textschnipseln zur Zusammenfassung der Geschichte. Sie schneiden Bilder und Texte aus, bringen zunächst die Bilder in die richtige Reihenfolge: B–A–F–D–G–C–E *(Step 1)*. In *Step 2* schneiden sie die Textschnipsel aus, ordnen sie den richtigen Bildern zu und nummerieren alles (mit Bleistift) durch. Anschließend kleben sie die Bilder auf ein A3-Blatt oder auf eine Doppelseite ihres Heftes, wobei sie außen um jedes Bild herum großzügig Platz lassen. Unter jedes Bild kleben sie den dazu passenden Teil der Inhaltsangabe (Textschnipsel). Lernstärkere S können ihre eigenen Begleittexte zur Handlung verfassen. Mögliche Lösung:

1 *picture B: VK is the Number One Game Show in the world. Everybody watches it in the street. Scott does too.*
2 *picture A: Young people are hungry and looking for food. Two teens, Stick and Juice, are bullying two children. They want to steal their bread.*
3 *picture F: Stick has the bread. Juice wants it too. The narrator, Scott, creeps up from behind to help the children.*
4 *picture D: There's a fight. Scott wins. Juice is on the ground. Stick says he will tell Shark, their gang leader, about this. Scott knows he's in trouble.*
5 *picture G: Stick and Juice come back with their gang leader, Shark. The gang wants to fight Scott.*
6 *picture C: Scott climbs a fire escape ladder up to a roof. He tries to escape Shark who is following him*
7 *picture E: On the square there's a VK truck with a mobile game station. Lots of street kids want to become a game tester.*

In Step 3 ergänzen lernstärkere S Denkblasen, Sprechblasen und geschriebene „Soundeffekte".

Um eine Vorstellung von möglichen Dialogen und Geräuschen zu bekommen, hören sich die S den Text auf der CD nochmals an. Zusätzlich kann L folgende Hinweise zur Comicerstellung als ▶ Optional help kopieren:

Step 3: Gamer – A picture story (Optional help)

You have seven pictures for the story *Gamer*. You want to tell the story like a comic.
– Put in dialogues or what one person says. Look at the text to find out what the characters say or write something yourself. Use speech bubbles like these:

– Add things that somebody might think. Look at the text for ideas. Use thought bubbles like these:

– Sometimes there might be sounds (noise, music) that you can't hear because the text is written. But you can write words for sounds, e.g. like this:

- bam = hit someone hard
- bang = sharp noise or hit
- boff = hit, punch
- splat = landing on the ground
- throb = so.'s heart is beating
- aargh = being angry
- tom-tom = a monotonous beating rhythm
- gada, gada, gada = drums
- untz-untz-untz = the sound of rave music

● Lernstärkere S kann L auffordern, zu überlegen, wie die Geschichte weitergehen könnte und ihre Ideen stichwortartig aufzuschreiben oder als weiteres Bild für den Comic zu skizzieren.

L: *Can you guess how the story will go on? Note down your ideas – or draw a picture and add short texts, speech bubbles and thought bubbles.*

FOCUS ON LANGUAGE

Inhalt *gatecrasher* auf einer Party • *if*-Sätze (Typ 3)

S. 73

1 ◎ Social media: What can go wrong

Wortschatz **mistake · gatecrash · fault**

Einstieg In Aufgabe 1 wird über den Textinhalt die Struktur *if*-Sätze, Typ 3 präsentiert, sodass bei der Fokussierung auf den Gebrauch die Antwort in Aufgabe 2 leichter gefunden werden kann. L semantisiert den Wortschatz.

L: *Most of you communicate on social media. That's a good thing. But it can be bad too. Read the article on page 73 and answer the questions 1–4 in exercise 1.*

Lösung *1 Over 200 hundred people came. • 2 She had invited them on social media. • 3 He didn't stay at home. He went out without his phone. / He left his phone at home. • 4 Neighbours phoned the police.*

Zusatz Die S sagen, wie sie mit einer Geburtstagseinladung umgegangen wären. Dazu schreibt L Satzmuster an die Tafel. (Mögliche Lösungen siehe Spiegelstriche.)

If it had been my birthday party I would have told my friends about the party at school.	*If it had been my birthday party I wouldn't have sent my invitation on social media.*
If it had been my birthday party I would have ... - *invited them by phone / by email / by letter.* - *asked my dad to take his phone.* - *called the police.* - *...*	*If it had been my birthday party I wouldn't have ...* - *invited my friends online.* - *let my dad leave.* - *opened the door for °strangers / for people I didn't know.* - *...*

2 ◎ If I had ... (*if*-sentences III)

Wortschatz °half, *pl* halves

a) Look at what Leah says to her dad. Answer the questions in the FOCUS-box.

L: *Now let's have a closer look at one of the sentences that Leah says.*

L schreibt den Satz aus der FOCUS-Box an die Tafel.

Frage 1 zum Inhalt ist leicht zu beantworten. Frage 2, die auf den Gebrauch von *If*-Sätzen des Typs 3 eingeht, ist im Ausschlussverfahren – a) und b) können es nicht sein, denn die ungeladenen Gäste waren ja auf der Party – zu finden. Frage 3 geht auf die Bildung der Verbform ein, wobei die S durch unterschiedliche Farben unterstützt werden. Zur Bildung kann L den Hinweis auf die spaltenweise Auflistung der irregular verbs, SB-Seiten 222–223, geben. Dort finden die S den Begriff *past participle* oder sie erinnern sich an Formulierungen, bei denen die Spalten nummeriert und die Ziffern zur Formulierung herangezogen werden *(3rd form of the verb)*.

Alternative   Die S arbeiten in EA, tauschen sich mit einem Partner aus und vergleichen ihre Ergebnisse erst dann im Plenum.

L: *Answer the three questions on your own. Then check with a partner. After that, we are going to compare your answers in class.*

Lösung   *1 No, she didn't. • 2 c) • 3 rote Verben (im if-Satz): had + past participle / 3. Form des Verbs* **oder** *past perfect – grüne Verben (im Hauptsatz): would have + past participle / 3. Form des Verbs*

L bespricht die Ergebnisse und notiert die Bildungsregeln an der Tafel:

If I **had told** my friends at school, the other people **wouldn't have known**.

had + past participle (3. Form des Verbs)
= past perfect   would + have + past participle

Zur Ergebnissicherung bespricht L *Language file 14*, SB-Seite 145, um noch einmal herauszustellen, wann die Form gebraucht und wie sie gebildet wird.

Alternative   Die S erhalten Einsicht in die Bildung der Form und die Möglichkeit, Gesetzmäßigkeiten abzuleiten, indem sie mehrere Beispiele betrachten. L kopiert die Tabelle (s. u.) oder schreibt die Sätze an die Tafel. Die Verbformen und *if* werden hervorgehoben. Die S arbeiten dazu wie im Einstieg. Zusätzlich erkennen sie, dass *if* am Anfang des Teilsatzes steht und dass die if-Sätze aus zwei Teilen bestehen. Wenn die S diese Punkte nicht selbst nennen, erarbeitet L sie fragengeleitet.

Find out what's the same here:

If I had told my friends at school	the other people wouldn't have known.
If I had invited my friends by phone	it would have taken a long time.
If I had thought about it	I would have phoned the police myself.

b) How would things have been different? Match the sentence halves.
Die S wenden das Gelernte auf der Inhaltsebene an. Sie brauchen die Form nicht selbst zu bilden.

Lösung   *1 If Leah had only told her school friends, she wouldn't have had any problems. • 2 If Leah's dad had stayed, he would have stopped the gatecrashers. • 3 If Leah's dad had taken his phone, Leah would have phoned him. • 4 If Leah had phoned her dad, he would have come home. • 5 If the police had arrived later, more gatecrashers would have come to Leah's party.*

3   A bad day

Wortschatz   **icy**

Read the story, then answer the questions.
In dieser Aufgabe bekommen die S weitere *if*-Sätze präsentiert, deren Bedeutung sie mithilfe vorgegebener Fragen erschließen.

Lösung   *1 No, he didn't. • 2 No, he didn't. • 3 No, it wasn't. • 4 He fell and broke his arm. • 5 He is in hospital. • 6 No, it isn't / he has broken his arm.*

More practice 6 **p. 105** **Great trousers!**

Nachdem die *if*-Sätze, Typ 3 auf der *Focus on language*-Seite als neue Struktur eingeführt wurden, werden in dieser Aufgabe zusätzlich Typ I und II wiederholt und auch die Kategorien benannt. Die *if*-Sätze sind vorgegeben und die S beurteilen, in welchen Situationen die drei Typen verwendet werden. Zur Klärung des Inhalts der Sätze kann eine Übersetzung ins Deutsche beitragen. Nach der Ergebnisüberprüfung kann L mit den S die Regeln zu den *if*-Sätzen in den *Language files 12, 13, 14* (SB-Seite 145) im Plenum besprechen.

Lösung   *1 A • 2 B • 3 B • 4 B*

Zusatz   Mit einigen Beispielen (s. Aufgabenstellung unten) überprüfen die S ihr Verständnis. SB-Seite 145, *Language files 12, 13, 14* ist geschlossen.

if-sentences	Tick (✓) what is correct for the if-sentences.		
	was unter bestimmten Bedingungen passiert (TYPE I)	**was ziemlich unwahrscheinlich ist (TYPE II)**	**was (in der Vergangenheit) hätte sein können (TYPE III)**
1 If I go to Los Angeles I'll see Hollywood.			
2 If I had flown to New York last year I would have gone to Manhattan.			
3 If I went to New York in November I wouldn't have enough money left for Christmas presents.			
4 If I ate four hamburgers I would feel ill.			
5 If the weather is okay tomorrow I'll walk to school.			
6 If my friends come to my house we will chat.			
7 If I was rich I would fly around the world.			
8 If I had more free time I would play video games.			
9 If I had known the date sooner, I would have gone to the concert.			

Lösung: *1 TYPE I • 2 TYPE III • 3 TYPE II • 4 TYPE II • 5 TYPE I • 6 TYPE I • 7 TYPE II • 8 TYPE II • 9 TYPE III.*

More practice 7 | p. 106
I'm in London – and here are my plans!

Copy and complete the sentences with the words in the right order.
In dieser Aufgabe setzen die S die erforderlichen Verbformen im Haupt- und Nebensatz ein und üben die *if*-Sätze des Typ I. Die S nehmen bei Bedarf das *Language file 12*, SB-Seite 145 zur Hilfe. Ein Beispiel ist vorgegeben.

Lösung *2 If it **is** not too expensive, **I'll go / will go** on the London Eye. • 3 If a tour **begins** at the right time, **I'll take / will take** a bus tour through the city centre. • 4 And if I **meet** a friendly person on the bus, **I'll try / will try** to chat in English. • 5 If I **have** enough money, **I'll buy / will buy** some clothes. • 6 But if I **stay** too long in the shops, **I'll miss / will miss** my plane home.*

More practice 8 | p. 106
I'm not in London – but I can dream!

Wortschatz °double-decker

Copy and complete the sentences with the correct form of the verbs.
In dieser Aufgabe setzen die S die erforderlichen Verbformen im Haupt- und Nebensatz ein und üben die *if*-Sätze des Typ II. Die S nehmen das *Language file 13*, SB-Seite 145 zur Hilfe. Ein Beispiel ist vorgegeben. L semantisiert das neue Wort.

Lösung *2 And if I **met** Prince William, **I'd say / would say** hello. • 3 If I **saw** a red double-decker bus, **I'd jump / would jump** on. • 4 And if I **met** a friendly person on the bus, **I'd try / would try** to chat in English. • 5 On the last day, if I **had** enough money, **I'd ride / would ride** in a black London taxi. • 6 But if I **had** no money left, **I'd walk / would walk** through one of the big parks.*

More practice 9 | p. 106
◉ **I didn't go away in the holiday. I stayed at home.**

Wortschatz °mosque

Copy and complete the sentences with the correct form of the verbs.
Diese Aufgabe ist besonders für lernstärkere S geeignet. Sie setzen die jeweils passende Form der vorgegebenen Verben im Haupt- und Nebensatz ein und üben dabei die *if*-Sätze des neu eingeführten Typs III. Die S nehmen bei Bedarf das *Language file 14*, SB-Seite 145 zur Hilfe. Ein Beispiel ist vorgegeben. L semantisiert ggf. anhand des Fotos das neue Wort *mosque*.

Lösung *If I had **spent** a few days in Paris, I would have **climbed** the Eiffel Tower. • If I **had stayed** in New York, I **would have seen** the Statue of Liberty. • If I **had visited** Istanbul, I **would have taken** photos of the Blue Mosque. • If I **had travelled** to Venice, I **would have walked** over the Rialto Bridge.*

▶ WB 12–15, pp. 46–47   ▶ INKL p. 73

SPEAKING COURSE (4) Taking part in discussions

Inhalt Videoclip • Diskussionen zu digitalen Medien, sozialen Netzwerken • Einkaufsgespräche führen (Kleidung)

S. 74–75

1   VIEWING Shocking news!

Wortschatz **shocking • vamping • ban • good point**

Material DVD

Einstieg Die Aufgabe entspricht einem *pre-viewing*-Format, mit dem sich die S anhand von *film stills* inhaltlich und sprachlich auf den Videoclip einstellen. L semantisiert das neue Wort *shocking*, das wegen der Ähnlichkeit mit dem Deutschen unproblematisch ist.

a) 👥 **First look at these scenes from the film. Then talk to a partner about these: ...**
Die S nehmen sich zunächst Zeit, in EA die Bilder anzuschauen, um ihre Antworten auf die Fragen vorformulieren zu können. Dann gehen sie in das Gespräch mit dem Partner. Da die S in b) ihre Antworten anhand des Films kontrollieren sollen, schreiben sie diese ins Heft. Das kann abwechselnd geschehen, sodass jeder Partner Sätze zu zwei Bildern (bei B: entweder *boy* oder *girl*) schreibt.

◻ Differenzierung Um die Beantwortung der in der Aufgabe gestellten Fragen durch die Klärung dessen, was zu sehen ist, zu erleichtern, kann L die Frage *What can you see in the pictures?* voranstellen und ggf. im Plenum auswerten. Mögliche Lösungen:

A I can see two boys and two girls. I can see a sofa and armchairs and a table. And I can see tablets and smartphones. • B These are actually two smaller photos: In the first one (above), I can see a boy and a mobile phone. It is dark, probably night. In the second one (below), I can see a girl. It is dark, maybe it's night. But her face is not dark / there is some light on her face. She is probably looking at a screen / watching a video on her tablet / smartphone. • C I can see a tired boy / the boy from B at a table, in a classroom / in front of a map.

Lösungsbeispiel *Scene A: The teenagers are in a living room. They are talking and using their tablets and smartphones. They seem to enjoy being/sitting together and using their gadgets at the same time. I don't know what they are thinking. • Scene B: The boy is in bed. He is looking at his phone and probably reading a message. The girl is in bed / under her covers and probably playing video games or chatting. Both of them seem to like to chat and use their phones at night. Maybe they have a friend in another country where the time is different. Or they are addicted to gaming and can't wait until the morning to answer phone calls or messages. Maybe they think they have to do these things now or they will miss something important. • Scene C: The boy is sitting at school. He is probably tired because he was awake most of the night. I guess he is thinking that sleep would be better than school.*

Weitere Fragen durch L zum Abschluss der Aufgabe erleichtern den Einstieg in den folgenden Filmclip.

L: *Who will be in the filmclip? What do you think they'll talk about? What do you think will happen?*
S: *I think the teens from the photos will be in the filmclip, and they will probably talk about using gadgets / smartphones / tablets / ... at night. Maybe they will get in trouble with their parents or at school.*

▶ 🎥 **b) Now watch the film and check your answers.**
Hinweis: Bei dem Zeitungsbericht im Filmclip handelt es sich um einen Aprilscherz. L kann das Video ggf. kurz vor dem Ende (etwa bei 4:06) stoppen und den S zur Auflösung zusätzlich den Auftrag geben

L: *Look carefully at the date of the newspaper article.*

c) Here are some phrases from the film. Can you guess the missing words?
Die S schreiben die Sätze in ihr Heft und füllen die Lücken zunächst mit Bleistift, um ggf. beim 2. Sehen in d) korrigieren zu können. Überprüfung beim 2. Sehen, siehe d).

▶ 🎥 **d) Watch the film again and check your answers to c).**

Lösung *1 Well maybe it's **true** that teenagers do too much vamping. • 2 But you **can't just** ban social media at night. • 3 I just can't agree **with** that. • 4 Yes, that's a **good** point. • 5 I see **what** you mean. • 6 You're right **about** that.*

2 👥 SPEAKING Saying what you think

Wortschatz *gaming*

Material Kopie OH-Folie der Lösung Aufgabe 1c), Kopie HRU-Seite 160, Kopie HRU-Seite 161 (*talking chips*), KV 18 (Klassensatz)

Work in groups of three or four. Partner A chooses a statement in the box ...

Einstieg Nach dem ▸ Klären der Arbeitsanweisung sammelt L zunächst mit den S nützliche Redemittel an der Tafel. Dafür kann L die Lösungen aus Aufgabe 1c) oder gleich das gesamte Filmskript (z. B. aus dem Booklet zur DVD) auf OH-Folie kopieren; die S identifizieren und unterstreichen mögliche verwendbare Redemittel/Satzteile. An der Tafel ensteht eine Tabelle, in die die Wendungen je nach ihrer Nutzbarkeit in Diskussionen in verschiedene Spalten eingetragen werden. Spaltenüberschriften werden gemeinsam gefunden oder L gibt sie vor. Weitere Redemittel finden sich in dem Beispielgespräch zu Aufgabe 2. Zum Schluss können die S eigene Wendungen ergänzen.

Speaking support for discussions			
giving my opinion	**agreeing**	**disagreeing**	**other useful phrases**
– I think that ... – In my opinion ... – On the one hand ... / on the other hand ... – I mean ... – Another point is ... – For example ...	– (Well) maybe it's true that ... – You're right that ... – That's true. – That's a good point. – Actually I don't think that's such a bad idea. – ... is right. That's right. We can ... – It's true to say that ...	– I just can't agree with that / ... – But you can't (just) ... – What? You think it's OK to ...? – Do you really think it's OK to ... – I see what you mean. But my problem is ... – That's true, but on the other hand ... – Yes, but ...	– I see what you mean. – What do you mean? – Don't forget ... – And that's why ... – So I know ... – You say that ... But you have to remember that ...

Um die Redemittel für die Gruppendiskussion zu sichern, schreiben die S die Tabelle ab ins Heft oder auf die entsprechenden Seiten ihres ▸ Mini book, siehe Alternative.

Alternative Eine die Aufgabe überdauernde Lösung ist ein *Speaking support book*, auch ▸ Mini book genannt. Es kann auf ein Format gefaltet werden, das im Etui oder gelocht in der Mappe / dem Ordner Platz hat, und so auch für spätere Diskussionen zur Verfügung steht. Die Seitenzahl reicht zudem aus, auch die im *Speaking course* folgenden Strukturen für Einkaufsgespräche aufzunehmen. L kopiert ▸ KV 18: Mini book – Speaking support und faltet gemeinsam mit den S die *Speaking support books* nach Anleitung:

1. Legt die KV im Querformat vor euch auf den Tisch. Faltet das Blatt einmal in der Mitte längs und klappt es wieder auf.
2. Faltet das Blatt einmal in der Mitte quer. Dann faltet die offenen Seiten des Blattes entlang der Linien nach außen, sodass eine Art „Zick-Zack-Dach" entsteht.
3. Klappt das Blatt wieder auf DIN-A5 auf und schneidet es an der geschlossenen Seite entlang der Schneidelinie bis zur Querfaltung ein.

4. Klappt das Blatt danach vollständig auf und faltet es wieder längs. Schiebt die äußeren Enden des Blattes zusammen, sodass die aufgeschnittene Mitte sich öffnet und eine Art Kreuz entsteht.
5. Faltet das Blatt nun zur endgültigen Buchform zusammen.

Die S tragen die Inhalte der Tabellenspalten (Tafelanschrift) ein. Die beiden letzten Seiten verbleiben für die Redemittelsammlung zum Thema *Buying clothes* (s. Rollenspiel SB-Seite 75). L weist die S darauf hin, nicht zu groß zu schreiben, um später weitere Ausdrücke auf den einzelnen Seiten hinzufügen zu können.

Hinweis: Die Diskussionsgruppen sollten gemischt zusammengesetzt sein aus lernstärkeren und lernschwächeren S. Damit jeder S in der Gruppe etwas sagt, kopiert und verteilt L *talking chips* an die Gruppenmitglieder. Jeder S erhält mindestens einen *talking chip*, den er auf den Tisch legt, wenn er gesprochen hat. Wenn die *talking chips* wiederverwendbar sein sollen, laminiert L sie auf stärkerem Papier (120g) und sammelt sie am Ende der Diskussionsphase wieder ein.

Differenzierung In überwiegend lernschwächeren Gruppen einigen sich die S auf ein oder zwei der *statements* und notieren dazu *pros* und *cons*. S, die nur sehr schwer selbstständig Argumente finden können, wählen das *statement 'Selfies are funny'* und greifen für die Diskussion auf die Inhalte von SB-Seite 66 zurück.

Lösung Individuelle Lösungen ▶ WB 16, pp. 48–49 ▶ INKL p. 74

Zusatz Die S diskutieren das Thema *Banning social media after midnight – not just an April's fool joke*. Dazu kann der Video-Clip zu Aufgabe 1, SB-Seite 74 noch einmal vorgespielt werden und die S machen sich Notizen zu den genannten Argumenten. Außerdem nutzen sie die Redemittel dieser Aufgabe.

Exam training

▶ 🎧 2.07 **1** **In a clothes shop**

Wortschatz **formal · size · medium · try** sth. **on · changing room · stairs** *(pl)* · °**impatient**

Material CD

Einstieg **SB bleibt geschlossen.** Die S sammeln in EA englische Bezeichnungen für Kleidungsstücke. In PA tauschen sie sich dazu aus. In einer ▶ Meldekette nennen die S mündlich ihre Ergebnisse. Anschließend semantisiert L den neuen Wortschatz und notiert ihn an der Tafel.

L: *Some of the clothes you mentioned are clothes that you usually wear when you are with your friends, like jeans, T-shirts, ... Others are more formal – you wear them when you have a job interview. When you look at T-shirts, at the neck, you see letters like S, M, ... What do they mean?*

(Hinweis: Die Größenbezeichnungen sind in unseren Sprachgebrauch übernommen worden, sodass die Auflösungen für die S kein Problem darstellen sollten.)

S: *Small, medium, ...*

b) Partner A: Now you are the sales assistant. Look at the information in the box …
Partner B: You want to buy a jacket, maximum price £12.99. Choose your colour …

Lösungsbeispiel

Assistant: Good morning. Can I help you?
Customer: Yes please, I'm looking for a jacket.
Assistant: We have these jackets here.
Customer: How much are they?
Assistant: They are in the sale. These here are £15.99 and those over there are £12.99. We have all sizes and colours. What size would you like?
Customer: I think large. £12.99 sounds good. Can I try the grey jacket on?
Assistant: Of course. The changing rooms are on the left, next to the stairs.
Customer: Okay, I'll take this grey jacket. Here you are, £15.
Assistant: Thank you. Here's your change, £2.01. Thank you and have a good day.
Customer: Thank you. Bye.   ▶ WB 17, p. 49   ▶ INKL p. 75

STOP! CHECK! GO!

Inhalt

Allgemeine Hinweise zu den STOP! CHECK! GO!-Seiten befinden sich im Vorwort. Bei den geschlosseneren Aufgabenformaten (Unit 4: *Exercises 1–3*) können die S ihre Ergebnisse mithilfe des Lösungsschlüssels auf ▶ KV 19: Answers to STOP! CHECK! GO! überprüfen (auch als ▶ Partner check).
Für *Exercise 4* gibt es individuelle S-Lösungen. Hier sollte L unterstützen.

S. 76–77

1   SPEAKING Talking about a photo

Material

Kopie HRU-Seite 165 als *Optional help*

Einstieg

Diese Aufgabenstellung ist komplex. Die Partner besprechen zusammen das Bild, beantworten zwei über das Bild hinausgehende Fragen in der Aufgabenstellung, stellen ihrem Partner zusätzliche Fragen bzw. beantworten sie. Nach ▶ Klären der Arbeitsanweisung fordert L alle S auf, die einzelnen Fragen mit genügend Zeit in EA vorzubereiten. L gibt den Tipp, sich Notizen zu den Fragen zu machen, um einen flüssigeren Ablauf im gemeinsamen Gespräch zu ermöglichen. Außerdem weist L auf *Skills file 10*, SB-Seite 134 hin. Dort finden die S Redemittel, um die beiden ersten Fragen (s. Spiegelstriche) zu beantworten. Um mögliche Fragen an den Partner stellen zu können, nutzen die S die Fragemuster aus der Aufgabenstellung. Wenn die Partner bereit sind für ihr Gespräch, bestimmen sie, wer jeweils die Zeit nimmt.

👥 **Work with a partner. Talk about the picture for as long as you can (2–3 minutes) …**

● Differenzierung

Lernstärkere S beantworten die beiden über die reine Bildbeschreibung hinausgehenden Interpretationsfragen ohne weitere Unterstützung. Sie formulieren ggf. auch mögliche Fragen an den Partner allein vor. Um Nachfragen zu den Interpretationsfragen stellen zu können und ansatzweise zu diskutieren, verweist L auf die Redemittel zur Diskussion, HRU-Seite 160, die die S abgeschrieben oder in ihrem *Speaking support book* haben.

◯ Differenzierung

Lernschwächere S erhalten ▶ Optional help. Dazu kopiert L die folgenden Redemittel (s. u.) auf ▶ Prompt cards.

Optional help: Speaking, ex.1, page 76	
I think that they are / aren't a nice family because …	… they are all sitting together … the father is doing the same things as the kids. … the parents use digital media too. … they are not angry with their kids because they are using digital media. … they aren't talking to each other. … they are all doing what they want. … they aren't doing anything together.
People shouldn't use the phone when …	… they are walking along a busy street … they are in a busy shopping mall. … they are in a restaurant / at school / … … they are on the train / on the bus / on a plane / … … when they are driving their car. … when they are riding their bike. … they are with their parents / friends / …
More possible questions for your partner:	– Where is … ? – What is … doing? – What do you think about the mother / father / …? – When do / don't you use your phone / tablet / computer / … ?

Lösungsbeispiel ► KV 19: Answers to STOP! CHECK! GO!

2 ◉ MEDIATION Generation Y and Z

Wortschatz °contrast • °loads (of) • °(shopping) mall • °during • °economy • °terrorism • °violence • °communicate

Material Lösungstabelle (vorbereitete Satzschnipsel)

Einstieg Gemeinsames Lesen und ► Klären der Abeitsanweisung im Plenum. Der Text enthält unbekannten Wortschatz, den die S wenn nötig eigenständig, z.B. mithilfe des *Dictionary*, SB-Seite 176ff, erschließen. L weist ggf. auf *Skills file 13*, SB-Seite 137 (zur Wiederholung der Vorgehensweise bei der *Mediation*) sowie *Skills file 3*, SB-Seiten 122–123 (zum Umgang mit unbekanntem Wortschatz) hin.

a) Online hast du einen Vergleich von *Generation Y* und *Generation Z* gefunden …
Die S übertragen die Tabelle aus dem SB ins Heft und lassen dabei ausreichend Platz für ihre Notizen. Anschließend lesen die S den Online-Artikel (still in EA) und fügen den in der Tabelle auf Deutsch vorgegebenen Themen passende Angaben aus den vergleichenden Sätzen in Englisch auf Deutsch hinzu.

◻ Differenzierung Für lernschwächere S hält L als ► Optional help zu den sieben Vergleichspunkten 14 Notizen auf Satzschnipseln bereit, die die S sowohl der richtigen Zeile (1–7) als auch der richtigen Spalte (Generation Y/Z) zuordnen. L kopiert dazu die Lösungstabelle unten und schneidet die Satzschnipsel entlang der gestrichelten Linien aus.

Lösungsbeispiel

	Generation Y	Generation Z
1	gaben Geld aus, sobald sie es hatten	57 % sparen lieber Geld als es auszugeben
2	verbrachten viel Zeit in Einkaufszentren	kaufen die meisten Dinge online ein
3	wuchsen in stabilen wirtschaftlichen Zeiten auf	wachsen mit mehr wirtschaftlichen und sozialen Problemen auf
4	schauten sich Videos auf YouTube, Hulu und Netflix an	erstellen ihre eigenen Videos und teilen sie (online) mit anderen
5	begeisterten sich für Sport und Abenteuer	sehen Sport als wichtig für Gesundheit an, Spaß und Spiel finden für sie eher drinnen (vor dem Computer, ...) statt
6	nutzten SMS	kommunizieren über Bilder, Symbole und Icons/Bildzeichen
7	machten sich Gedanken über ihr Ansehen und ihre "likes" in sozialen Netzwerken	sorgen sich um ihre Zukunft

Lösung ▶ KV 19: Answers to STOP! CHECK! GO!

b) Discuss in class: Are points 1−7 true for Germany too?

Lösung individuelle Lösungen ▶ INKL p. 76

▶ 🎧 2.08 **3 LISTENING I can't live without my ...**

Wortschatz °couch potato · °social networking

Material CD

You're going to hear part of a radio programme. You'll hear it twice.

Einstieg Die S reaktivieren ihr Wissen zu Hörstrategien (Aufgabenstellung gründlich lesen – Vorbereitungen zum Hören treffen: notwendige Vorgaben aufschreiben, sich auf die Situation einstellen in Wortschatz und Textart – erkennen, ob Details herauszuhören sind, bestimmte Informationen herauszufiltern sind oder ein Globalverständnis für den gesamten Beitrag verlangt wird). Das kann auch mithilfe von *Skills file 9*, SB-Seite 133 geschehen.

a) Listen and match the people (1−4) to their favourite gadgets (A−F).

Lösung *1 Blake: D · 2 Michelle: F · 3 Jacob: A · 4 Dana: B*

b) Now read the four sentences below. Then listen again and complete the sentences.

Einstieg Sollen die S die Lösungen in ganzen Sätze schreiben, muss L ihnen vor dem Hören Gelegenheit geben, die Satzanfänge aus dem SB ins Heft abzuschreiben.

🔲 Differenzierung In Lerngruppen mit überwiegend lernschwachen S stoppt L den Hörtext, wenn eine Person ihren letzten Beitrag gesprochen hat, sodass die S Zeit haben, ihren Satzanfang zu ergänzen.

Lösungbeispiel *1 Blake says he usually texts his friends because it's easy and the text messages don't cost any extra money. · 2 Michelle likes her laptop better than her smartphone because she prefers the big screen. · 3 Jacob isn't a couch potato because he plays ice hockey twice a week. · 4 If Dana takes photos, she doesn't need a camera. She uses her smartphone. (It has an excellent camera).*

c) Which sentence ending is correct?

Hinweis: Für diese Aufgabe ist kein weiteres Hören notwendig.

Lösung *(C) Lynn McCarthy's radio show is about teenagers' favourite digital gadgets.*

4 WRITING One week without technology

Material Kopie, HRU-Seite 167 und 168

Einstieg In dieser Schreibaufgabe wird eine Transferleistung erwartet, die aus den unterschiedlichen Aufgaben und erworbenen Kompetenzen dieser Unit resultiert. L weist die S vorab auf die Hinweise zum Schreiben von E-Mails im *Skills file 7*, A1, SB-Seite 128 und die Schritte beim Schreiben in Abschnitt B, SB-Seite 130/131 hin.

For a reality show, *PQR Radio* is inviting 35 teenagers from all over the world ...

Differenzierung Um S bei dieser anspruchsvollen Aufgabe zu unterstützen, gibt es zwei Angebote auf unterschiedlichem Niveau:

- Für S, die Schreibanstöße und Ideen zur Gliederung benötigen, kopiert L die Mindmap (s. u.). Mit deren Hilfe können die S Inhalte für sich übernehmen oder abändern und Sätze bilden. Um ihre E-Mail angemessen zu beginnen und zu beenden, nutzen sie *Skills file 7*, A1 (s. o.).

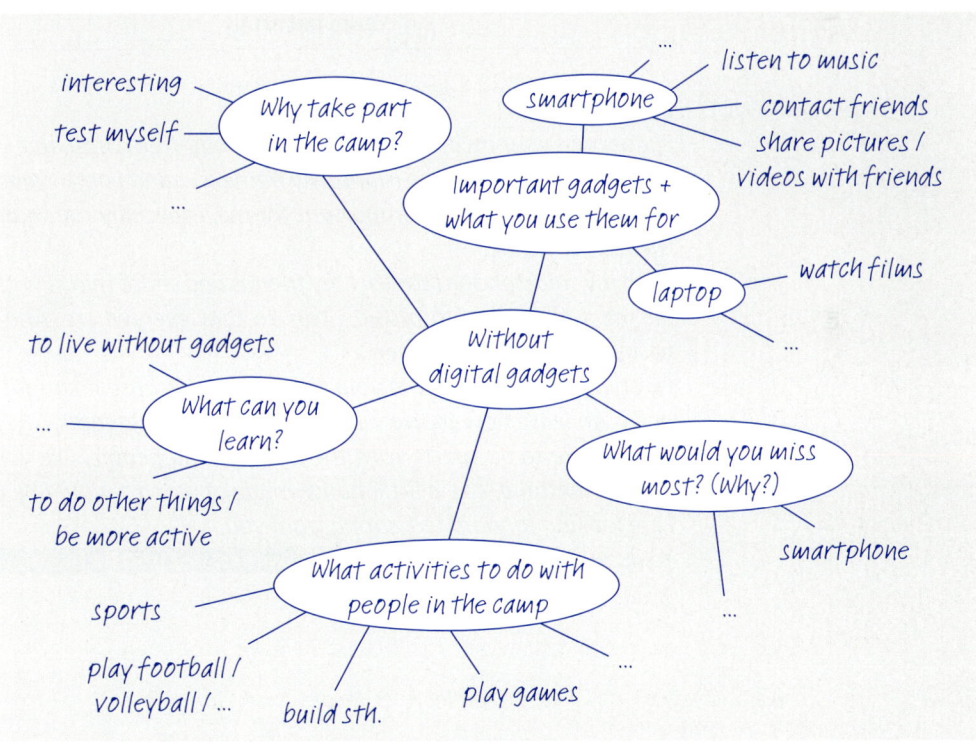

- Für lernschwächere S kopiert L als ▶ Optional help die Aufgabe mit Satzmustern; eine Unterstützungsform, die die S von den *More help*- und den *Gap filling*-Aufgaben des SB kennen.

4 STOP! CHECK! GO!

Writing an email	
start politely	Dear _____ , I have read your invitation to the technology-free camp and I would really like to take part and spend a week on the island.
name, age, where I am from	My _____ . I'm _____ old and I live _____ .
digital habits: gadgets I use most why important / what I use them for	My _____ is/are _____ for me. I use _____ . It is / They are important for me because I can _____ with my friends / _____ all over the world / _____ games.
why I would like to take part	I would _____ in your camp because I think it's _____ .
what I could learn	I _____ to live _____ .
activities with people in camp	I would like to play _____ . I would like to _____ .
finish politely	I am looking _____ . Yours faithfully _____

Lösungsbeispiel

Dear PQR Radio,
I have read your invitation to the technology-free camp and I would really like to take part and spend a week on the island. My name is ... and I am ... years old. I live in ...
Digital gadgets are very important for me, especially my smartphone and my laptop. I use them all the time.
With my smartphone I contact my friends and share things with them. That's very important for me. I also listen to music. I can do that everywhere. And on my laptop I watch films, because the screen is bigger.
I would like to take part in your experiment because it sounds interesting. I can test myself and I can learn how to live without my favourite gadgets.
I would like to do sports with the other young people, like volleyball and soccer. Or maybe build something, e. g. a little house made of wood. I would be very happy if you chose me.
I am looking forward to hearing from you.
Yours faithfully ...   ▶ WB (Learner Log), p. 50 ▶ WB (Revision), p. 51 ▶ INKL 77, pp. 90–93

EXAM FILE

EXAM FILE 1

Hinweis Auf den *Exam file*-Seiten üben die S die Prüfungssituation. Dies bedeutet, dass sie die Aufgaben ohne Klärung der Arbeitsaufträge und in EA bearbeiten. Unbekannter Wortschatz aus dem *Exam file* wird nicht in den Anhängen des SBs gelistet, um somit S aus Bundesländern, in denen kein Nachschlagen während der Prüfung vorgesehen ist, eine echte Prüfungssituation zu bieten. In den Bundesländern, in denen Wörterbücher für die Prüfung zugelassen sind, sollten die S auch bei der Bearbeitung des *Exam files* diese benutzen, damit der sichere Umgang damit trainiert wird. Sinnvoller Weise werden dieselben Wörterbücher verwendet wie in der Prüfung auch. Der Umgang damit sollte bereits im Vorfeld trainiert worden sein. Mithilfe des *Skills file 5* auf SB-Seite 125 kann L gemeinsam mit den S besprechen, wie sie sich auf Prüfungen und Klassenarbeiten vorbereiten können und worauf sie während der Prüfungssituation achten sollen. Im Vorfeld sollte auch die Bedeutung von immer wiederkehrenden Arbeitsaufträgen wie *Choose/Pick A, B or C* oder *You will hear ... twice / Listen twice ...* geklärt werden. Ggf. werden diese Arbeitsaufträge visualisiert und im Klassenzimmer aufgehängt (s. hierzu auch die Innenseite des Covers hinten im SB mit der Liste der *Instructions in your exams*).

L gibt ein Zeitpensum vor, in dem die S das *Exam file* bearbeiten sollten. Die Zeitvorgaben entsprechen denen der jeweiligen Abschlussprüfungen bzw. berücksichtigen die Länge der Texte und der Komplexität der Aufgabenstellungen.
Die Hörtexte werden so oft vorgespielt wie in den jeweiligen Abschlussprüfungen vorgesehen. Vor dem Hören erhalten die S angemessen viel Zeit, um die Aufgabenstellung und weitere Vorgaben (z.B: Sätze, Auswahlantworten, Tabellen) durchlesen bzw. zeichnen und/oder notieren zu können.
Ca. fünf Minuten vor Ablauf sagt L das Ende der Zeit an. Die S, die in der vorgegebenen Zeit nicht fertig geworden sind, dürfen die Seiten als HA zu Ende bearbeiten. Im Unterrichtsgespräch kann besprochen werden, wo und warum es Zeitprobleme gab und wie sie überwunden werden könnten (z. B. Vokabelarbeit intensivieren, damit Mediation schneller bewältigt wird).
Wird das *Exam file* als HA durchgeführt, kann L die S bitten, die Zeit zu stoppen, die sie für die einzelnen Aufgaben benötigen. In der anschließenden Auswertung im Plenum sollte u. a. besprochen werden, welcher Aufgabentyp besonders zeitintensiv für die S war. Gab es individuelle Unterschiede? Wie können sich die S die begrenzte Zeit einer Klassenarbeit besser einteilen? Hiermit können die S in die Lage versetzt werden, sich auch in Prüfungssituationen ihre Zeit möglichst sinnvoll einteilen zu können.

Für die geschlossenen Aufgabenformate erhalten die S ein *Exam file answer sheet* (siehe ▶ KV 20, ▶ KV 22, ▶ KV 24). Hier tragen sie wie in einer Abschlussprüfung ihre Lösungen ein. Mithilfe des *Exam file – Answer key* (siehe ▶ KV 21, ▶ KV 23, ▶ KV 25) können die S ihre Ergebnisse überprüfen (auch als ▶ Partner check). Lösungsmöglichkeiten für offene Aufgabenformate findet L in den HRU; sie können ggf. an die S weitergegeben werden.

Die *Exam files* beziehen sich auf die Inhalte der dazugehörigen Units. Der Einsatz eines *Exam files* wird am Ende der passenden Unit empfohlen. Es ist aber auch möglich, alle *Exam files* kurz vor den Abschlussprüfungen einzusetzen. Dadurch würde simuliert werden können, dass Abschlussprüfungen eher die in den letzten Jahrgangsstufen entwickelten Kompetenzen prüfen als den Lernzuwachs nach Beendigung eines spezifischen Themas.

Das *Exam file 1*, Aufgaben 1–3, können die S mithilfe der ▶ KV 20: Exam file – Answer sheet bearbeiten. Die Lösungen für diese Aufgaben sind auf der ▶ KV 21: Exam file – Answer key enthalten. Für die Texterstellung im Rahmen der Aufgabe 4 benötigen die S ein Blatt Papier. Ein Lösungsbeispiel findet L auf der folgenden Seite.

S. 108–109

1 READING Signs

a) Where can you see these signs?

Diese Aufgabe können die S mithilfe der ▶ KV 20: Exam file – Answer sheet bearbeiten.

Lösung ▶ KV 21: Exam file – Answer key

b) What information do these signs (1–3) give? ...

Diese Aufgabe können die S mithilfe der ▶ KV 20: Exam file – Answer sheet bearbeiten.

Lösung ▶ KV 21: Exam file – Answer key

▶ 🎧 2.09 **2   LISTENING   A strange story**

Material   CD

Listen twice to the story about a snake in Australia ...
Diese Aufgabe können die S mithilfe der ▶ KV 20: Exam file – Answer sheet bearbeiten.

Lösung   ▶ KV 21: Exam file – Answer key

3   LANGUAGE   Sam, the koala

Complete the text with the correct words in the brackets.
Diese Aufgabe können die S mithilfe der ▶ KV 20: Exam file – Answer sheet bearbeiten.

Lösung   ▶ KV 21: Exam file – Answer key

4   WRITING   An email to a host family

You're planning to go to Australia and looking for a host family ...

Lösungsbeispiel   *Dear Hanson family,*
My name is Sarah Müller. I'm 15 years old. My hobbies are swimming, playing basketball and reading books. I'd like to visit Australia because it sounds so different to Germany and I want to see if it's true. I'm really interested in seeing the outback and the Great Barrier Reef.
Do you live in Sydney? How old are your kids? Do you have any pets?
Best wishes
Sarah Müller

▶ INKL pp. 94–95

EXAM FILE 2

Hinweis   Allgemeine Hinweise zu den *Exam files* befinden sich auf der HRU-Seite 169 und im Vorwort.

Aufgabe 3 können die S mithilfe der ▶ KV 22: Exam file – Answer sheet bearbeiten. Die Lösungen für Aufgabe 3 sind auf der ▶ KV 23: Exam file – Answer key enthalten. Für die Texterstellung unter Aufgabe 4 benötigen die S ein Blatt Papier.

S. 110–111

1   SPEAKING Tourist talk

a) Talk to a partner about the photo

Lösungsbeispiel
1 *The young people are opposite a big city on the bank of a river.*
2 *The young people are sitting on the bank of the river, talking and playing music. One girl is playing the guitar.*
3 *I think the people are talking about their friends and about the nice afternoon/evening they are having. Maybe they are talking about the sunset and about their plans for the next day.*
4 individuelle Antworten
5 individuelle Antworten

b) ROLE-PLAY At a bus stop in Dublin
L sollte die S darauf hinweisen, dass es bei dieser Aufgabe hauptsächlich um das Sprechen geht, weniger um die sprachliche Richtigkeit.

Lösungsbeispiel
A: *Can I help you?*
B: *Yes, please. I am looking for a bus to the city centre.*
A: *Alright. Bus number 16 goes to the city centre.*
B: *And where do I buy a bus ticket?*
A: *You can buy a ticket on the bus.*
B: *How much is it to the city centre?*
A: *It's 2.55 Euros. (May I ask) Where are you from?*
B: *I am from Germany.*
A: *Interesting. Do you like Dublin?*
B: *Dublin is really fun. There are so many friendly people here.*
A: *That's good to hear. How long are you staying in Dublin?*
B: *I'm staying in Dublin for a week, in a hostel.*
A: *Have you visited Dublin before?*
B: *No, this is my first trip. Do you have any good tips?*
A: *Yes, definitely. You could do a hop-on-hop-off bus tour. There you get to see the most important sights.*
B: *That's a good idea.*
A: *Oh, my bus is coming. Bye!*
B: *Bye and thanks for your help!*

2   MEDIATION Say it in English

a) Du bist in London Heathrow gelandet und brauchst nun eine Fahrkarte …

Lösungsbeispiel
You: *Yes, please. I would like to buy a ticket from here to Covent Garden. • Here you are. And, could you also tell me how long the trip will take? • Thanks. And how do I find the platform? • Thanks a lot. Bye.*

b) Die U-Bahn ist recht voll, doch du siehst einen freien Platz. Frage höflich …

Lösungsbeispiel
You: *Excuse me, could I sit here? • Thank you very much.*

3   READING   16 – too young to love?

Diese Aufgabe können die S mithilfe von ▶ KV 22: Exam file – Answer sheet bearbeiten.

a) The following words have different meanings in German. Pick ...

Lösung   ▶ KV 23: Exam file – Answer key

b) Now write down the German meaning of these words as used in the text.

Lösung   ▶ KV 23: Exam file – Answer key

c) Who says what? Find one name for every question.

Lösung   ▶ KV 23: Exam file – Answer key

4   WRITING   Someone you respect

Material   Schreibpapier (Klassensatz)

We all have heroes – people we really respect. They can be ...

Lösung   individuelle Antworten.   ▶ INKL pp. 96–97

EXAM FILE 3

Hinweis   Allgemeine Hinweise zu den *Exam files* befinden sich auf der HRU-Seite 169 und im Vorwort.

Die Aufgaben 1–3 können die S mithilfe von ▶ KV 24 A/B: Exam file – Answer sheet bearbeiten. Die Lösungen zu diesen Aufgaben sind auf ▶ KV 25 A/B: Exam file – Answer key enthalten. Für die Texterstellung unter Aufgabe 4 benötigen die S ein Blatt Papier. Lösungsbeispiele findet L weiter unten.

S. 112–113

1   READING My first real job

Diese Aufgabe können die S mithilfe von ▶ KV 24 A: Exam file – Answer sheet bearbeiten.

a) Read the text.
b) Match the headings with the paragraphs (1–5). There is one more heading …

Lösung   ▶ KV 25 A: Exam file – Answer key

c) Complete the notes with three details per box.

Lösungsbeispiel   ▶ KV 25 A: Exam file – Answer key

d) Complete these sentences with words from the text.

Lösung   ▶ KV 25 A: Exam file – Answer key

2   MEDIATION

Diese Aufgabe können die S mithilfe von ▶ KV 24 A: Exam file – Answer sheet bearbeiten.

Read the job advert. Write down what you have to do and what skills …

Lösungsbeispiel   ▶ KV 25 A: Exam file – Answer key

▶ 🎧 2.10–2.11   3   LISTENING Looking for work experience

Diese Aufgabe können die S mithilfe von ▶ KV 24 B: Exam file – Answer sheet bearbeiten.

a) You will hear a telephone conversation about work experience. Pick A, B or C.

Lösung   ▶ KV 25 B: Exam file – Answer key

b) You will hear a conversation between Sanjay and his friend Asha. Complete …

Lösungsbeispiel   ▶ KV 25 B: Exam file – Answer key

4   WRITING Jobs and work experience

Material   Schreibpapier (Klasssensatz)

a) You want to apply for the job at *The Sandwich Bar*. Write a cover letter: …

Lösungsbeispiel   *Dear Sir/Madam,*
My name is … and I read your advertisement for a job at The Sandwich Bar. I would like to apply for this job.
Last year I did some work experience in a hotel kitchen. I had to prepare food and I watched the chef doing her work and sometimes helped her. This year I worked there as a waitress/waiter in their cafeteria. I served the customers. During the lunch hour it was very busy and I had to work quickly.
I think I would be suitable for this job because I am hard-working and friendly and can do things quickly.

I could start at the end of the week.
I attach my CV and look forward to hearing from you.
Yours faithfully …   (126 words)

b) Write a short text (80–100 words) about your work experience. Write about: …

Lösungsbeispiel   *My work experience*
Last year I did my work experience in a supermarket.
In the morning I had to clean the fruit stall, take out the empty boxes and put in full boxes with fresh fruit. After that I had to put things on the shelves. Sometimes customers asked me where they could find things, and I showed them. After lunch I had to clean the floor.
I liked helping the customers, but I didn't like lifting heavy things.
I learned to do things I didn't like, and to be patient with customers.   (93 words)

▶ WB (Exam preparation), pp. 52–59   ▶ INKL pp. 98–99

TEXT FILE

TF 1 More facts about Australia

Inhalt	bildgestützte Zusatzinformationen zu Australien
Kommunikative Kompetenzen	**Reading:** Texten wichtige Informationen entnehmen **Speaking:** interessante Informationen austauschen, eine Kurzpräsentation halten **Mediation:** Textinformationen auf Deutsch wiedergeben
Methodische Kompetenzen	**Lernstrategien**: Notizen anfertigen **Kooperative Lernformen**: PA
Interkulturelle Kompetenzen	sich Faktenwissen über Australien aneignen

S. 114–115

1 A huge country

Wortschatz

Die *Text files* enthalten keinen neuen Lernwortschatz. Die für das Verständnis des Textes notwendigen unbekannten Wörter sind durch Fußnoten gekennzeichnet. Die S können somit – anders als in den Kerntexten der Units – die für das Textverständnis wichtigen unbekannten Wörter direkt auf der Seite in Übersetzung sehen. Weitere unbekannte Wörter sollten im Kontext erschließbar sein oder können, da nicht für das Gesamtverständnis des Textes notwendig, ignoriert werden.

Material

Internetanschluss

a) Read the texts. Then decide if …

Die Bearbeitung der Exercise 1a) kann mithilfe der ▶ Think-Pair-Share-Methode erfolgen. Beim 1. Lesen suchen die S gemäß SB zunächst in EA gezielt nach Antworten auf die Fragen 1–6. Dazu überfliegen sie die Texte auf der SB-Seite 114 anhand geeigneter Schlüsselwörter, siehe ▶ Lesetechniken (Scanning) und notieren die gefundenen Informationen stichwortartig im Heft. L kann ausdrücklich auf den gelben Kasten links oben auf der Seite aufmerksam machen, in dem die S dazu angehalten werden, sich nicht von unbekanntem Vokabular verunsichern zu lassen. Im Anschluss vergleichen die S ihre Lösungen in PA (2. Lesen zur Kontrolle möglich) und abschließend im Plenum, z. B. in Form einer ▶ Meldekette.

Lösung

1 false • 2 true • 3 false • 4 true • 5 true • 6 false

b) 👥 NOW YOU
Go online and find some more (fun) facts …

Gemäß SB suchen die S zunächst in EA weitere interessante, ungewöhnliche oder witzige Informationen über Australien im Internet. Damit die S bei der Internetsuche unterstützt werden, verweist L auf vorab recherchierte und relevante Internetadressen. Die S halten ihre Ergebnisse im Heft fest. Die S tauschen sich im ▶ Partner talk aus.

S1: *Did you know that …?*
S2: *Yes I did. / No, I didn't.*

● Differenzierung

Lernstärkere S können dazu ermutigt werden, diejenigen Informationen, die sie besonders interessieren, schon an dieser Stelle möglichst detailliert zu recherchieren. In der Auswertung können auf diese Weise in PA auch Nachfragen gestellt und beantwortet werden, sodass sich der Dialog interaktiv und (in Teilen) frei gestaltet. Die recherchierten Informationen können zudem als Grundlage für die in Exercise 2b) auf der SB-Seite 115 vorgeschlagene Präsentation dienen.

Lösungsbeispiel

- *Did you know that Australia has more sheep than people?*
- *Did you know that the Australian dog fence (5,614 km) is the longest fence in the world?*
- *Did you know that kangaroos and emus can't walk backwards?*
- *Did you know that the Great Barrier Reef has its own postbox?*
- *Did you know that it's about 14,500 kilometres from Germany to Australia?*
- *Did you know that about seven million tourists visit Australia every year?*

- *Did you know that hunting boomerangs are not expected to come back to you, but are made for hunting and killing animals?*
- *Did you know that the Blue Mountains seem to be blue because of the oil from eucalyptus trees in the air?*

2 Europeans and Aboriginal Australians

Material KV 3

a) 👥 MEDIATION
Read the text. Then explain the following numbers ...

Differenzierung Lernschwächere S bekommen vor dem Austausch mit dem/der Partner/in Zeit, um sich Notizen zu machen.

Lösungsbeispiel **Partner A:**
A *Im Jahr 1788 wurde Australien eine britische Kolonie.*
B *Ungefähr 20 % der heutigen australischen Bevölkerung sind Nachkommen von ehemaligen Gefangenen.*
C *In den 1850er Jahren wurde in Australien Gold gefunden.*
D *Mindestens 100 000 Kinder wurden ihren aboriginal Müttern weggenommen und in Kinderheime oder weiße europäische Familien gesteckt.*

Partner B:
A *Die Briten schickten 164 000 Häftlinge nach Australien.*
B *Mehr als 2 Millionen Menschen kamen nach dem zweiten Weltkrieg aus Großbritannien, Deutschland, Italien, Griechenland und anderen europäischen Staaten (nach Australien).*
C *Mehr als 3 000 000 Australier sprechen zu Hause italienisch.*
D *Im Jahr 2008 entschuldigte sich der australische Premierminister bei den australischen Aborigines für die schrecklichen Verbrechen gegen sie / für die massenhafte Entführung ihrer Kinder.*

b) Choose one topic and find out more about it ...
Die S wählen in EA eins der vier angebotenen Themen aus, recherchieren Informationen hierzu und bereiten eine ▶ Two minute presentation vor.
Die Vorbereitung und Durchführung der Präsentation wird nach Bearbeitung des *Speaking Course (1)* – und der *Exam training*-Seite (SB-Seite 20–21) empfohlen. Anschließend finden sich je vier bis fünf S, die unterschiedliche Themen vorbereitet haben, in Gruppen zusammen und präsentieren ihre Ergebnisse. Die jeweils zuhörenden S geben anhand der Checkliste aus dem *Speaking Course (1)* (SB-Seite 20) Feedback.

Alternative Zur Erstellung bzw. Auswertung der Präsentationen kann die ▶ KV 3: Preparing a presentation and giving feedback herangezogen werden.

Lösung individuelle Lösungen

TF 2 Waiting for something to happen

Inhalt	adaptierter Auszug aus David Fermers Roman *Riot*
Storyline	Die S lesen einen Auszug aus einer Geschichte über den Teenager Danny, der mit seinen Freunden unbeabsichtigt in eine gewalttätige Demonstration in Nord-London gerät. Die Demonstranten protestieren gegen einen umstrittenen Polizeieinsatz, bei dem im Sommer 2011 ein Mann im Londoner Stadtteil Tottenham von die Polizei erschossen wurde. Die Erzählung beschreibt die unterschiedlichen Reaktionen des jungen Protagonisten und seiner vier Freunde auf die gewaltsamen Ausschreitungen.
Kommunikative Kompetenzen	**Reading:** Textverständnis mithilfe von Fragen klären
Interkulturelle Kompetenzen	Jugendliche in GB, Jugendkultur, Jugendarbeitslosigkeit, Perspektivlosigkeit von Jugendlichen ohne Ausbildung, Polizeigewalt, soziale Unruhen in London (*London riots* 2011)

S. 116–118

Material	CD
Einstieg	**SB bleibt geschlossen.** Ausgehend vom Titel des Auszugs (*Waiting for something to happen*) stellt L einen Stuhl vor die Lerngruppe, setzt sich darauf und wartet. Wenn 2–3 S ihre Verwunderung geäußert haben, stellt L ihnen eine Frage:

L: *What am I doing?*
S: *You are sitting (on a chair). / You are waiting.*
L: *And what am I waiting for? What do you think?*
S: *Perhaps you're waiting for another teacher? / Perhaps ...*

Die S werden diese letzte Frage evtl. nicht beantworten. L erläutert, dass sie auf nichts Bestimmtes wartet, nur darauf, dass irgendetwas passiert und schreibt die Überschrift *Waiting for something to happen* an die Tafel. Anschließend fragt L, ob die S das auch manchmal tun: einfach darauf warten, dass etwas passiert. Wenn die S tatsächlich auf diese Weise Unerwartetes erlebt haben, können die Erlebnisse auf Deutsch erzählt werden und von der L in groben Zügen auf Englisch gespiegelt wiedergegeben werden (dabei werden die S aufgefordert zu sagen, ob L richtig übersetzt/dolmetscht). Sollte nichts erzählt werden, fordert L die S gleich auf, das Buch zu öffnen:

L: *Open your books at page 116, please.*

▶ 🎧 2.12 **Saturday, 4 pm**
L lässt die S zunächst das erste Bild anschauen und darüber spekulieren, um welche Erlebnisse es in dieser Geschichte wohl geht:

L: *Look at the picture in the bottom left. What do you think the story is going to be about?*
S: *Maybe the boys are racist. / calling the girl with the headscarf names. / ...*

Sollten die S keine spontanen Kommentare äußern, kann L das Bild auch erst einmal genauer beschreiben lassen:

L: *What can you see in the picture?*
S: *In the picture I can see a girl with a (purple) headscarf and five boys who are laughing.*

L semantisiert u. U. schon jetzt *headscarf* im Plenum. Anschließend wird der Einleitungstext gemeinsam gelesen, um die Grundsituation zu klären. Die vier *wh*-Fragen (*When? Where? Who? What?*) und kurze Antworten darauf werden an der Tafel festgehalten:

> *When?* summer 2011
> *Where?* Tottenham / North London
> *Who?* Danny
> *What?* riots

L sollte darauf hinweisen, dass die Geschichte aus Dannys Perspektive erzählt wird.
Der erste Abschnitt wird von CD gehört und mitgelesen (▶ Mitleseverfahren). Anschließend
werden die ersten drei Fragen im Plenum beantwortet. Die Antworten zu b) und c) sollten
wenigstens in Stichpunkten von den S notiert werden, da sie später in der Aufgabe noch
einmal benötigt werden.

Um sicherzugehen, dass die S die desolate Situation der Jungen verstanden haben, können die anderen vier Namen noch zu Dannys an die Tafel geschrieben werden und Alter
und Beschäftigung besprochen werden:

> Kyle: 17 and unemployed
> Todd and Reeko: both 16 and on a job programme
> Zee: 17 and works in his dad's shop
> Danny: 15 and still at school

Anschließend wird auch bei Danny noch das Alter und seine Beschäftigung hinzugefügt.
Zur Sicherung des Textverständisses erarbeitet L gemeinsam mit den S eine *timeline* der
Ereignisse. Die *timeline* wird nach jedem Textabschnitt durch Antworten auf *wh*-Fragen
zum Text ergänzt:

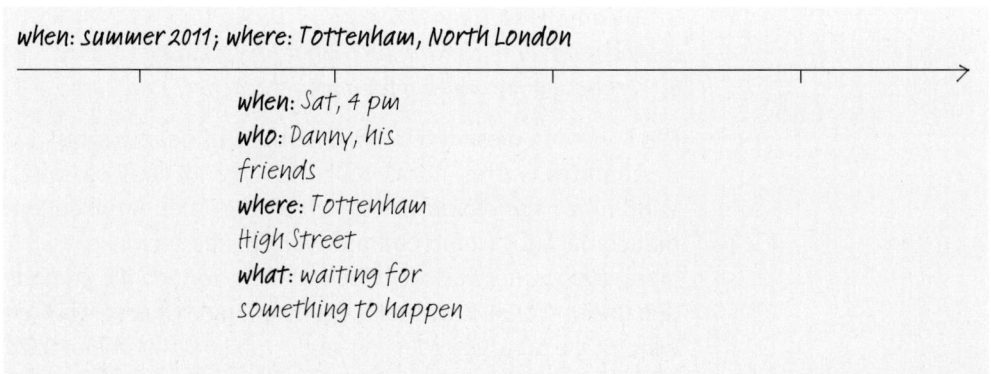

when: summer 2011; **where:** Tottenham, North London

> **when:** Sat, 4 pm
> **who:** Danny, his
> friends
> **where:** Tottenham
> High Street
> **what:** waiting for
> something to happen

Lösungsbeispiel

a) *They sit on a wall in the street and watch people.*
b) *Yes, I like Danny. I think he's smart and understands his friends. / No, I don't like Danny.
I think he's boring and uncool.*
c) *Yes, I can understand Kyle. He's fed up and has nothing to do. So he wants to be the boss
with his friends. It's all he got. / No, I don't like Kyle. He isn't nice to other people, he makes
fun of them. He's arrogant and bossy.*

▶ 🎧 2.13 **Saturday, 5:30 pm**
Bevor weiter gehört und mitgelesen wird, verweist L auf das zweite Bild: Hier wird deutlich, dass etwas passiert, was die Jungen aus ihrer Langeweile aufrüttelt. L kann auf die
vielen unterschiedlichen Menschen hinweisen und anschließend auf die Plakate, anhand
derer die Schüler den Grund für die Demonstration ableiten können.
Hinweis: Vermutlich haben die S vorher schon mehrmals in den Nachrichten bzw. in der
Presse von anderen Fällen von Polizeigewalt gehört, vor allem in den USA (z. B. 2014 in Fer-
guson, Missouri als der unbewaffnete 18-jährige Michael Brown von einem Polizisten er-
schossen wurde, was in der Folge vor Ort zu größeren gewalttätigen Ausschreitung führte).
L sollte hier noch einmal darauf hinweisen, dass Dannys Geschichte in Großbritannien
spielt, das Phänomen aber durchaus ein internationales ist.
L sollte bei der Texterarbeitung darauf achten, dass die S die zwei Handlungsebenen aus-
einanderhalten können. Durch die Weiterführung der angefangenenen *timeline* lässt sich
dies gut visualisieren:

when: summer 2011; where: Tottenham, North London		
when: last Thur **who:** Mark Duggan, the police **what:** the police shot Mark Duggan	**when:** Sat, 4 pm **who:** Danny, his friends **where:** Tottenham High Street **what:** waiting for something to happen	**when:** Sat, 5:30 pm **who:** Danny, his friends, protesters **where:** Tottenham High Street **what:** protesters want to find out the truth about Mark Duggan

Die S könnten durch die wechselnde Verwendung von *Mark* und *Duggan* verwirrt werden, was L durch einen Hinweis auf die eigene Lerngruppe schnell erklären kann: In den meisten Lerngruppen gibt es einige S, die nur mit Nachnamen angesprochen werden. Nachdem der zweite Teil gelesen und gehört worden ist, werden die Fragen im Plenum oder schriftlich in EA erledigt.

Lösungsbeispiel

d) Mark Duggan is a young man from Tottenham who was killed by the police. He used to be in the Star Gang, but he left it.

e) The people are protesting because they want to know the truth about what happened to Mark Duggan.

f) Kyle and his gang join the protest because they are bored and have nothing to do. And they think Mark Duggan was one of them and that the police haven't told the truth about his death.

▶ 🎧 2.14 **Saturday, 5:45 pm**

Der dritte, sehr kurze Abschnitt wird gemeinsam gelesen und mögliche Fragen werden gleich geklärt. Der Name Riya sollte auf jeden Fall an der Tafel in der Liste der Protagonisten ergänzt werden.

Nun können die S spekulieren, wie die Geschichte weitergeht. L erinnert daran, dass bisher eigentlich der Ich-Erzähler Danny die Geschichte erzählt und der Teil hier aber eine Zusammenfassung in der 3. Ps. Singular ist (auktorialer Erzähler). Je nach Gesprächsentwicklung kann L zusammen mit den S mithilfe des Bildes unten auf der Seite Vermutungen darüber anstellen, wie die Geschichte weitergeht. Geht es um Riya? Oder doch eher um eine gewaltsame Auseinandersetzung mit der Polizei?

L: *You said that Danny might like Riya. Then why is there a picture with many police officers?*
S: *Perhaps they all get into trouble with the police. / ...*

Auch bei diesem Abschnitt ergänzen die S gemeinsam die *timeline*:

when: summer 2011; where: Tottenham, North London			
when: last Thur **who:** Mark Duggan, the police **what:** the police shot Mark Duggan	**when:** Sat, 4 pm **who:** Danny, his friends **where:** Tottenham High Street **what:** waiting for something to happen	**when:** Sat, 5:30 pm **who:** Danny, his friends, protesters **where:** Tottenham High Street **what:** protesters want to find out the truth about Mark Duggan	**when:** Sat, 5:45 pm **who:** Danny, his friends, protesters, Riya **where:** outside police station **what:** waiting

Alternative Alternativ lesen die S den gesamten Text und suchen erst dann die Songbeispiele.

👥 / 👥👥 Die Ergebnisse können in PA/GA oder im Plenum (▸ Meldekette) vorgestellt werden. Die S nutzen die Inhalte aus der Einstiegsphase und die Modelltexte des *Text file* für ihre Formulierungen.

Lösungsbeispiel *I like Ed Sheeran's song best, because I love his voice and his style. The song is about love and being miles apart. I like that. My friend and I are miles apart too.*

b) Work alone. If you had to choose your own favourite song, what would it be?

Im Hinblick auf Teilaufgabe c) sollten die S sich darauf einstellen, Titel des Songs, Name des Interpreten / der Band nennen zu können und warum das Lied ihr Lieblingslied ist. Die S nutzen die Inhalte aus der Einstiegsphase, die Modelltexte des *Text file* und die Aussagen in Teilaufgabe a) für die Vorbereitung der ▸ Milling-around activity in Teilaufgabe c). Hinweis: Die S benötigen genügend Zeit, um online die richtige Schreibweise von Titel und Interpret ihres Lieblingssongs überprüfen zu können, da sie diese Informationen in Teilaufgabe d) weitergeben.

◻ / ◉ Differenzierung Lernschwächere S notieren ihre Sätze und nutzen ihre schriftliche Hilfe in der ▸ Milling-around activity solange, bis sie frei sprechen können. Lernstärkere S bereiten sich mit Stichpunkten oder nur mündlich vor.

c) 👥 Walk around: Talk to different people about your favourite song. Ask …

Da die S in Teilaufgabe d) über die Ergebnisse ihrer Befragung berichten sollen, müssen sie sich Notizen machen. Dazu kann eine Tabelle dienen, die L mit den S an der Tafel bzw. am Whiteboard (ggf. mit einem Beispiel) erarbeitet und die die S anschließend abschreiben. Als Erstes tragen die S die Informationen über ihren eigenen Lieblingsong ein, um danach im Austausch mit anderen S, die eigenen Notizen griffbereit zu haben.

name:	song title:	singer/band:	like(s) it because …
me	…	…	– It's her/his latest – … great voice – … great song –
Ayse	…	…	
…	…	…	

Ein Beispieldialog an der Tafel für die ▸ Milling-around activity ist für alle S hilfreich:

S1: *Hi, Ayse. Can I ask you a question. What is your favourite song?*
S2: *Hi, Dan. It's …*
S1: *That's by …, I know. / Who sings that?*
S2: *It's by …*
S1: *Oh, alright. And why do you like it?*
S2: *Because he/she has a great voice. And the song describes how I feel at the moment.*
S1: *Okay, thanks.*
S2: *And what's your favourite song?*
S1: *…*

◻ Differenzierung Lernschwächere S notieren für sie wichtige Sätze aus dem Dialog für die anschließende Aktivität.

◉ Differenzierung Lernstärkere S beginnen mit der ▸ Milling-around activity, sobald sie die Tabelle abgeschrieben haben. Die anderen S gliedern sich ein, sobald sie das für sie Notwendige abgeschrieben haben.

d) Report the results to the class. Is a song named more than once?

Einzelne S präsentieren ihre Ergebnisse aus Teilaufgabe c).

Die folgenden sprachlichen Mittel werden an der Tafel gesammelt. Die S machen je nach individuellem Unterstützungsbedarf Gebrauch davon:

> – I'd like to tell you about the results of my survey.
> – I asked (four) students, (Ayse), (Julia), (Dan) and (Katharina).
> – ... likes ..., because ...
> – (Dan) and (Katharina) both like ... . (Dan) likes him/her/them because ... . (Katharina) likes him/her/them because ...
> – The song ... was named twice/three times. (And .... was named ... times.)
> – That's all. Thank you for listening.

Alternative Das *Text file* ist ein optionales Angebot und kann unterschiedlich eingesetzt werden, je nachdem ob z.B. einzelne Teilaufgaben vorab als HA bearbeitet werden oder L das *Text file* zum ▶ binnendifferenzierten Arbeiten einsetzen will:

1. Alle S bearbeiten alle Aufgaben des *Text file* im Unterricht.
2. Alle S bearbeiten die Teilaufgaben a) und b) als HA oder in Arbeitsstunden während des Ganztagsunterrichts. Teilaufgaben c) und d) werden im Unterricht bearbeitet.
3. Nur die lernstärkeren S bearbeiten die Aufgabenteile a) und b) als Zusatzmaterial in Form einer HA oder in Arbeitsstunden während des Ganztagsunterrichts. Aufgabenteile c) und d) entfallen. Die S stellen der Lerngruppe vor, was sie erarbeitet haben.

Zusatz S, die gern über ihren Lieblingsinterpreten / ihre Lieblingsband sprechen wollen, erhalten eine erweiterte HA. Dazu kopiert L die folgende ▶ Arbeitsanweisung und den entsprechenden Feedbackbogen für alle S. Der Feedbackbogen kann entsprechend den in der Klasse geltenden Feedbackregeln erweitert werden.

---

a) Make notes or write about the following aspects of your favourite singer/band:

- name of person / band members
- first hit/video
- biggest song/video so far
- your favourite song / best video
- What is your favourite song about?
- Why do you like the song?
- Five things you want to say about your favourite singer/band.

b) Use your notes to tell the class about your favourite singer/band.
Your class will give you feedback on your presentation.

Muster-Feedbackbogen:

Feedback	✓ / ✗	☹	😐	☺
– name of person/band members				
– first song/video				
– biggest song /best video so far				
– favourite song/video				
– What's the song about?				
– Why does the presenter like the song?				
– five things about singer/ band				
– the presenter:				
... spoke slowly				
... spoke fluently				
... made eye contact				
...				

Methodisch-didaktisches Glossar

Glossar

Methodisch-didaktisches Glossar

Antwortkärtchen ▸ Right/wrong cards

Appointments Die kooperative Lernform *Appointments* ist eine gesteuerte Form von wechselnder PA in vier Phasen:

1. Die S schreiben drei vorgegebene Uhrzeiten in eine Tabelle. Dann gehen sie zu drei Mit-S, bitten jeweils um ein *appointment* zu den drei notierten Zeiten *(Can we meet at 1/2/3 o'clock?)* und tragen die Namen der Mit-S bei der entsprechenden Uhrzeit in ihrer Tabelle ein.
2. Im zweiten Schritt bearbeiten die S die Aufgabenstellung zunächst für sich und halten ihre Antwort in der Tabelle fest.
3. Auf das Signal von L *(It's 1/2/3 o'clock.)* gehen die S zum jeweiligen *appointment* mit ihrem/ihrer Mit-S, befragen ihn/sie und notieren die Antwort in der Tabelle.
4. In der letzten Phase berichten die S im Plenum über ihre Umfrageergebnisse.

Thema	Me:	1 o'clock Name:	2 o'clock Name:	3 o'clock Name:
Frage 1				
Frage 2				
Frage 3				

Arbeitsanweisung ▸ Klären der Arbeitsanweisung

Bewegungsspiele Da die S nicht nur in den unteren Klassenstufen einen hohen Bewegungsdrang haben, sollten Bewegungsmöglichkeiten im Unterricht fest eingeplant werden. Vorteile dieser spielerischen Phasen sind neben der Erhöhung der Konzentration auch das ungezwungene Einüben sprachlicher Mittel sowie die alternative Ergebnissicherung in individuellem Lerntempo.

Stories und Lernsongs können mithilfe von ▸ Total Physical Response (TPR) eingeübt werden. Die Bewegungen können so auch zur Verständniskontrolle für L dienen.
Bewegungsspiele helfen zudem sprachliche Mittel einzuüben und die Konzentration für folgende Unterrichtsphasen zu erhöhen. Die Sprachmuster, die dabei von den S angewendet werden, können von L je nach Lernstand der S frei zusammengestellt werden. Folgende Spiele sind beliebt:

Spidernet: Die S stehen im Kreis. S1 wirft seinem/ihrem Gegenüber ein Wollknäuel zu, hält dabei ein Stück des Fadens fest und stellt eine Frage. S2 fängt das Wollknäuel auf, beantwortet die Frage, stellt auch eine Frage und wirft wie S1 das Wollknäuel weiter, aber auch S2 behält ein Stück Faden. S3 macht es den Vorgängern nach. So entsteht ein Spinnennetz aus Wolle. Am Ende kann das Knäuel wieder (mit der Wiederholung eines Sprachmusters) aufgewickelt werden.

Simon says: Mit diesem Spiel lassen sich z. B. Anweisungen spielerisch einprägen. Die S dürfen die Anweisungen nur dann nachmachen, wenn *Simon says* als Einleitung gesagt wurde. Das Spiel läuft folgendermaßen ab: L macht die Bewegung vor und sagt: *Simon says: Get up.* Die S stehen auf. L macht die Bewegung wieder vor, sagt aber nur: *Open your books.* Die S dürfen die Bewegung nicht nachmachen. S, die dies trotzdem tun, scheiden aus. Das Spiel endet, wenn nur noch ein/e S übrig bleibt. (▸ Kennenlernspiele)

Binnendifferenziertes Arbeiten / Binnendifferenzierung	Heterogene Lerngruppen erfordern einen individualisierten Unterricht, in dem differenziert auf lernstärkere sowie lernschwächere S eingegangen wird.

Zum einen kann hier das Potential lernstärkerer S genutzt werden, indem sie aufstehen, sobald sie eine Aufgabe fertig bearbeitet haben. S, die sich mit der Aufgabe schwer tun, können sich melden und von einem/r der stehenden S Unterstützung holen (▸ Schüler als Experten). Dieses Vorgehen gewährleistet einen weitestgehend ruhigen Arbeitsablauf.

Da es in vielen Situationen nicht nötig ist, allen S der Lerngruppe Differenzierungshilfen zu geben, bietet es sich zum anderen an, diese verdeckt zu geben. Von den Gegebenheiten im Unterrichtsraum abhängig, können Hilfen z. B. hinter die Tafel oder auf ein verdecktes Flipchart geschrieben werden. Sie können auch kopiert in Briefumschläge gelegt werden, die sich die S an ihren Tisch holen und nach Gebrauch wieder zurücklegen.

Bus stop	▸ Lerntempoduett
Buzz reading (Lesegemurmel)	Das *Buzz reading* dient dazu, den Redeanteil aller S zu erhöhen und Sprachhemmungen abzubauen. Alle S lesen einen bekannten Text gleichzeitig und leise murmelnd vor sich hin. Die Methode kann flexibel im Unterricht eingesetzt werden. Es empfiehlt sich, diese Phase kurz zu halten und sie z. B. zur Vorbereitung auf einen Lesevortrag einzusetzen. In Kombination mit dem ▸ Mitleseverfahren trägt diese Methode besonders zur Festigung von Aussprache und Intonation bei.
Correcting circle (*Peer correction*, Schreibkonferenz)	Bei der Methode *Correcting circle* (auch *Peer correction*) handelt es sich um die gegenseitige Textkorrektur und Hilfe der S untereinander. Diese Form des Feedbacks ist für manche S weniger einschüchternd als die Fehlerkorrektur durch die L. Die Methode eignet sich besonders für die Arbeit in Kleingruppen. Es sollte ein Kriterienkatalog für die Textkorrektur vorliegen, der vorher gemeinsam erarbeitet werden kann. Ablauf:

1. Jedem/r S wird ein spezielles Gebiet zugeteilt (z. B. *content, structure, spelling, tenses, word order*).
2. Die S geben ihre Texte reihum weiter und nehmen Korrekturen zu ihrem Gebiet vor, bis der Text wieder bei seinem Verfasser / seiner Verfasserin angekommen ist.
3. Zum Abschluss fertigt jede/r S eine Reinschrift seines/ihres Textes an.

L sammelt nach dem Zufallsprinzip einige Ergebnisse zur Bewertung ein. Im Sinne des selbstständigen Lernens kann vereinbart werden, dass die S eine *DOs-and-DON'Ts*-Liste anlegen, die in der Klassenarbeit verwendet werden darf. Dies hilft den S bei der Selbstkorrektur und motiviert, an den eigenen Fehlern zu arbeiten.

Didaktische Folge	Für den effektiven Spracherwerb ist es bei der Einführung von neuem Wortschatz wichtig, die didaktische Folge zu beachten. Dabei ist die Reihenfolge der Fertigkeiten, die im Zusammenhang mit einem neuen Lexem gefordert sind, genau festgelegt:

1. Hören: Die S hören ein neues Wort mehrfach (Sprachvorbild: L oder CD).
2. Sprechen: Die S sprechen das neue Wort mehrfach nach (▸ Lautschulung).
3. Lesen: Die S sehen das Schriftbild und lesen das neue Lexem.
4. Schreiben: Erst in diesem Schritt produzieren die S das neue Wort schriftlich.

Mit zunehmendem Lernstand können die S in verstärktem Maße, vor allem in der Textarbeit, auf erworbene Erschließungstechniken zurückgreifen.

Double circle (Doppelter Stuhlkreis, Kugellager)	Die kooperative Lernform *Double circle* ist eine Form von wechselnder PA, die sich zum Üben von Diskussionsstrategien eignet. Sie ermöglicht einen hohen Sprachumsatz bei niedriger Hemmschwelle zur aktiven Teilnahme. Ablauf:

1. Die S sitzen (oder stehen) sich in einem Innen- und einem Außenkreis gegenüber. Sie diskutieren ein vorgegebenes Thema oder eine Fragestellung mit ihrem Gegenüber und machen sich ggf. Notizen.

2. Auf ein (akustisches) Signal von L hin bewegen sich entweder die S im Innen- oder im Außenkreis um einige Plätze weiter, damit neue Paarungen entstehen. L bestimmt sowohl die Länge der Gesprächszeit als auch die Anzahl der weiterzurückenden Plätze.

3. In einem zweiten Durchgang berichten die S einander über das Gehörte, wobei die Partner/innen jeweils korrigieren und ergänzen. So sind die S zum aktiven Zuhören gezwungen.

Als Variante bietet es sich an, Innen- und Außenkreis verschiedene Themen oder Fragestellungen zu geben, die sich die S gegenseitig erklären oder beantworten.

Experte(n)	▶ Schüler als Experten
Fast finishers	*Fast finisher*-Aufgaben sind für besonders schnelle/lernstarke S, die schneller als andere S die im Unterricht gestellten Aufgaben fertigstellen. Diese S können zur Zeitüberbrückung zusätzliche Aufgaben bearbeiten, die zur ▶ Binnendifferenzierung und Kreativität beitragen.

Feedback Feedback können die S einander in unterschiedlicher Form, z.B. durch Daumen hoch/runter, rote/grüne Karten (▶ Right/wrong cards) oder Applaus geben. Bezogen auf die Anwendung von methodischen Kompetenzen, sollten grundlegend klare Kriterien definiert werden, an denen sich das Feedback orientiert. Folgende Regeln sollten dabei beachtet werden:

- Das Feedback wird so konkret wie möglich formuliert. Zuerst werden positive Dinge genannt, bevor in einer zweiten Runde optimierungswürdige Aspekte, am besten mit Handlungsalternativen, angeführt werden.
- Zunächst hat der/die Präsentierende Gelegenheit, sich zu äußern, danach die übrigen S und zuletzt ergänzt L.
- Wer Feedback gibt, sollte das Gesehene oder Gehörte beschreiben, anstatt es zu bewerten. Dabei reden die S sich direkt an. Meinungen werden in der Ich-Form vorgetragen.
- Die S, die ein Feedback erhalten, sollten zuhören und es vermeiden, sich zu verteidigen, da es darum geht, sich mithilfe der Kritik der anderen zu verbessern. Hierzu ist es auch sinnvoll, die Rückmeldungen in einer Art *DOs-and-DON'Ts*-Liste zu notieren.

L sollte darauf achten, dass die S sich an die Kriterien halten, sodass sie ihren Mit-S ein klares, faires und konstruktives Feedback geben.

Flashcards *Flashcards* sind Bildkarten, die den S helfen, das Laut- bzw. Schriftbild eines Wortes nachhaltig mit seiner Bedeutung zu verknüpfen. Sie nutzen den auditiven und visuellen Lernkanal parallel *(Dual Code Theory)*, wenn ihnen ein Wort mit dem entsprechenden Bild präsentiert wird und es damit im Gehirn verknüpft werden kann. Als Applikationen an der Tafel eignen sich *Flashcards* auch besonders zur schüleraktivierenden Wortschatzarbeit, z.B. indem in einer Reorganisationsphase die Bilder den entsprechenden Wörtern zugeordnet werden.

Fluency before accuracy Der Sprachfluss sollte bei S-Äußerungen im Vordergrund stehen. Lexikalische und grammatikalische Fehler verbessert L nur dann, wenn sie den Inhalt merklich verfälschen. Durch diese Vorgehensweise wird das Vertrauen der S in ihre Fähigkeit, sich in der Fremdsprache zu äußern, gestärkt.

Gallery walk (Galeriespaziergang) Die kooperative Lernform *Gallery walk* bietet eine gute Möglichkeit, Arbeitsergebnisse zu präsentieren und zu diskutieren. Ablauf:

1. Die S sind in EA oder GA zu einem Arbeitsergebnis gelangt (z.B. Text, Bild, Poster), das im Raum ausgestellt wird.
2. Die S gehen einzeln oder in Gruppen im Uhrzeigersinn von Station zu Station und schauen sich die Ergebnisse der anderen an.
3. Wenn alle S alle Arbeitsergebnisse gesehen haben, präsentieren sie entweder nacheinander ihre Eindrücke oder besprechen sie gemeinsam in der Klasse.

Als Variante der GA bietet es sich an, die S neu aufzuteilen. In jeder neuen Gruppe sollte jeweils ein/e S aus den ursprünglichen Gruppen sein. Wer aus der neuen Gruppe an dem ausliegenden Produkt mitgewirkt hat, präsentiert es den anderen. Die Gruppen wechseln im Uhrzeigersinn solange die Tische, bis jede/r S jedes Gruppenergebnis einmal erklärt bekommen hat und sein/ihr eigenes Gruppenprodukt einmal erklären musste.

Gruppenbildung

Eine Einteilung der S in Gruppen kann mithilfe folgender Methoden erfolgen:

1. Methoden mit gelenktem Zufall: L bereitet Elemente vor, die zusammen ein Ganzes ergeben. Dies können z. B. Puzzleteile sein, die ein Bild ergeben, oder Wortkarten, die einem Oberbegriff zugeordnet werden können. Die S ziehen ein solches Element und finden sich in den jeweils entsprechenden Gruppen zusammen.
2. Gruppen können durch Auszählen, Würfeln oder nach dem *Line-up*-Verfahren gebildet werden. Bei diesem stellen sich die S in der aufsteigenden Reihenfolge ihrer Geburtstage oder Hausnummern auf. L zählt dann die benötigten Gruppen ab, z. B. die ersten drei S, die gemeinsam eine Gruppe bilden, usw.
3. L teilt Gruppen ein und gibt die Namen der Gruppenmitglieder bekannt. Dabei sollten Leistungsniveau, Arbeitstempo und Sozialverhalten der S berücksichtigt werden.

Info-gap activity

Bei der *Info-gap activity* handelt es sich um eine kooperative Lernform, die den aktiven Umsatz der Fremdsprache erfordert und schult. Den S fehlen Informationen zum Lösen einer Aufgabe, die ihrem Partner / ihrer Partnerin vorliegen und die sie durch gegenseitiges Befragen herausfinden. Es empfiehlt sich PA in einem festem Team (Partner A, Partner B). Für die Durchführung müssen den S die Informationen und die zu füllenden Lücken vorliegen (Kopiervorlage, Arbeitsblatt, Tabelle im SB etc.). Es ist sinnvoll, den S eine Zeitvorgabe für die Bearbeitung zu machen. Eine Auswertung der Ergebnisse kann zunächst mit einem anderen S-Paar und anschließend im Plenum geschehen.

Jigsaw (Gruppenpuzzle, Expertengruppen)

Die *Jigsaw*-Methode ist eine Form der arbeitsteiligen, zweiphasigen Gruppenarbeit. Folgendes Verfahren erleichtert ihre Durchführung:

Phase 1:
Bildung und Benennung von Expertengruppen (z. B. Gruppe A, B, C, ...), jedes Gruppenmitglied erhält zudem eine Nummer (1, 2, 3, ...). Alle S in einer Expertengruppe (A1, A2, A3, ... entsprechend B1, B2, B3, ...) bearbeiten in einer vorgegebenen Zeit die gleiche Aufgabe in EA. Anschließend diskutieren sie ihre Arbeitsergebnisse und halten die wichtigsten Informationen fest, sodass jedes Gruppenmitglied am Ende dieser Phase über die gleichen Informationen verfügt.

Phase 2:
Bildung von Querschnittsgruppen. Alle Gruppenmitglieder mit der gleichen Nummer bilden nun eine neue Gruppe (A1, B1, C1, ... entsprechend A2, B2, C2, ...). Die S berichten ihren neuen Gruppenmitgliedern über die Ergebnisse ihrer Expertenrunde und beantworten Fragen. Alle S machen sich Notizen, sodass sie abschließend in der Lage sind, die Ergebnisse in ihrer Expertengruppe später ggf. im Plenum zu präsentieren (Phase 3).

Kimspiel

Die auf Rudyard Kiplings Romanfigur *Kim* basierenden Kimspiele werden zur Wahrnehmungs- und Gedächtnisschulung eingesetzt.
Kimspiele werden nach den verschiedenen Sinneswahrnehmungen eingeteilt. Zusätzlich zu Sehen, Hören, Riechen, Schmecken, Tasten zählen auch Gleichgewicht, Warm-/Kaltwahrnehmung und Schmerzempfinden dazu. Beispiele für Kimspiele:

Seh-Kim: (Wahrnehmung)
- Ein/e S verlässt das Klassenzimmer, die anderen S ändern/vertauschen ein Detail im Klassenzimmer. (Tausch von Kleidungsstücken, Sitzplätzen, Brillen etc.). Der/Die S wird wieder ins Klassenzimmer gebeten und stellt fest, was verändert wurde.

Nasen-Kim: (Geruchssinn)

- L bereitet verschiedene Düfte/Gerüche wie z.B. geschnittenes Gemüse, Säfte, Essig, Schokolade, Käse, Blumen etc. vor. Einem/r S werden die Augen verbunden und die verschiedenen Dinge zum Riechen unter die Nase gehalten. Der/Die S errät, worum es sich handelt.

Mund-Kim: (Geschmackssinn)

- L bereitet verschiedene Kostproben wie z.B. Obst, Gemüse, Schokolade, Brot, etc. vor. Einem/r S werden die Augen verbunden. Er/Sie soll erraten, worum es sich bei der Kostprobe handelt.

Gedächtnis-Kim: (Gedächtnis)

- L bereitet ein Tablett mit verschiedenen kleinen Gegenständen vor. L oder ein/e S präsentiert die Gegenstände, sodass sich die anderen S diese einprägen können. Nach ein paar Sekunden werden die Gegenstände mit einem Tuch verdeckt. Die S zählen dann die Gegenstände möglichst vollständig auf.

Tast-Kim: (Tastsinn)

- L bereitet Gegenstände vor, die hinter einem Tuch platziert werden. Die S erraten durch Tasten die Gegenstände hinter dem Tuch.

Klären der Arbeitsanweisung/ Aufgabenstellung	Für das Klären von Arbeitsanweisungen gibt es unterschiedliche Möglichkeiten. Im Hinblick auf selbstständiges Arbeiten sollten die S möglichst früh dazu befähigt werden, Arbeitsanweisungen ohne Hilfe von L zu erschließen. Damit die S sich aktiv mit der Arbeitsanweisung auseinandersetzen, empfiehlt sich das folgende Vorgehen:

1. Stilles Lesen der Arbeitsanweisung
2. Verständnisklärung mit einem Partner / einer Partnerin
3. Erklärung der Arbeitsanweisung durch eine/n S im Klassenverband
4. Bestätigung oder Korrektur durch L

Andere Möglichkeiten sind:

1. L demonstriert die Vorgehensweise (ggf. mit einem/r S) anhand von Gesten, einem Produkt oder Beispielen.
2. Die Arbeitsanweisung wird gemeinsam im Plenum gelesen und erläutert.

Kugellager	▶ Double circle
Laufdiktat (*Running competition*)	Die Methode des Laufdiktats ist eine Form der *whole class activity* mit Wettbewerbscharakter. Sie vereint das Festigen von Vokabeln oder grammatischen Strukturen mit Bewegung. Ein Laufdiktat kann sowohl in EA als auch in arbeitsteiliger GA durchgeführt werden.

1. L platziert Listen z.B. mit unregelmäßigen Verben oder Antworten aus vorherigen Übungen oder einen ganzen Text auf dem Lehrerpult, an der Tafel oder mehreren Stellen im Klassenzimmer. Diese sollten für die S von ihrem Platz aus nicht einzusehen sein.
2. Die S werden in Gruppen eingeteilt.
3. Die S legen eine Reihenfolge in ihren Gruppen fest, in der sie „aktiv" werden.
4. Pro Gruppe geht ein/e S zur Tafel bzw. zum Tisch und schaut nach, welches Wort dort steht.
5. Bilden unregelmäßige Verben die Grundlage für das Laufdiktat, so wird die Liste an der Tafel befestigt, jeder Gruppe eine Tafelseite zugeteilt, an der der/die jeweilige S dann die entsprechende unregelmäßige Form des Verbs (z.B. das *simple past*) bildet und diese an die Tafelseite seines/ihres Teams schreibt. Ähnlich wie bei einem Staffellauf, kehrt S möglichst schnell zu seiner/ihrer Gruppe zurück und übergibt die Kreide an den/die Nächste/n in der Reihe. Dabei darf weder gerannt, noch dürfen Hinweise von den nicht agierenden S gegeben werden. Die Gruppe, die als erste die Liste abgearbeitet hat, bekommt einen Punkt.

Im Anschluss erhält jede Gruppe die Möglichkeit ihre Ergebnisse zu verbessern. Dabei sollte L die Zahl der S, die verbessernd eingreifen dürfen, sowie die zur Verfügung stehende Zeit begrenzen (z. B. auf zwei Minuten). Diese S kommen an die Tafel und greifen korrigierend in das Ergebnis ein. Es folgt eine Auswertung im Plenum, bei der pro richtiger Form ein Punkt vergeben wird. Die Gruppe mit den meisten Punkten hat gewonnen.

6. Bildet ein ganzer Text die Grundlage für das Laufdiktat, laufen die S einzeln zum Text, entnehmen diesem der Reihe nach ein Wort, laufen zur Gruppe zurück und schreiben das Wort auf, sodass der Text stückchenweise vervollständigt wird. Die Gruppe, die als erstes den gesamten Text kennt, d. h. aufgeschrieben hat, gewinnt.

Lautschulung

Für die Lautschulung bieten sich verschiedene Techniken an:

1. Chorsprechen: Es bietet besonders zurückhaltenden S eine gute Übungsmöglichkeit. Hoher Sprachumsatz, da alle S gleichzeitig sprechen. L spricht jeweils vor und gibt dann ein Zeichen (z. B. Gestik: Hand ans Ohr halten), auf das hin die S nachsprechen.
2. Nachsprechen im Teilchor: L teilt Gruppen ein (z. B. Tischgruppen, Sitzreihen, Jungen/Mädchen), die auf das Signal hin nachsprechen. Diese Methode dient dazu, Fehler genauer zu lokalisieren.
3. Einzelsprechen: Dies bietet die Möglichkeit, eine individuelle Korrektur durchführen zu können.
4. Rundgespräch (Round robin): Die S lesen abschnittweise einen bekannten Text in Kleingruppen und geben sich am Ende gegenseitig Rückmeldung bezüglich der Leseweise und Aussprachefehler.

Nachsprechen sollte generell abwechslungsreich gestaltet werden (durch Lautstärke, Geschwindigkeit, verstellte Stimme, z. B. *like a parrot, like a computer* etc.). Neben der Lautschulung einzelner Wörter können auch ganze Sätze nachgesprochen werden, um das Intonationsmuster der Fremdsprache zu üben.

Lernspiele

Lernspiele führen zu einer Abwechslung in den Sozialformen des Unterrichts. Sie sind ein Beitrag zur Methodenvielfalt und lassen die S im Fokus stehen. Sie sind zudem eines der Übergangselemente von der Primarstufe zur Sekundarstufe. Auch in höheren Klassen ist der Einsatz von Lernspielen bedeutend, weil sie klare sprachliche, von L gesetzte Ziele haben. Zudem steht der Spielgedanke für die S im Vordergrund, wodurch die Übungsarbeit im Idealfall nebenbei geschieht. Eine höhere emotionale Beteiligung der S am Spiel kann zu besseren Behaltensleistungen führen.

Viele der Lernspiele im Jahrgang 5/6 zielen auf Wortschatz- und einfache Strukturübungen ab. Um dabei die Ebene der Kommunikation der S untereinander zu sichern, ist hier *language support* von Bedeutung. Dieser gibt den S sprachliche Mittel an die Hand, um sich auch in der Spielsituation in der englischen Sprache unterhalten zu können. Wichtig ist jedoch, dass die Spielsituation auch die Möglichkeit der spontanen Äußerungen – auch in der Muttersprache – enthält, um die emotionale Beteiligung aufrecht zu erhalten.

Einfache Lernspiele, die auf das Vokabellernen abzielen, sind z. B. Domino, Memo-Spiele, Kreuzworträtsel oder Galgenmännchen (*hangman*), Vokabelbingo und *Activity*. Ab Klasse 7 können die Spiele bereits komplexer ausfallen, um sprachliche Strukturen oder landeskundliche Fakten zu lernen. Hier bieten sich z. B. ein *Multiple-choice*-Quiz, das die S selbstständig in gegeneinander spielenden Gruppen erstellen, das Spiel Montagsmaler oder sogenannte ▶ Kimspiele an.

Grammatikalische Strukturen können spielerisch z. B. mit *throw and catch* oder *silly mimes* eingeübt werden. Diskussion und Konversation können mit Hilfe von Spielen wie *desert island* oder *my home/house* erlernt und vertieft werden.

Lerntempoduett
(Bus stop)

Die Durchführung eines Lerntempoduetts bietet sich an, um Ergebnisse verschiedener Übungen in PA vergleichen zu lassen. Ein Lerntempoduett trägt der unterschiedlichen Bearbeitungsgeschwindigkeit der S Rechnung. Ziel sollte es sein, die Aufgaben gründlich zu erledigen, und nicht, alle Aufgaben zeitlich zu schaffen.

1. Die S bearbeiten die erste Aufgabe in EA.
2. Wenn ein/e S fertig ist, steht er/sie auf und wartet darauf, dass der/die Nächste aufsteht. Die beiden besprechen ihre Ergebnisse in PA.
3. Anschließend arbeiten beide in EA an der nächsten Aufgabe weiter. Sie stehen wieder auf, wenn sie fertig sind, und tun sich erneut mit dem/r S, der/die als nächstes fertig ist, zusammen.

Falls die Arbeitsgeschwindigkeiten der S sehr stark voneinander abweichen, sollten Handzeichen vereinbart werden, damit sich die S mit der richtigen Aufgabe treffen können.

Lesegemurmel

▸ Buzz reading

Lesetechniken

Die S müssen lernen, dass die Tiefe des Textverständnisses eng an die gestellten Aufgaben gebunden ist, und abhängig davon eine passende Lesetechnik auswählen und anwenden. Für L bedeutet dies, sorgfältig zu prüfen, welche Intention die Aufgaben zum Leseverstehen haben und welche Leseleistungen die S zur Lösung jeweils erbringen müssen. Die folgenden Lesetechniken eignen sich für unterschiedliche Aufgabenstellungen. Als überfliegende Lesetechniken stehen sie dem vollständigen Lesen eines Textes, dem *Reading for detail,* gegenüber:

Skimming: Das *Skimming* stellt eine erste, oberflächliche Beschäftigung mit dem Text dar. Die S überfliegen Überschriften, Fotos/Zeichnungen oder die Aufmachung des Textes. Dies gibt ihnen z. B. Aufschluss über das Thema oder den möglichen Inhalt und zeigt, ob der Text für sie interessant ist oder ihnen zum Lösen einer Aufgabe nützt.

Scanning: Das *Scanning* ist eine suchende Lesetechnik, die auf Schlüsselwörter und -gedanken ausgerichtet ist. Dabei gehen die S von einer Frage oder Aufgabe aus und überfliegen den Text, bis sie die gesuchte Information gefunden haben. Auch hier ist es nicht das Ziel, den Inhalt des gesamten Textes oder jedes unbekannte Wort zu verstehen.

Note-taking: Das Verfassen von Notizen (▸ Note-taking) stellt ebenfalls eine erste, oberflächliche Beschäftigung mit dem Text dar. Die S überfliegen den Text und schreiben Grundideen kurz und in eigenen Worten heraus. Diese Notizen können während des ausführlichen Lesens erweitert werden und nach der Lektüre als Grundlage einer Zusammenfassung dienen.
Weitere Lesetechniken sind das ▸ Mitleseverfahren und die ▸ Read-and-look-up technique.

Listening tasks
(Hörverstehensstrategien)

Die rezeptive Fertigkeit des Hörens kann durch Mimik, Gestik, Worthilfen, Realia, Abbildungen etc. unterstützt werden. Die Strategien des Hörverstehens gliedern sich in Aufgaben des *pre-, while-* und *post-listenings*:

Pre-listening: Vor dem ersten Hören sollte L die S auf den Hörtext einstimmen, damit diese eine Erwartungshaltung aufbauen. Beim gemeinsamen Betrachten von Titel, Überschrift, Bildern, Grafiken etc., die im Zusammenhang mit dem Hörtext stehen, kann Vorwissen abgefragt und vorhandener Wortschatz reaktiviert werden. Die S können so zudem bereits Vermutungen über den Inhalt anstellen.

While-listening: Während des Hörens findet die aktive Auseinandersetzung mit dem Hörtext statt. Hierbei ist die Strategie des ▸ Note-taking von Bedeutung: Die Notizen dienen dazu, wichtige *keywords* oder Ideen festzuhalten und ermöglichen einen besseren Zugang zum Hörtext.

Post-listening: Nach dem Hören ist es sinnvoll, zunächst die Hauptgedanken des Hörtextes zusammenzufassen und mögliche Verständnisprobleme zu klären. Je nach Aufgabenstellung und Hörtext sollte den S die Möglichkeit der persönlichen Stellungnahme gegeben werden. Eine weitere Verarbeitung des Hörtextes kann z. B. über ein *role-play* oder über das Schreiben einer *story* geschehen.

Für weitere Hörverstehensstrategien siehe auch ▶ TPR und ▶ Songs.

Market-place activity (Marktplatz)

Bei der kooperativen Lernform *Market-place activity* sprechen die S mit verschiedenen Partnern über ein vorgegebenes Thema. Ablauf:

1. Die S bewegen sich frei im Klassenraum. L stellt eine Aufgabe, die die S in einem vorgegebenen Zeitrahmen bearbeiten. Dieser kann durch ein akustisches Signal wie z. B. das Abspielen und Anhalten von Musik begrenzt werden.
2. Auf das vereinbarte Signal hin bleiben die S stehen und tun sich mit dem/r S zusammen, der/die vor ihnen steht. Die Partner/innen tauschen sich über das Thema bzw. die Aufgabe aus. Je nach Aufgabenart machen sich die S Notizen.
3. Auf das erneute Signal durch L wechseln die Partner/innen, sodass sie in einem begrenzten Zeitraum mit möglichst vielen verschiedenen S sprechen.
4. Die Ergebnisse können in einem anschließenden Unterrichtsgespräch ausgewertet werden.

Die *Market-place activity* ist eine Form der ▶ Milling-around activity.

Mediation (Sprachmittlung)

Vermittlungsstrategie zwischen Gesprächspartnern, die sich nicht direkt sprachlich verständigen können. Im Englischunterricht bedeutet dies die zusammenfassende, paraphrasierende Wiedergabe eines Hör- oder Lesetextes in der jeweils anderen Sprache. Bei der Mediation werden vom Sprachmittler sowohl rezeptive Kompetenzen (einen Ausgangstext zu verstehen) als auch produktive Kompetenzen (einen Ausgangstext in der anderen Sprache wiederzugeben) und häufig auch interkulturelle Kenntnisse verlangt.

L kann den S zur Unterstützung folgende Leitregeln geben:
- Keine Wort-für-Wort-Übersetzung!
- Freie Wiedergabe der wichtigsten Informationen!
- Nicht alle Details wiedergeben!

Meldekette

Die Meldekette dient der Förderung der S-Interaktion. Sie ist in Plenumsphasen universell einsetzbar, z. B. zur Auswertung von Ergebnissen oder zur Besprechung von Aufgaben. Die S rufen sich gegenseitig auf, wobei jede/r S einen Satz oder eine Antwort nennt. L greift nur bei Bedarf korrigierend ein.

Metakognition

Metakognition bedeutet, dass die S über ihr Lernen nachdenken, Strategien und Methoden reflektieren und daraus die für sie geeigneten Lernstrategien ableiten. Bereits zu Beginn des Sprachenlernens ist es wichtig, dass die S hinterfragen, warum sie in einer Lernsituation so vorgehen, wie sie es tun. Die Erkenntnis dieses Prozesses soll den S helfen, das Sprachenlernen bewusst zu erleben.

Milling-around activity

Bei dieser Methode bewegen die S sich innerhalb einer vorgegebenen Zeitspanne frei im Klassenraum und begeben sich wieder auf ihren Platz, sobald sie die relevanten Informationen von anderen S erfragt haben. Auswertung im Plenum. (▶ Market-place activity)

Mindmap

Eine Mindmap dient den S als „Gedankenkarte". Sie ordnen darin ihre Ideen übersichtlich an, wobei Zusammengehöriges beieinander steht, alle Ideen vernetzt werden können und Farben sowie Zeichnungen Wichtiges hervorheben. Mindmaps können individuell und in der Gruppe erstellt werden und eignen sich als Anregung für mündliche und schriftliche Äußerungen. Möglicher Ablauf:

1. Die Ideen werden zuerst ungeordnet gesammelt (z. B. auf Kärtchen).
2. Im zweiten Schritt werden Oberbegriffe für die Ideen gefunden (z. B. auf farbigen Kärtchen).
3. Im letzten Schritt visualisieren die S diese Grundlagen systematisch in einer Mindmap.

Mini book (Buddy book)

Ein *mini book* kann von den S in wenigen Schritten selbst gebastelt werden und dient als kleiner, kompakter Lernbegleiter. Es gibt zahlreiche Einsatzmöglichkeiten, so z. B. als Notizbuch für Vokabeln, zur Vorbereitung und besonders als Gedankenstütze bei Vorträgen oder zur Dokumentation und Reflexion eigener Lernprozesse.
Ein DIN-A4 Blatt wird so gefaltet, dass ein kleines Buch mit 8 bis 16 Seiten entsteht.

1. Das DIN-A4 Blatt quer auf den Tisch legen, einmal längs in der Mitte falten und wieder aufklappen.
2. Anschließend das Blatt quer in der Mitte falten. Die offenen Seiten des Blattes entlang der Linie nach außen falten, sodass eine Art „Zick-Zack-Dach" entsteht.
3. Das Blatt wieder aufklappen, sodass es wieder im DIN-A5 Format ist. Die geschlossene Seite entlang bis zur Querfaltung einschneiden/aufschneiden.
4. Das Blatt wieder vollständig aufklappen und dann erneut längs falten. Die Enden des Blattes zusammenschieben, sodass sich die aufgeschnittene Mitte öffnet und eine Art Stern entsteht.
5. Falten des Blattes zur endgültigen Buchform.

Illustrierte Faltanleitungen verschiedener Art und Ausführlichkeit können auch bequem im Internet recherchiert und den S zur Verfügung gestellt werden.

Mitleseverfahren

Beim Mitleseverfahren hören die S während des Lesens eines neuen Textes diesen zugleich. Die Aktivierung des visuellen und des auditiven Kanals (Mehrkanallernen) ermöglicht eine enge Verknüpfung von Laut- und Schriftbild, sodass unbekannte Lexeme nachhaltiger verarbeitet werden können. Das Mitleseverfahren ist didaktisch dem Leseverstehen zugeordnet, da die primäre Sprachaufnahme über die Textvorlage erfolgt.
Lautes Lesen dient der Ausspracheschulung und nicht dem Leseverstehen, denn durch die Konzentration auf die phonologische Oberfläche wird das Erfassen des Textinhalts erschwert.

Memotechniken

Unter dem Begriff Mnemotechniken werden verschiedene Methoden des Gedächtnistrainings zusammengefasst. Im Fremdsprachenunterricht eingesetzt, helfen sie den S, sich Wörter und Informationen über die Schritte des Rekodierens, Assoziierens und schließlich des Abrufens besser einprägen zu können. Häufig verwendete Mnemotechniken sind das Finden von Ersatzwörtern, das Einprägen von Merkversen, die Assoziation von Begriffen/Schriftbild und Bildkarten (▶ Flashcards) und das Memo-Spiel (Kartenaufdeckspiel).

Note-making

Das Anfertigen von Notizen ist eine Methodenkompetenz, die auch im Alltag bedeutsam ist. *Note-making* ist für die S eine wichtige Fertigkeit zum Generieren und Organisieren von Informationen und Ideen. Die dazu notwendigen Arbeitsschritte reichen vom Sammeln, Sichten und Ordnen der Notizen bis zum Überarbeiten und Anwenden von Stichwörtern, Themen etc. Für das Ordnen von Notizen eignet sich auch eine ▶ Mindmap.

Note-taking

Note-taking ist u. a. eine Strategie des Hörverstehens (▶ Listening tasks). Wenn möglich, versuchen die S zunächst aus Titel oder Überschrift und ggf. aus Fotos, Bildern oder Grafiken erste Informationen über den Hörtext abzuleiten. Sie stellen sich darauf ein und bauen inhaltliche Erwartungen auf. Während des Hörens machen sie sich Notizen. Diese dienen ihnen dazu, wichtige *keywords* oder Ideen aus dem Hörtext festzuhalten.

Grundlegendes in Form von Stichpunkten aufzuschreiben, ermöglicht nicht nur einen besseren Zugang zu einem Text (s. a. ▶ Lesetechniken), sondern den Zugriff auf das Notierte an späterer Stelle. Insgesamt wird dadurch das Lernen effektiver.

L kann folgende Tipps geben:
- Höre auf das, was gesagt wird und wie es gesagt wird.
- Halte einen Stift bereit und schreibe mit. Nicht jedes Wort ist wichtig.
- Nutze Abkürzungen und Symbole beim Notieren (z. B. Sternchen, Ausrufezeichen,
- Fragezeichen).
- Achte auf Schlüsselwörter und -sätze, besonders solche, die wiederholt werden.
  (▶ Lesetechniken, ▶ Listening tasks)

Optional help

Bei der *Optional help* handelt es sich um eine Form der Differenzierung (▶ Binnendifferenziertes Arbeiten), bei der die S individuell bei Bedarf eine zusätzliche Lernhilfe verwenden können. Dies kann z. B. ein Hilfsblatt sein, das auf dem Pult bereit liegt und dort eingesehen oder mitgenommen werden kann. Es kann zudem eine zusätzliche Hilfe auf den Arbeitsmaterialien enthalten sein. Ideal ist es, wenn die *Optional help* zunächst für die S nicht sichtbar ist (z. B. als umgeknickter Wort-/Lösungspool am unteren Blattrand) und sie nur dann darauf zurückgreifen, wenn sie Hilfe benötigen.

Partner check

Die Methode des *Partner check* ist eine Form der ▶ Peer correction. Sie fördert einerseits die Eigenverantwortung der S für ihre Lernergebnisse und ermöglicht andererseits eine breite Aktivierung der S und einen hohen Sprachumsatz. Auch kann damit in gestuften Aufgabenstellungen den unterschiedlichen Lerntempi der S Rechnung getragen werden, z. B. mithilfe des ▶ Lerntempoduetts. Beim *Partner check* tauschen sich die S nach Bearbeitung einer Aufgabe bzw. eines Aufgabenteils mündlich zu den Ergebnissen aus und korrigieren mögliche Fehler. Dieses Vorgehen gibt besonders lernschwächeren S zusätzliche Sicherheit für die anschließende Auswertung im Plenum und ist schnell und flexibel einsetzbar.

Partner talk

Die Methode des *Partner talk* ist eine einfache Methode, die sich an vielen Stellen des Lernprozesses einsetzen lässt und die dazu dient, Aktivität und Sprechzeit der Lernenden zu erhöhen. Die S tauschen sich dabei kurz (oft sind ein bis zwei Minuten ausreichend) mit einem Partner / einer Partnerin über einen vorgegebenen Sprechanlass (bestimmte Fragestellung, Vorerfahrungen etc.) aus. Die Fragestellungen sollten – wenn nicht im SB enthalten – an der Tafel oder auf OH-Folie festgehalten werden, damit die S darauf zurückgreifen können. In lernschwächeren Gruppen sollte L zusätzlich einige situationsbezogene Redemittel anbieten.

Peer correction

▶ Correcting circle

Placemat activity

Bei einer *Placemat activity* sitzen vier S um ein Blatt Papier (A3 oder A4, eine sog. *placemat*), welches in einen Schreibbereich pro S sowie einen zusätzlichen Bereich für die Gruppe in der Blattmitte eingeteilt ist.

1. *Placemat* in Gruppen à vier S:

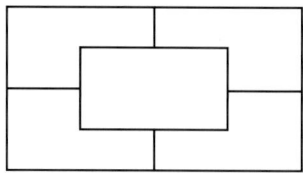

2. *Placemat* in Gruppen à fünf S:

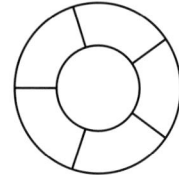

Zu Beginn der GA schreibt jede/r S zunächst seine/ihre Ideen in den eigenen Schreibbereich. Anschließend wird die *placemat* so lange gedreht, bis jedes Gruppenmitglied die Ideen der anderen S kommentieren und zudem die Kommentare der anderen zu den eigenen Ideen lesen konnte. Um zu verdeutlichen, wer welche Kommentare verfasst hat, sollten die S verschiedenfarbige Stifte verwenden. Im nächsten Schritt diskutiert die Gruppe die notierten Gedanken und schreibt die wichtigsten Punkte oder Argumente in die Mitte der *placemat*. Auch kontroverse Positionen sollten dabei aufgenommen werden. Abschließend werden die Ergebnisse im Plenum ausgewertet.

Der Zeitbedarf variiert je nach Komplexität des Themas von zehn bis 30 Minuten. Die Vorgabe eines Zeitlimits für die einzelnen Phasen kann sinnvoll sein.

Prompt cards

Prompt cards sind Kärtchen, die S als Impuls bzw. Gedankenstütze während des freien Sprechens verwenden können. Sie bieten die Möglichkeit, die Sprechfertigkeit der S gelenkt zu trainieren und so das längere freie Sprechen einzuüben. Zudem kann L sie lernschwächeren S als Hilfsmittel für *speaking activities* zur Verfügung stellen.

Prompt cards können sowohl Arbeitsaufträge, als auch Redemittel oder kleine Zeichnungen abbilden. Sie eignen sich für das dialogische Sprechen ebenso wie für das Üben von Präsentationen oder Prüfsituationen.

Read-and-look-up technique

Diese Lesetechnik dient der Förderung des freien Sprechens und bildet für die S einen behutsamen Übergang zwischen dem Ablesen und Vortragen von Texten, Informationen und Inhalten. Der/Die präsentierende S hält die Vorlage in den Händen und liest sich einen (Teil-)Satz still durch, bevor er/sie die Klasse oder den Partner / die Partnerin anschaut und den Satz aus dem Gedächtnis wiedergibt. Dabei ist es wichtig, dass der/die S erst dann spricht, wenn Blickkontakt hergestellt ist. Diese Technik bereitet den freien Vortrag bzw. die Präsentation (auch mithilfe von Stichwortzetteln) vor und hilft unsicheren S, Inhalte vor dem Plenum darzustellen (▶ Short talk).

L kann die *Read-and-look-up technique* zunächst anhand eines beliebigen Textes demonstrieren. Die S üben danach mit geeigneten kurzen Texten, wobei der/die Zuhörende darauf achtet, dass nicht abgelesen, sondern vor dem Sprechen Blickkontakt hergestellt wird.

Reading circle

Beim *Reading circle* lesen alle S den gleichen Text oder die gleichen Texte (z. B. S-Produkte), wobei jede/r S eine andere Rolle übernehmen oder sich auf einen bestimmten Aspekt des Textes konzentrieren kann. Die S schreiben dazu jeweils Informationen, Aussagen oder Assoziationen auf ein Blatt, das anschließend ausgelegt oder bei dem Text (oder S-Produkt) aufgehängt wird. Sie gehen herum, lesen die Beiträge der anderen S und tragen ihre Kommentare dazu ein. Die Eindrücke der S werden anschließend im Plenum diskutiert.

Right/wrong cards (Antwortkärtchen)

Der Einsatz von *Right/wrong cards* eignet sich besonders zur Überprüfung von Aussagen zum Textverständnis. Die Karten können sowohl zur Lese- als auch Hörverstehenskontrolle eingesetzt werden. Ihr Einsatz ermöglicht eine valide Erfassung des Detailverständnisses und erfordert dabei keine eigene Sprachproduktion der S.

L stellt den S Karten aus farbigem Karton zur Verfügung (alternativ auch farbige Gegenstände, z. B. Stifte). Es wird vereinbart, dass grün für *right* und rot für *wrong* sowie ggf. blau für *not in the text* steht. Nachdem L eine Aussage zum Text vorgelesen hat, halten die S auf Kommando eine Karte in die Höhe. L erhält auf diese Weise auf einen Blick eine breite Rückmeldung darüber, ob der jeweilige Textinhalt von den S verstanden wurde. Wenn sich hier größere Abweichungen zeigen, sollte L dies zum Anlass nehmen, einen erneuten Lese-/Hörauftrag zu stellen, um das gesuchte Detail zu erfassen (selektives Lese-/Hörverstehen). Das synchrone Ausführen auf Kommando ist wichtig, damit sich unsichere S nicht an ihren Mit-S orientieren. Wenn die Methode mehrfach eingesetzt wurde, können lernstärkere S die L-Rolle übernehmen.

Rituale

In jeder Stunde wiederkehrende Rituale sind wichtig für die S, da sie ihnen Sicherheit verleihen, auf den Unterricht einstimmen bzw. wiederkehrende Unterrichtsphasen und Sozialformen visualisieren. Folgende Rituale bieten sich an:

- *Flag:* Zu Beginn der Stunde dreht L eine Fahne (vorn deutsche, hinten britische Flagge) um und signalisiert: „*It's English time!*". Die Flagge ist zudem das Symbol für Einsprachigkeit. Sie wird umgedreht, wenn L oder die S etwas auf Deutsch sagen möchten.
- *Song:* Jede Stunde mit einem Lied zu beginnen, aktiviert die S schnell und motivierend.
- *Homework check:* Die S besprechen in PA/GA ihre Schreibprodukte und lernen, ▶ Feedback zu geben und anzunehmen. Je nach Aufgabenstellung erhalten sie Lösungsbeispiele zur Orientierung.

Role-play (Rollenspiel)	Rollenspiele bieten eine gute Möglichkeit, den Sprechanteil der S im Fremdsprachenunterricht zu erhöhen. Sie können – je nach Lernstand – durch Redemittel und Strukturen stärker gelenkt sein, oder auch freie, der Situation angemessene Reaktionen der Gesprächspartner erfordern. Wichtig ist die Definition einer Situation, eines Handlungsortes, ggf. einer Zeit und einer Problemstellung, die die S durch das Ausleben ihrer Rollen lösen müssen. Dazu können Rollenkarten vorbereitet werden, die Meinungen und Funktionen der Spielteilnehmer innerhalb des *Role-play* festlegen. Hierbei bietet es sich an, nach Leistungsstärke zu differenzieren. Ein *Role-play* kann abschließend im Plenum evaluiert und nachbereitet werden.
Scenic play (Szenisches Spielen)	Durch die Methode des *Scenic play* werden kognitive Fähigkeiten, emotionale und körperliche Ausdruckskräfte sowie manuelle und künstlerische Fertigkeiten der S entwickelt und geschult. Das szenische Spielen von Geschichten bettet die Fremdsprache in einen Kontext ein, an dem die S selbst mit allen Sinnen beteiligt sind. L sollte vorher mit den S besprechen, was für das Nachspielen benötigt wird, und dann die Rollen verteilen. Benötigte Requisiten können oft als Zeichnungen an der Tafel dargestellt werden oder es finden Gegenstände aus dem Klassenraum Verwendung (▶ Role-play).
Schreibkonferenz	▶ Correcting circle
Schreibprozess	Zur nachhaltigen Schreibförderung sollten S bei der Textproduktion grundsätzlich folgende drei Phasen durchlaufen:

1. Entwerfen (Brainstorming): Die S sammeln Ideen, z.B. in einer ▶ Mindmap oder bei einem stummen Schreibgespräch *(Round robin)*.
2. Schreiben: Die S verfassen auf dieser Grundlage einen *first draft*. Dieser Entwurf sollte entweder von L oder in höheren Klassenstufen durch Mit-S, z.B. in Form eines ▶ Correcting circle, korrigiert werden.
3. Überarbeiten: Auf der Grundlage der Korrekturanmerkungen fertigen die S eine Reinschrift *(fair copy)* an. Im Sinne einer Differenzierung ist es oftmals hilfreich oder gar notwendig, entsprechende Schreibhilfen oder Sprachmuster bereitzustellen.

Schüler als Experten *(Experts)*	S, die eine Aufgabe schnell erledigt haben, kennzeichnen sich als *expert*, indem sie ein Fähnchen (z.B. britische Flagge) auf ihren Tisch stellen. Die *experts* kontrollieren dann selbstständig ihre Aufgaben untereinander. Anschließend können sie von anderen S als Helfer angefordert werden. Hilfesuchende S machen dies z.B. mit einem *I need help*-Fähnchen auf ihrem Tisch kenntlich (▶ Binnendifferenziertes Arbeiten).
Selbsteinschätzungsbögen (Selbstevaluationsbögen, *Assesment sheets*)	Auf die Selbststeuerung des Lernprozesses sowie das lebenslange Lernen haben Selbsteinschätzungsbögen einen positiven Einfluss. Mit ihrer Hilfe lernen die S, die eigenen Fertigkeiten und Fähigkeiten einzuschätzen. So werden auf Selbsteinschätzungsbögen die von den S bereits beherrschten Kompetenzen festgehalten, was eine positiv verstärkende Funktion im Lernprozess erfüllt. Zusammen mit illustrierten Beiträgen und den Ergebnissen im DOSSIER, können die Selbsteinschätzungsbögen in einem Portfolio gesammelt werden. Zum Schulabschluss bietet die daraus zusammengetragene Präsentationsmappe zusammen mit dem Europäischen Sprachenpass ein umfangreiches Bild der Sprachenkompetenz der S.
Semantisierung	Neuer Wortschatz sollte grundsätzlich nicht isoliert, sondern stets im Zusammenhang eingeführt werden. Hierbei bieten sich verschiedene Verfahrensweisen an:

1. Bildhafte, nonverbale Verfahren. Diese eignen sich besonders in den ersten Lernjahren. Zum Einsatz kommen:

- Realia, die sich vorrangig zur anschaulichen Vermittlung konkreter Begriffe eignen. (Z.B. hält L beim Wort *pencil case* ein Federmäppchen hoch und sagt: *This is a pencil case*, um Wort und Bedeutung nachhaltig miteinander zu verknüpfen.) (▶ Flashcards)

- Mimik, Gestik, Demonstration: Lebendiges Lehrerhandeln kann den S die Bedeutung entsprechender Lexeme nachhaltig vermitteln, z. B.: L demonstriert das Wort *angry* mit dem entsprechenden Gesichtsausdruck. Dies kann auch verbal unterstützt werden, z. B. *Hey, stop that!* L hebt den Daumen nach oben und sagt: *It's the first morning in London ...*, um das Wort *first* anhand einer Geste zu erklären. Das Verb *open* wird eindeutig demonstriert, indem L das Fenster öffnet und dabei sagt: *Let's open the window.*

2. Verbal-definitorische Semantisierungstechniken: Mit zunehmendem Lernstand spielen diese Techniken in der Zielsprache eine stärkere Rolle. Zum Einsatz kommen:
- Ganzheitliche Verfahren: Verwendung des Wortes im Kontext: *We wash our hands with soap and water.*
- Logische Bezüge: Einführung eines Lexems durch:
  a) Definition: *A dog is an animal with four legs and a tail. It barks.*
  b) *Rule of three* (Dreisatz): *A man has a mouth, a bird has a beak, ...*
  c) *Part – whole* (Rückschluss vom Ganzen aufs Einzelne): *a week = seven days*

- Lexikalische Bezüge: Einführung eines Lexems mithilfe von:
  a) Synonymen: *shop – store*
  b) Antonymen: *young ≠ old*
  c) Über-/Unterordnung: *dogs, cats and rabbits are pets.*
  d) Herleitung: *happy – happiness*

3. Erschließungstechniken: Mit zunehmendem Lernstand sollten wichtige Erschließungstechniken (Kontext, Vorwissen aus der Fremdsprache, Ähnlichkeiten im Schrift- oder Lautbild zur Muttersprache etc.) trainiert werden. Ein neues Wort sollte v. a. dann semantisiert werden, wenn es sich um ein Schlüsselwort für das Textverständnis handelt, eine hohe Diskrepanz zwischen Laut- und Schriftbild besteht oder wenn es nicht aus dem Kontext oder auf andere Weise erschließbar ist.

Short talk Die kürzeste Form der Schülerpräsentation ist der *Short talk*. Er ist eine ca. zweiminütige Präsentation, die von den S zu einem vorgegebenen Thema vorbereitet und im Plenum frei gehalten wird. Einen *Short talk* zu halten, gibt den S die Möglichkeit, ihre Sprechfertigkeiten und das Zusammenfassen wesentlicher Informationen zu trainieren.

Die S fertigen Notizen an, die sie als Grundlage nutzen. Zur Unterstützung des *Short talk* eignet sich ebenfalls Bildmaterial, das dem/r präsentierenden S als Gedankenstütze und den zuhörenden S als Motivation dienen kann. Ähnlich können auch ▶ Prompt cards als Hilfe für einen *Short talk* eingesetzt werden.

Die S achten darauf, eine kurze Einführung ins Thema, einen erläuternden Hauptteil und einen Abschluss zu formulieren. L weist darauf hin, dass die jeweilige Aufgabenstellung den S bereits eine gute Struktur vorgeben kann. Zudem achtet L darauf, dass S die jeweils richtige Zeitform verwenden, z. B. bei einer Zusammenfassung das *simple present*.

Silent discussion Bei dieser Methode kommunizieren die S in einem *stummen Schreibgespräch*. Sie ist besonders für zurückhaltende und schüchterne S geeignet, um sich an einem Meinungsaustausch zu beteiligen.

Impulse, zu denen sich jede/r S schriftlich äußern darf, werden auf ein Papier geschrieben. Es wird nicht gesprochen und Anmerkungen zu den Ideen der Mit-S werden nur auf das Papier geschrieben. Für diese Phase sollte L ein Zeitlimit festlegen.
1. Bei absolutem Schweigen notieren die S ihre Ideen, Statements oder Fragen auf einem Blatt Papier.
2. Ähnlich wie bei einem ▶ Gallery walk gehen die S im Raum umher und kommentieren die Ideen etc. ihrer Mit-S schriftlich. Für diesen Schritt kann L die S auch auffordern, die Kommentierung auf drei Ideen ihrer Wahl zu beschränken.

3. L gibt nach Ablauf der Zeit oder wenn der Schreibfluss merklich abgenommen hat, ein Zeichen, die *silent discussion* zu beenden.

4. In einer mündlichen Nachbesprechung tauschen sich die S über die Ergebnisse aus.

Songs

Aktuelle und bekannte englische Songs sind stets eine motivierende Form, den Unterricht zu beleben. Vorrangig ist dabei das Prinzip des *listening for fun*, aus welchem sehr häufig durch das entstandene Interesse der S Verständnis- und Einzelfragen zum Inhalt erwachsen. Für den Umgang mit Songs bieten sich folgende Hörverstehensstrategien (▸ Listening tasks) an:

- Den Song mehrfach hören (und gleichzeitig lesen, ▸ Mitleseverfahren) und dann mitsingen lassen.
- L blendet jede zweite Zeile des Songs aus, die S singen diese ohne Begleitung.
- Zwei Gruppen singen Zeile für Zeile abwechselnd (▸ Lautschulung).
- Die S lernen einige Zeilen auswendig und präsentieren den Text in EA oder PA.
- Die S nutzen Karaoke-Versionen zur Präsentation.
- L bereitet Textbausteine vor, die die S während des Hörens in die richtige Reihenfolge bringen.
- Die S setzen während des Hörens fehlende Begriffe des Songtextes in einen Lückentext ein.
- Die S markieren während des Hörens markante Begriffe, Redemittel oder Informationen.
- L stoppt den Song an mehreren markanten Stellen, die S raten das nächste Wort (bietet sich besonders bei Reimen an).

Speaking tickets

Speaking tickets werden eingesetzt, um zu gewährleisten, dass eine *speaking activity* (z. B. *discussion*, *Role-play* etc.) nicht von einzelnen, besonders aktiven S, sondern möglichst gleichmäßig von allen getragen wird. Die S erhalten vor der *speaking activity* jeweils drei bis vier *speaking tickets* (Papierstreifen oder kleine Zettel), die sie mit jeder in der Diskussion getätigten Äußerung einlösen. Dadurch müssen alle S mindestens drei- bis viermal reden, dürfen aber auch nicht mehr beitragen.

Varianten: Die *speaking tickets* können auch bestimmte Redemittel enthalten, die von den jeweiligen S an passenden Stellen in der *speaking activity* verwendet werden müssen. Sie können auch Impulse für den Diskussionsprozess enthalten, die im Laufe der PA oder GA eingebracht werden müssen (z. B. *Ask one of the students: What do you think about this? / Use this sentence: "I see what you mean, but I think ..."*).

Spider diagram (Spider mapping)

Mit einem *Spider diagram* bzw. einer *Spider map* lassen sich Ideen eines Brainstormings (▸ Schreibprozess) festhalten. Unterschied und Vorteil dieser Methode gegenüber einer ▸ Mindmap ist, dass es beim *Spider diagram* keine vorgegebene Struktur gibt. Auf diese Weise kann ein solches Diagramm einfach nach eigenem Belieben erstellt werden. Es gibt einen schnellen Überblick über das Meinungsbild, Vorwissen oder Interesse einer Klasse.

1. L gibt ein Thema, einen Begriff, eine Frage als zentralen Begriff des Diagramms vor.
2. Die S schreiben ihre Ideen beliebig angeordnet um diese zentrale Position herum.
3. Die S äußern sich spontan zu ihren Ideen.

Sprachmittlung

▸ Mediation

Stafettenpräsentation

Stafette (von ital. *staffa*, der Steigbügel) beschreibt ursprünglich einen Eilboten oder Läufer. Bei der Methode der Stafettenpräsentation sind die S jene Läufer, die Ergebnisse übermitteln. Dazu treten die S paarweise zur Tafel / zum OHP, nennen ihre Ergebnisse und tragen diese dann auf dem Tafelbild bzw. der OHP-Folie ein. Danach sind zwei weitere S an der Reihe, sodass nach und nach die erarbeiteten Ergebnisse zusammengetragen werden und ein Gesamtbild des Themas mit seinen wichtigsten Aspekten entsteht.

Szenisches Spielen

▸ Scenic play

Teacher's assistant

Bei dieser Methode übernehmen die S die Rolle von L. Diese tritt dabei in den Hintergrund und greift nur ein, falls ein Fehler von den Mit-S übersehen wird.

Think-Pair-Share Diese kooperative Lernform dient den S dazu, von einer individuellen zu einer gemeinsamen Lösung zu gelangen. Ablauf:

1. EA: Die S denken allein über die Aufgabenstellung nach und machen sich ggf. Notizen.
2. PA: Zwei S besprechen ihre Notizen und kommen zu einer gemeinsamen Lösung.
3. GA: Zwei Paare bilden eine Vierergruppe, die gemeinsam ihre Lösungen bespricht. Alternativ stellen die Paare ihre Lösungen im Plenum vor. L sollte für jeden Arbeitsschritt ein Zeitlimit setzen.

Total Physical Response (TPR) Das Konzept der *Total Physical Response (TPR)* beruht auf der Einbeziehung von Körpersprache und Bewegung, um das Hörverstehen der S zu fördern. *TPR* spricht in besonderem Maße S mit Sprechhemmungen oder geringem Sprachinventar an, die mithilfe der Methode die Fremdsprache handelnd umsetzen und so Erfolgserlebnisse erzielen. Die S reagieren auf eine Anweisung von L (oder S) nonverbal, indem sie diese in Bewegung umsetzen. Die Anweisungen sollten z. B. durch Gestik oder den Einsatz von Realia verständlich gemacht werden. Durch mehrfache Wiederholung kann die Behaltensleistung gesteigert werden, Handlung und Sprache werden miteinander verknüpft.

Two minute presentation In einer *two minute presentation* referieren einzelne S möglichst frei über ein zuvor besprochenes Thema. Dieser Vortrag wird vor der Klasse/Lerngruppe gehalten und soll dabei in einem Zeitrahmen von ca. zwei Minuten die wesentlichen und wichtigsten Punkte des Themas beinhalten. Die Zeitbeschränkung ermöglicht dabei sowohl die Konzentration auf die wesentlichen Punkte des Themas, als auch, dass viele S an die Reihe kommen. So wird leicht vermieden, dass Langeweile unter den zuhörenden S aufkommt. Bei Bedarf kann der Zeitrahmen jedoch auch reduziert oder ausgeweitet werden.
Lernstärkere S oder Lerngruppen achten zusätzlich auf eine kurze Anmoderation und Überleitung der vorgetragenen Themen.

Verzögerte Bildbetrachtung Auf diese Weise können die verschiedenen Komponenten/Aspekte eines komplexen, vielschichtigen Bildes betrachtet, erraten und interpretiert werden.

Bei der Methode der verzögerten Bildbetrachtung wird ein Bild stellenweise verdeckt und den S gezeigt. Der gezeigte Ausschnitt wirkt zunächst als Einzelbild. Die S versuchen, das Bildmotiv zu erraten und zu interpretieren. Indem die Elemente des Bildes schrittweise vorgestellt werden, entsteht ein Ratespiel.
1. L zeigt S zunächst einen kleinen Ausschnitt bzw. ein Detail eines Bildes.
2. Die S erraten das Bildmotiv und sagen, was ihnen dazu einfällt.
3. L zeigt den S das Bild nach und nach, bis schließlich das ganze Bild zu sehen ist.

Viewing activities Das Hör-/Sehverstehen gliedert sich in drei Phasen. Wie auch beim Hör- oder Leseverstehen, stellen die S zunächst Vermutungen an, äußern Erwartungen oder Vorkenntnisse *(Pre-viewing)*. In der Phase des *While-viewing* verschaffen sie sich durch verschiedene Techniken einen ersten Eindruck und sichern das Verständnis. Das *Post-viewing* bietet Zeit und Raum für Auswertungen oder weiterführende Aufgaben/Recherchen.

Zu den Techniken des Hör-/Sehverstehens gehören:
• *Silent viewing*. Dies ist eine Technik, bei der die Filmsequenz oder ein Ausschnitt davon zunächst ohne Ton präsentiert wird. S erhalten so einen groben Eindruck vom Inhalt einer Szene und bauen eine Erwartungshaltung auf. Diese entlastet auch den Verstehensprozess. Das *Silent viewing* sollte immer mit einem Auftrag zum Grobverständnis verbunden werden (z. B. *Find out what is happening in the scene. / Who are the persons and what are they doing?* etc.). Es kann ggf. wiederholt werden, um Hypothesen zu inhaltlichen Details aufzustellen, die dann anhand der Präsentation der Sequenz mit Ton überprüft werden.

- *Sound only*. Filmsequenzen werden als reine Tonspur präsentiert, indem das Bild verdeckt oder abgedunkelt wird. Diese Technik bietet sich an, um die Aufmerksamkeit der S auf Dialoge oder Soundtrack (Filmmusik oder auch Geräuschkulisse) zu lenken. Die Technik *Sound only* lässt sich gut mit *Silent viewing* kombinieren und ermöglicht im Anschluss Übungen in PA, bei denen Partner A die Filmsequenz verfolgt (ohne den Ton zu hören) und Partner B die Tonspur der Filmsequenz mitverfolgt (ohne die Filmsequenz zu sehen).

- *Split viewing* oder *Jigsaw viewing*. Hierbei bearbeiten die S arbeitsteilig unterschiedliche *While viewing*-Arbeitsaufträge zu inhaltlichen oder filmanalytischen Themen.

  Variante 1: Jede Gruppe besteht aus so vielen S, wie es Arbeitsaufträge gibt. Jedes Gruppenmitglied übernimmt einen Arbeitsauftrag und macht sich während des *viewing* in EA Notizen. Z. B. konzentriert sich ein/e S auf einen Charakter, ein/e S macht sich Notizen zum Soundtrack, der/die nächste zum Setting etc. Anschließend informieren sich die S in der Gruppe gegenseitig über ihre Arbeitsergebnisse.

  Variante 2: Jede Gruppe (maximal sechs S) erhält einen Arbeitsauftrag. In EA macht sich jedes Gruppenmitglied während des *viewing* Notizen. Die S führen ihre Erkenntnisse in der Gruppe zusammen und erstellen gemeinsam eine Zusammenfassung, die sie im Plenum vorstellen.

  Variante 3: Gruppenbildung und Verlauf der arbeitsteiligen Gruppenarbeit erfolgt gemäß eines *Jigsaw puzzles* in Experten- und Querschnittsgruppen (▶ Jigsaw).

Worterschließungstechniken — Um sich Wörter in der Fremdsprache ohne die Hilfe von L zu erschließen, können sich die S verschiedener Techniken, die ihnen aus der Muttersprache geläufig sind, bedienen. So können sie Wörter aus dem Kontext erschließen, sich Bedeutungen aus der Wortzusammensetzung herleiten oder über eine phonologische oder grafische Ähnlichkeit des Wortes in der Muttersprache auf die Bedeutung schließen.

Wortschatzsemantisierung — ▶ Semantisierung

Kopiervorlagen

Complete the network with the words given in the box.

born 17th of February • grandfather • has a music exam next week • hitchhiker • is 17 years old •
Jimmy • made a fire • messy hair • old man • ordered a sandwich • ponytail • pink nail
polish • really likes Bella • small • thin

◉ *Add more words to the network.*

Poppy

Hugh

Bella

English G HIGHLIGHT 5 | Handreichungen für den Unterricht
Illustrationen: David Norman, Meerbusch

1 Look at the sentences below. Put them into the order that you would expect to hear them in a talk.

Write numbers 2–7 in the boxes.

A Do you have any questions?	☐
B I hope you enjoyed my talk.	☐
C Today, I'm going to talk about …	1
D Finally we're going to …	☐
E First I'm going to tell you a bit about …	☐
F Can you look at the screen, please?	☐
G Then I'm going to …	☐

✂ -

2 Make notes about Tim's and Amy's presentations.

Use: ☺ or ☺ or ☹.

	Tim	Amy
1 Don't just copy from books or the internet - use your own words.		
2 Make short notes.		
3 Give your presentation a clear structure.		
4 Explain difficult or unknown words.		
5 Use clear photos or pictures.		
6 Check your equipment before you begin.		
7 Don't just read from your notes.		
8 Talk slowly and clearly.		
9 Look at the people in front of you and smile.		
10 Ask for questions at the end.		

● *Is there anything else you can say about a presentation? What else can you give as feedback?*

_____

_____

_____

_____

Preparing a presentation.

1 Use this checklist. When you have finished the task, put a tick (✓) in the box on the right.

To Do	Tips	done
1 Collect ideas.	Mind-map, list, word net	☐
2 Find information.	• Don't just use the internet. • Use books. • Use magazines. • Other ideas: _____	☐
3 Find photos or pictures.	Internet, magazines, books ...	☐
4 Give your presentation a clear structure.	Use phrases like: • Today, I'm going to talk about ... • First I'm going to tell you ... • Then I'm going ... • Finally ... • Can you look at ... • I hope you enjoyed my talk. • Do you have any questions? • Thank you for listening.	☐
5 Prepare a poster or a presentation on the computer.	<u>Poster:</u> • good handwriting; • big letters, but not too big; • cut out photos and pictures carefully <u>Computer:</u> • not too much text on a slide, only notes • not too much animation	☐
6 Practise your presentation.	• alone • with a partner or in a group	☐

✂ -

Giving feedback

2 Listen to a student's presentation. Use this checklist. Decide where to put your tick (✓).

	☺ ☺	☺	☺	☹
Clear structure?				
Used his/her own words?				
Good photos or pictures?				
Didn't read from his/her notes?				
Talked slowly and clearly?				
Looked at the people?				
Asked for questions at the end?				

1 🎧 LISTENING Planning a trip

a) E • C • D • B • A _____/5 points

b) 1 A: jellyfish • **2** B: all ages • **3** A: can • **4** A: two hours • **5** B: south to the north coast • **6** B: stops in Alice Springs • **7** B: good in Darwin • **8** B: all sorts of cans _____/8 points

2 REVISION Australian Diary

1 were • **2** got • **3** arrived • **4** landed • **5** met • **6** 'll show • **7** need • **8** saw • **9** enjoyed • **10** spent • **11** 'll visit • **12** starts • **13** have • **14** swam _____/14 points

3 👥 SPEAKING Talking about a picture

a) Partner A: It's a scene on the beach. I think it's in Germany.
In the foreground there are some people enjoying their holiday. There are two women. One woman is sleeping, the other one is sitting and reading. She's wearing a bikini and glasses.
On the left there's a little girl. She looks happy.
On the right there's a man. He's sleeping. Behind him there's another man. He's sitting on a beach chair and reading the newspaper. Next to him there's another beach chair, but nobody is sitting on it.
On the right there's a little boy. He's wearing a hat and playing in the sand.
Behind him there's a young woman. She's sitting and looking at the boy.
Some people are swimming or having fun in the water.
I can see the coast and some hills in the background. The sky is blue and there are two white clouds. _____/10 points

b) Partner B: It's a scene on the beach. I think it's in Australia because there's a sign in English. And on the left I can see a boomerang.
The people are enjoying their holiday. In the foreground/In the middle I can see a girl with a ball. She's standing next to a surfboard. She's wearing shorts, a cap and a T-shirt.
Behind her, on the right, there's a person sitting in the sand. I can't see the face because he or she is wearing a big hat. I think the person is sleeping.
Next to this person, in the foreground on the right, there are two children. I think it's a boy and a girl. The boy is playing in the sand and the girl is looking at the sea. The children are wearing caps, shorts and T-shirts.
On the left I can see four more people. They're sitting in the shade.
In the foreground there's a man and a woman. The man is reading a book. The woman is looking around. Between them I can see a bag and two bottles of suncream.
There are two other people behind them. I think they are reading.
I can see the coast in the background and some mountains. On the right I can see the ocean.
Two people are standing in the water. They are playing with a ball. _____/10 points

c) Things that are the same: a beach, people enjoying their holiday, the coast, the ocean, hills or mountains in the background, a child playing in the sand, people are reading, people are in the water, people are playing with a ball.
_____/5 points

Things that are different: picture A is in Germany, picture B is in Australia, lots of people are wearing T-shirts, shorts and caps in picture B, lots of people are sitting in the shade in picture B, in picture A the three people in the foreground are in the sun, you can see lots of suncream in picture B _____/3 points

Test 1, 2: Für jede richtige Lösung bekommst du einen Punkt.
Test 3a–b): Für jeden richtigen Satz bekommst du einen Punkt.
Test 3c): Für jede richtige Lösung bekommst du einen Punkt.
Dann zähle alle Punkte zusammen.

45 (or more) – 40 points ☺ Very good!	39 – 23 points 😐 OK, but you can do better. Which test was difficult?	22 – 0 points ☹ You should practise more. Ask your teacher for help.

English G HIGHLIGHT 5 I Handreichungen für den Unterricht

1 What Jane felt …

a) *Fill in the words from the box.*

> angry • happy • horrible • hurt • jealous •
> laughing • lonely (2x) • sad • sorry

Last week was bad. Jane had no one to talk to in school.

She was _____ when she had lunch and

she thought everyone was _____ about

her. She knew that they were only _____ of her because of the prize she won

in the competition, but it _____ so much. When Eve came to sit with her, Jane

thought that she was _____ for calling her names. But after a few moments,

Eve just made more _____ comments about Jane. So Jane left the table because

she was so very _____ – she really wanted to scream at Eve.

The next lesson after lunch was with Jane's favourite teacher, Ms Khan. Ms Khan noticed there was

something different in class today. Jane had won the competition yesterday and not Eve, like everyone

had expected. Jane should have been _____. But she was sitting alone in the corner of

the room looking _____ and _____. Eve was at the other end of the

room looking unhappy too. Ms Khan decided she had to do something about it …

b) *What are Eve's and Jane's feelings? Write them down and give reasons. Read the text again for help.*

1 Eve is _____ because _____

_____ .

2 Jane is _____ because _____

_____ .

c)  *What could Ms Khan do to help Jane and Eve? Talk to your partner and write down at least two things Ms Khan could do.*

_____

_____

_____

_____

English G HIGHLIGHT 5 | Handreichungen für den Unterricht
Illustration: Katharina Wieker, Berlin

Role card — GREEN PEOPLE

Ask this question:

If you were an animal, which animal would you like to be?

Tips:
- The blue people are the most important. Talk to all blue people.
- The orange people aren't so important. Talk to only one orange person.
- You don't like the red people. So don't talk to the red people.
- Don't forget: be nice to everybody.

Role card — BLUE PEOPLE

Ask this question:

If you moved to a small, hot island, what three things would you bring with you?

Tips:
- The blue people are the best! Ask other blue people your question first.
- The green people are nice and funny. Talk to two green people.
- The orange people aren't so important. Talk to only one orange person.
- You don't like the red people. So don't talk to the red people.
- Don't forget: be nice to everybody.

Role card — RED PEOPLE

Ask this question:

If you could visit any country, where would you go?

Tips:
- The blue people are the most important. Talk to all blue people.
- The green people are nice and funny. Talk to two green people.
- The orange people aren't so important. Talk to only one orange person.
- Don't forget: be nice to everybody.

Role card — ORANGE PEOPLE

Ask this question:

If you could eat only one thing for lunch every day for a week, what would that be?

Tips:
- The blue people are the most important. Talk to all blue people.
- The green people are nice and funny. Talk to two green people.
- You don't like the red people. So don't talk to the red people.
- Don't forget: be nice to everybody.

1 ACTIVITY Badges – a group experiment

a) *Walk around the class and ask the question on your role card. Note the answers and the colour of the people you asked. You only have 10 minutes – so work quickly.*

Name	Badge colour	Answer

b) *Sit in your colour groups – all "red people" together, all "green people" together, etc. Answer these questions:*

Name	RED	GREEN	BLUE	ORANGE
1 How many green people, red people, etc. did you talk to?				
2 Did you learn anything interesting?				
3 Were the other people friendly and helpful?				
4 Did everybody answer your question?				
5 Did you enjoy the activity? Or was it frustrating? Why?				

c) *Make new groups of four with one of each colour in every group. Answer the questions again.*

English G HIGHLIGHT 5 I Handreichungen für den Unterricht

1 Alison and Sameena

Pick the right answers (a–h) and fill in the missing word (unscramble the word in brackets). One question can have more than one answer. You won't need one of the answers.

Questions:	Answers
1 Why does Alison find the other students hard to understand?	*sentence*
2 Why doesn't Alison tell the others about her family?	
3 Why does Sameena take Alison's art folder?	
4 Why is she surprised in Alison's flat?	
5 What does Sameena notice for the first time?	
6 How does Alison feel when Sameena comes to her flat?	

a Sameena notices that Alison is _____ _____ (yrve niht).

c Alison feels _____ (rraassbmeed).

b Sameena didn't expect that Alison lived in a _____ (tfal).

d Sameena wants to see _____ (hweer) Alison lives.

e Alison feels _____ (amdesah) of her family.

f Sameena wants to see a _____ (hosp) house from the inside.

g The other students have a _____ (trogns) accent.

h Sameena is _____ (sedprisur) that the living room is small, dark and very full.

English G HIGHLIGHT 5 | Handreichungen für den Unterricht
Illustration: David Norman, Meerbusch

1 🎧 ☉ LISTENING Tell your story

a) Joshua's story: D • Gorodema's story: B • Jessica's story: C

_____ / 3 points

b) 1 D • 2 B • 3 D • 4 B • 5 A • 6 B

_____ / 6 points

2 READING Working at a summer camp

1 F • 2 T • 3 T • 4 F • 5 F • 6 T

_____ / 6 points

3 MEDIATION SOR–SMC

1 SOR-SMC means "schools without racism – schools with courage". It's a project for schools against racism.
2 The schools have to sign a paper and promise to fight against racism, to act when there's a conflict and to organize a project against racism once a year.
3 The schools organize theatre projects, videos, film days, info stands, parties for people to meet, questionnaires, etc.

_____ / 6 points

Test 1, 2a): Für jede richtige Lösung bekommst du einen ganzen Punkt.
Test 3: Für jede richtige Lösung bekommst du zwei Punkte.
Dann zähle alle Punkte zusammen.

21 (or more)–18 points ☺ Very good!	17–12 points ☺ OK, but you can do better. Which test was difficult?	11–0 points ☹ You should practise more. Ask your teacher for help.

Cornelsen

Sometimes I forget to do my homework for college. Especially at the weekend if I've been to a party …	I sometimes do the cooking when my parents work late. I'm not very good at it, so it is often pasta. To make it more interesting, I buy a tomato sauce and put that on the pasta.	Some days my mother asks me to go to the supermarket to buy things. So I do the shopping for my family.	I am also responsible for the washing and hoovering. I have to put our clothes into the washing machine and clean the living room with the vacuum cleaner.
When I come home late from work, I stop at a pizza restaurant and get a takeaway to eat at home.	My mum often asks me to buy things for her in town. So we write a shopping list.	When I want to go out at the weekend I like to look nice and wear tidy clothes. I have to iron them myself, but that's OK because I can iron very quickly!	I'm not very good with money. I always spend a bit more pocket money than I should. So I often ask my mum for advice about money.

My name is Nico and I'm at college. I still live at home, but now I'm responsible for some things in our home.

My name is Sunita and I've started my training as a car mechanic. I still live at home, but now I'm responsible for some things in our home.

  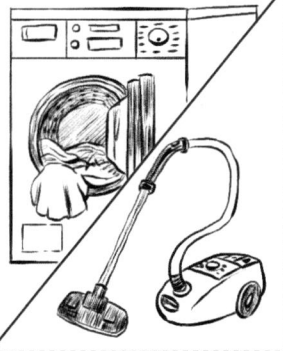 

Cornelsen

English G HIGHLIGHT 5 | Handreichungen für den Unterricht
Illustrationen: Katharina Wieker, Berlin

a) *Write at least three things about yourself in the me-column. You'll find useful words in exercises 1, 2 and 3 on p. 47 and in wordbank 4 on p. 153.*

	me	Partner 1: ____	Partner 2: ____	Partner 3: ____
strengths	1 ___	1 ___	1 ___	1 ___
	2 ___	2 ___	2 ___	2 ___
	3 ___	3 ___	3 ___	3 ___
weaknesses	1 ___	1 ___	1 ___	1 ___
	2 ___	2 ___	2 ___	2 ___
	3 ___	3 ___	3 ___	3 ___

b) 👥 *Walk around : Find a partner. Write his/her name in your table and ask your two questions. Make notes in your table. Then tell your partner about yourself.*

First you, then your partner.

Hi ... .
May I ask you two questions?
What are your strengths?
Really?
What are your weaknesses?
I didn't know that.
Thank you.

First your partner, then you.

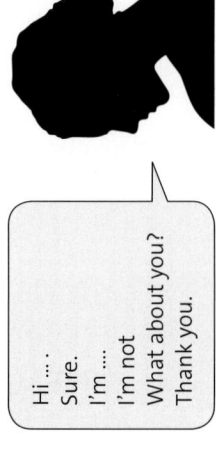

Hi ... .
Sure.
I'm ....
I'm not
What about you?
Thank you.

c) 👥 *Do the same with two more partners.*

d) *Now write at least two sentences about your strengths and weaknesses. Use the words and ideas from the table.*

These are my strengths. I'm _____ . And these are my weaknesses. I'm _____

_____ .

3 More help WRITING Your CV

Complete your CV. Use ideas 1–10 from page 97 of your book, or use your own ideas.

_____ (1)

_____

_____

Personal statement   I'm a _____ (2) student with good _____

_____ (3) skills.

I have some work experience and I would like to learn new skills.

Key skills   – _____ (4)

– _____ (4)

– _____ (4)

– _____ (4)

Education   _____ (5) to now: _____ (5)

_____ (5) to _____ (5): _____ (5)

Work experience   _____ (6)

_____ (7)

Interests   I am interested in _____

_____ (8)

I love _____

_____ (9)

References   _____

_____

_____ (10)

1 Who? What? Where?

a) *Read the story. Start with paragraph 1.*

b) *After each paragraph:* **Step 1:** *Look up the words you don't know.* **Step 2:** *Answer the questions. Make notes.*

c) 👥 *Partner check: Discuss your answers with your partner.*

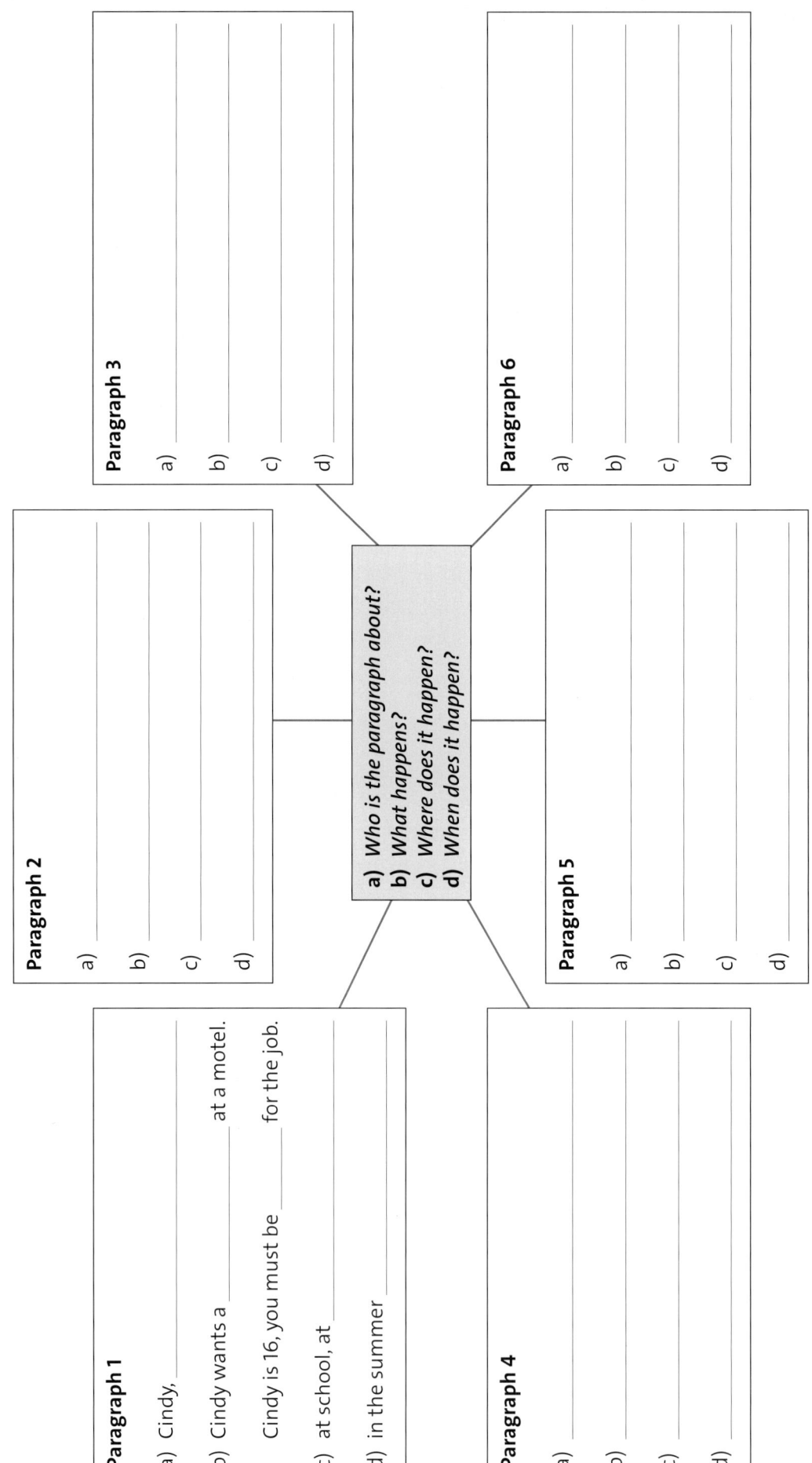

Paragraph 1

a) Cindy, _____

b) Cindy wants a _____ at a motel.

   Cindy is 16, you must be _____ for the job.

c) at school, at _____

d) in the summer _____

Paragraph 2

a) _____

b) _____

c) _____

d) _____

Paragraph 3

a) _____

b) _____

c) _____

d) _____

Paragraph 4

a) _____

b) _____

c) _____

d) _____

Paragraph 5

a) _____

b) _____

c) _____

d) _____

Paragraph 6

a) _____

b) _____

c) _____

d) _____

a) *Who is the paragraph about?*
b) *What happens?*
c) *Where does it happen?*
d) *When does it happen?*

The assessor

	good	OK	needs work
candidate smiled	☐	☐	☐
body language	☐	☐	☐
candidate spoke clearly	☐	☐	☐

Questions	good	OK	needs work
describe yourself	☐	☐	☐
strengths and weaknesses	☐	☐	☐
good team member?	☐	☐	☐

✂ -

1 ◯ **WORDS Writing a cover letter**

1 Sir/Madam • **2** apply • **3** leave • **4** subjects • **5** interested • **6** reliable • **7** working • **8** attach • **9** hearing • **10** faithfully

_____ / 5 points

3 Questions for a pop band

1 Where did you live when you were children? • **2** Which schools did you go to? • **3** Did you enjoy school? • **4** What were your favourite subjects? • **5** Where did you meet? • **6** What sort of music do you like? • **7** Do you write your own songs? • **8** When will your next album come out?

_____ / 8 points

4 READING Catherine Cook: A teenage millionaire

a) 1 Catherine was still a high school student when she began her business. • **2** She and her brother David wanted to make friends easily. • **3** About 25 million people in the US used the website in 2011.

_____ / 3 points

b) 1 T • **2** not given in the text • **3** T • **4** F

_____ / 1.5 points

c) He started a successful company while he was a student.

_____ / 2 points

Test 1, 4b): Für jede richtige Lösung bekommst du einen halben Punkt.
Test 3, 4a): Für jede richtige Lösung bekommst du einen Punkt.
Test 4c): Für die richtige Lösung bekommst du zwei Punkte.
Dann zähle alle Punkte zusammen.

19.5 (or more)–15.5 points ☺ Very good!	15–10 points ☺ OK, but you can do better. Which test was difficult?	9.5–0 points ☹ You should practise more. Ask your teacher for help.

English G HIGHLIGHT 5 I Handreichungen für den Unterricht

Part 1: 🎧 LISTENING Teens react

a) *Listen and note which five images on pages 62–63 the teens are talking about.*

b) *Listen again. Note if the teens think the things are cool (✓) or not (✗).* ◉ *Add reasons.*

	1	2	3	4	5
Which image?					
Amelia					
◉ Why (not)?					
Scarlett					
◉ Why (not)?					
Mohammed					
◉ Why (not)?					
Thomas					
◉ Why (not)?					

✂ -

Part 2: Find someone who …

Complete the questions below. Then walk around and talk to different people. For each question, try to find at least one classmate who answers "yes". Note down their names.

questions	name
1 Do you watch at least three hours of TV every day?	
2 Do you often look at different screens at the same time?	
3 _____ _____ have two or more social media accounts?	
4 _____ _____ do all your homework on a computer?	
5 _____ _____ have video chats every day of the week?	
6 _____ _____ often use your smartphone at night?	

> ◉ *You can ask follow-up questions to find out more, e.g.:*
>
> – What do you watch on TV?
> – Which screens do you look at?
> – How much time do you spend in front of a screen?
> – Which social media do you use?
> – What (else) do you use your computer / smartphone / … for?
> – Who do you chat with?
> – How often do you meet friends and what do you do then?
> – Are you a couch potato?
> – …

Partner A – Describe the picture on page 65:

a) *Work alone. Look at the picture and read the questions in the left column of the table. Then complete the sentences on the right.*

b) *Listen to Partner B. Then describe your picture and compare the two pictures. What's the same? What's different?*

What can you see in your picture? – Who / What is on the left / in the middle / on the right / in the foreground / in the background / …?) – Where are the people? – What can you see in their hands?	In my picture I can see _____ young people, _____ girls and _____. They are _____. On the chair on the left there is a _____ with a _____. On the sofa in the background there is a _____ with a _____ and a _____ with a _____. There is a _____ with a _____ standing next to the sofa. In the foreground on the right there is a _____ with a _____.
Is it a picture of today or of the past? – Why do you think so?	I think it is a picture _____ because _____.
Do the young people know each other?	The people know each other because they are sitting together in _____.
Are they friends? – Why do you think so? What are they doing? – Are they reading or sending messages / listening to music / looking at pictures / chatting / surfing the net / checking their social media accounts / …?)	They are probably friends because they look very _____ together, although they aren't _____. Everybody is looking at _____. Nobody is _____. They are busy _____ _____ _____.

Cornelsen

English G HIGHLIGHT 5 I Handreichungen für den Unterricht
Illustration: David Norman, Meerbusch

Partner B — Describe the picture on page 80:

a) *Work alone. Look at the picture and read
the questions in the left column of the table.
Then complete the sentences on the right.*

b) *Talk to Partner A. Describe your picture.
Then listen to Partner A.
Compare the two pictures. Find out what's
the same and what's different.*

What can you see in your picture? – Who / What is on the left / in the middle / on the right / in the foreground / in the background / …?) – Where are the people? – What can you see in their hands? – What can you see on one boy's shoulder?	In my picture I can see _____ young people, _____ girls and _____ . They are _____ _____ . In the background I can see _____ and _____ . On the right I can see a red _____ box. The boy in the foreground on the left has a big _____ _____ on his shoulder.
Is it a picture of today or of the past? – Why do you think so?	I think it is a picture _____ because _____ _____ _____ .
Do the young people know each other?	The people know each other because they are _____ _____ .
Are they friends? – Why do you think so? What are they doing? – Are they talking / singing / dancing / laughing / looking at their gadgets / listening to music / …?	They are probably friends because they look very _____ _____ together. The boy on the left is _____ _____ and the girl next to him is _____ . The boy in the middle has a _____ in his hand and is _____ . The girl on the right is _____ the telephone box and _____ _____ . Nobody is _____ . They are _____ .

English G HIGHLIGHT 5 | Handreichungen für den Unterricht
Illustration: David Norman, Meerbusch

1 Cut out the four parts of a written discussion below and match them to the paragraphs 1–4.

2 Then cut out the sentences (A)–(K) below and match them to the paragraphs in the table.

Paragraph 1:		
Paragraph 2:		
Paragraph 3:		
Paragraph 4:		

Conclusion	Arguments for	Introduction	Arguments against
(A) And you can post photos on social media accounts and send messages. For example when you are on holiday or when you do something interesting.		(F) Secondly, good smartphones are expensive and using them all the time can get expensive, too. Especially when you are in another country.	
(B) So why do some people hate them?		(G) I love my smartphone.	
(C) To sum up, I think smartphones are part of everyday life.		(H) Also, the smartphone is something most of us use and like.	
(D) Firstly, people use their smartphones wherever they are and don't look where they are going. That can be dangerous or make other people angry.		(I) On the other hand, you can connect with people wherever you are. That can be important when you have a problem, e.g. you're late for an appointment / a date or when you got lost in a city.	
(E) Smartphones are small computers: you can do lots of things with them, not only make phone calls.		(K) Today nearly everybody has a smartphone, even very young children have one.	

Step 1: *Cut out the pictures and put them in the correct order of the story.*
Step 2: *Then cut out the sentences below. Match them to the pictures to make a summary.*
Step 3: *What do the characters say and think? Add speech and thought bubbles to the pictures.*

There's a fight. Scott wins. Juice is on the ground. Stick says he will tell Shark, their gang leader, about this. Scott knows he's in trouble.

Young people are hungry and looking for food. Two teens, Stick and Juice, are bullying two children. They want to steal their bread.

Stick and Juice come back with their gang leader, Shark. The gang wants to fight Scott.

Stick has the bread. Juice wants it too. The narrator, Scott, creeps up from behind to help the children.

On the square there's a VK truck with a mobile game station. Lots of street kids want to become a game tester.

Scott climbs a fire escape ladder up to a roof. He tries to escape Shark who is following him.

VK is the Number One Game Show in the world. Everybody watches it in the street. Scott does too.

6

shopping: clothes
What the assistant could ask
and say:

discussion: other useful phrases

5

7

shopping: clothes
What I could ask and say:

discussion: disagreeing

4

8

Unit 4

discussion: agreeing

3

1

Speaking support
name:

discussion: giving your opinion

2

1 SPEAKING Talking about a photo

– What can you see?	On the right there is … a man / father with a laptop. In the middle of the picture you can see a woman / the mother. Between them, you can see their son. Their daughter is on the left. The family is sitting around a breakfast table.
– What are the people doing?	The kids are … busy looking at different screens. The girl is typing / writing sth. on her tablet and the boy is probably listening to music or watching a video on his smartphone. The father is working or surfing the net on his laptop. The mother is the only one who isn't looking at a screen while eating breakfast.
– What do you think about this family?	I think that … they don't seem to have a lot to say to each other. Everybody is busy doing their own stuff, and at least the mother doesn't seem very happy about that. Maybe they should try to talk and enjoy their time together more.
– Are there times when people shouldn't use phones? Give reasons.	People shouldn't use … phones when driving or cycling because it can be dangerous if you don't concentrate on the road. I don't think it's very polite to use your phone when you're sitting with other people – why not talk to them instead?

_____ / 8 points

2 ◉ MEDIATION Generation Y and Z

	Generation Y	Generation Z
1 Umgang mit Geld	genoß es, Geld sofort wieder auszugeben	57 % sparen lieber Geld als es auszugeben
2 Kaufverhalten	verbrachte viel Zeit in Einkaufszentren	kauft die meisten Dinge online
3 Polit. / wirtschaftl. Lage	wuchs in Zeiten einer starken Wirtschaft auf	wächst mit vielen sozialen Problemen auf
4 Art des Filmkonsums	schaute Videos auf YouTube, Hulu und Netflix	erstellen und teilen eigene Videos (über soziale Netzwerke)
5 Sport	liebte Sport und Abenteuer	betrachtet Sport als wichtig für die Gesundheit, Spaß und Spiel findet sie jedoch eher drinnen (am Computer)
6 Digitale Kommunikation	über SMS	hauptsächlich über Bilder, Icons, Symbole
7 Sorgen und Ängste	soziales Ansehen und ihre „likes" in sozialen Medien	ihre Zukunft

_____ / 14 points

3 🎧 LISTENING I can't live without my …

a) 1 Blake: smartphone • 2 Michelle: laptop • 3 Jacob: TV • 4 Dana: tablet

b) 1 … it doesn't cost extra money. • 2 … the big screen. • 3 … plays ice-hockey twice a week. • 4 … uses her smartphone.

c) C teenagers' favourite digital gadgets

_____ / 9 points

Test 1: Für jede richtige Lösung bekommst du maximal zwei Punkte.
Test 2, 3a–c): Für jede richtige Lösung bekommst du einen ganzen Punkt.
Dann zähle alle Punkte zusammen.

31–28 points ☺ Very good!	27–16 points ☺ OK, but you can do better. Which test was difficult?	15.5–0 points ☹ You should practise more. Ask your teacher for help.

English G HIGHLIGHT 5 I Handreichungen für den Unterricht

1 READING Signs

a) *Where can you see these signs?*

Number	A	B	C
1			
2			
3			

b) *What information do these signs (1–3) give? Choose A, B, C, or D.*

Number	A	B	C	D
1				
2				
3				

2 🎧 LISTENING A strange story

Listen twice to the story about a snake in Australia. Are the sentences true or false?

Number	true	false
1		
2		
3		
4		
5		

3 LANGUAGE Sam, the koala

Complete the text with the correct words in the brackets.

1 _____

2 _____

3 _____

4 _____

5 _____

6 _____

1 READING Signs

a) *Where can you see these signs?*

Number	A	B	C
1			✓
2		✓	
3		✓	

b) *What information do these signs (1–3) give? Choose A, B, C, or D.*

Number	A	B	C	D
1				✓
2			✓	
3				✓

2 🎧 LISTENING A strange story

Listen twice to the story about a snake in Australia. Are the sentences true or false?

Number	true	false
1		✓
2	✓	
3	✓	
4		✓
5	✓	

3 LANGUAGE Sam, the koala

Complete the text with the correct words in the brackets.

1 *found*

2 *gave*

3 *was seen*

4 *because*

5 *their*

6 *fast*

3 READING 16 – too young to love?

a) *The following words have different meanings in German. Pick the right one for this text (✓).*

	A	**B**	**C**	
spend (l. 2)	ausgeben	verbrauchen	verbringen	
free (l. 5)	frei	kostenlos	freilassen	
acting (l. 15)	sich verhalten	spielen	so tun als ob	

b) *Now write the German meaning of these words as used in the text.*

fall in love (l. 1)	_____
mean (l. 27)	_____
we just clicked (l. 34)	_____
we're mad about each other (l. 36)	_____

c) *Who says what? Find one name for every question.*

Who ...	name(s)
is in love now?	_____
thinks that falling in love is silly when you're 16?	_____
says that teens are influenced by television?	_____
isn't a teenager?	_____

3 READING 16 – too young to love?

a) *The following words have different meanings in German. Pick the right one for this text (✓).*

	A		B		C	
spend (l. 2)	ausgeben		verbrauchen		verbringen	✓
free (l. 5)	frei	✓	kostenlos		freilassen	
acting (l. 15)	sich verhalten		spielen		so tun als ob	✓

b) *Now write the German meaning of these words as used in the text.*

fall in love (l. 1)	sich verlieben
mean (l. 27)	bedeuten
we just clicked (l. 34)	es hat zwischen uns gefunkt
we're mad about each other (l. 36)	wir sind verrückt nach einander

c) *Who says what? Find one name for every question.*

Who ...	name(s)
is in love now?	Dwight, Sofia
thinks that falling in love is silly when you're 16?	Mandy
says that teens are influenced by television?	Charlie, Anna
isn't a teenager?	Anna

1   READING My first real job

a)/b) *Read the text. Match the headings with
the paragraphs (1–5).
There is one more heading than you need.*

Number	1	2	3	4	5
Letter					

c) *Complete the notes with three details per box.*

The advantages of the job	What some customers do	What the writer learned

d) *Complete the sentences with words from the text.*

Number		3	
1		4	
2		5	

2   MEDIATION

Read the job advert. Write down what you have to do and what skills you need – in German.

What you have to do (= Aufgaben):	What Skills you need (= notwendige Fähigkeiten/Fertigkeiten):

English G HIGHLIGHT 5 | Handreichungen für den Unterricht

3 LISTENING Looking for work experience

a) *You will hear a telephone conversation about work experience twice. Pick A, B or C.*

Number	A	B	C
1			
2			
3			
4			
5			

b) *You will hear a conversation between Sanjay and his friend Asha. Complete the table.*

	Where they worked	Tasks (at least 2)	Hours	What it was like
Sanjay				
Asha				

1 READING – My first real job

a)/b) *Read the text. Match the headings with the paragraphs (1–5). Fill in the correct letter. There is one more heading than you need.*

Number	1	2	3	4	5
Letter	C	A	F	B	D

c) *Complete the notes with three details per box.*

The advantages of the job	What some customers do	What the writer learned
– learn how to be responsible	– try to make employees look stupid	– you have to start at the bottom and work your way up
– meet all kinds of people	– blame employees for a mistake they made	– more patience
– earn your own money so you can just go and buy something you want	– try to short-change you for some money	– can control emotions
		– get along with all different kinds of people

d) *Complete the sentences with words from the text.*

Number			
1	fast food place	3	was in charge of her own money
2	interview	4	pressure
		5	have her own business some day

2 MEDIATION

Read the job advert. Write down what you have to do and what skills you need – in German.

What you have to do (= Aufgaben):	What Skills you need (= notwendige Fähigkeiten/Fertigkeiten):
– Essen zubereiten und kochen	– fleißig, freundlich
– Kunden bedienen	– begeisterungsfähig
– an der Kasse arbeiten	– kunden- und serviceorientiert
– das Restaurant sicher und sauber halten	– schnelles/rasches Arbeiten
	– teamfähig / sollte im Team arbeiten können

3　LISTENING　Looking for work experience

a) *You will hear a telephone conversation about work experience twice.*
Pick A, B or C.

Number	A	B	C
1			✓
2		✓	
3		✓	
4			✓
5		✓	

b) *You will hear a conversation between Sanjay and his friend Asha. Complete the table.*

	Where they worked	Tasks (at least 2)	Hours	What it was like
Sanjay	Right Price Supermarket	– filled shelves in the mornings – washed the floors – checked the fruit and vegetables / the dates on food – packed bags for people – helped customers to put things in cars	– 9 am to 4 pm, – on Saturdays too (– no work on Wednesdays)	– it was good – learned a lot
Asha	in a hospital	– worked at the reception desk – sometimes had to answer the phone – mostly just made coffee – sat there and watched	9 am to 5 pm, Monday to Friday	– boring – didn't learn much

Cornelsen　English G HIGHLIGHT 5 I Handreichungen für den Unterricht